Économie

BTS 2e année

Pascal Besson

Dominique Boyer

Maurice Gabillet

Olivia Lenormand

Professeurs agrégés d'économie et gestion

Nathan
TECHNIQUE

Mode d'emploi

L'édition mise à jour de cette pochette à feuillets détachables propose une approche active du programme de 2e année de BTS en Économie. Elle prépare efficacement l'étudiant à l'épreuve de BTS.

L'étudiant s'approprie le cours à travers des documents nombreux, variés et récents (articles de presse, extraits d'ouvrages, sites Internet, graphiques, cartes, etc.) qui permettent la mise en pratique des notions.

Une page d'introduction situe le chapitre dans le programme d'Économie. L'étudiant identifie les **compétences attendues** et les principales notions traitées à travers le **plan du chapitre**.

La mise en situation aborde un problème économique tiré de l'actualité.

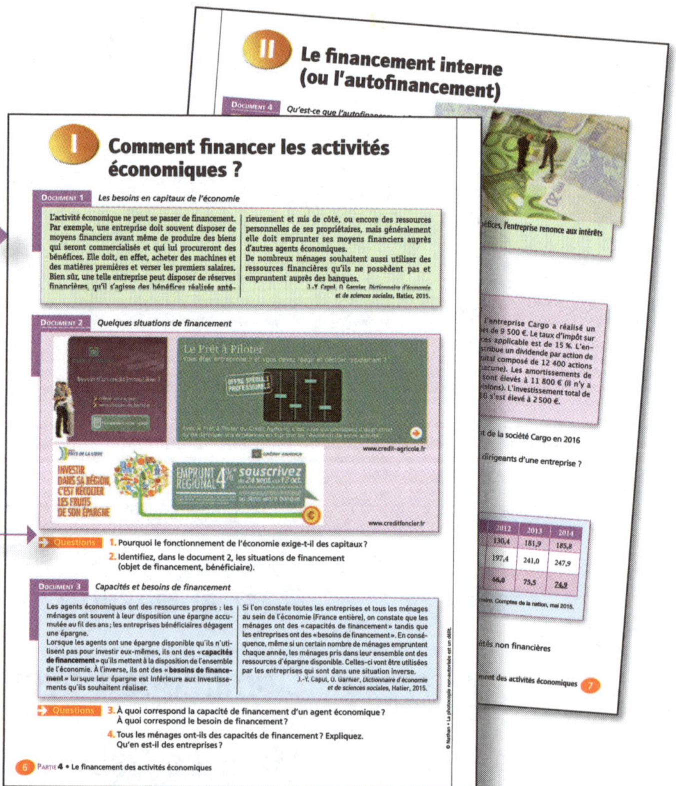

Quatre à huit pages de documents permettent de comprendre les concepts et de les mettre en œuvre.

Des **questions progressives** permettent à l'étudiant d'observer, d'analyser et de conceptualiser.

Édition : Charles de Ladoucette/Valentine Bouriez
Coordination artistique : Isabelle Jalfre
Mise en pages : JPM
Fabrication : Camille Friquet
Iconographe : Agnès Schwab – Maryse Hubert

ISBN : 978-2-09-164049-5

Un **entraînement** clôture le chapitre et permet de mettre en pratique plusieurs notions et compétences.

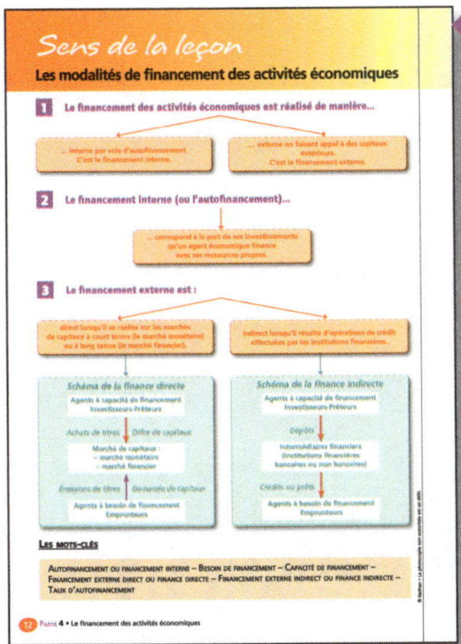

Un schéma récapitulatif en fin de chapitre donne à l'étudiant le **sens de la leçon**.

Tout au long de l'ouvrage, **trois entraînements à l'épreuve de BTS** mettent l'étudiant en situation d'examen, en couvrant plusieurs compétences.

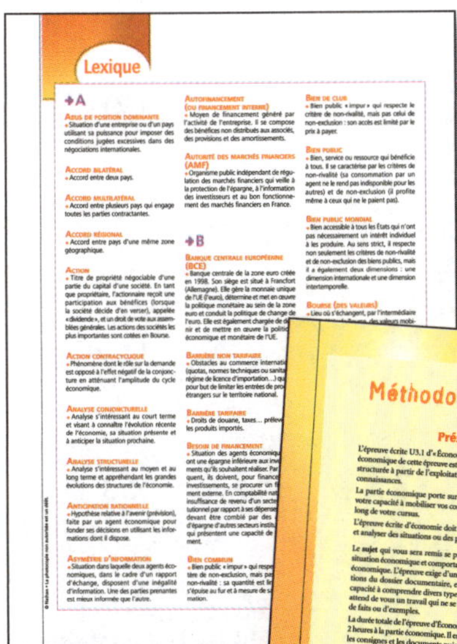

Un **lexique** propose les définitions des mots-clés rencontrés dans les différents chapitres.

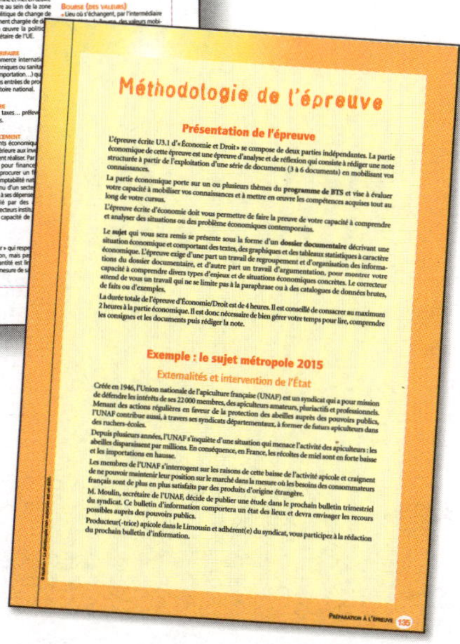

La **méthodologie de l'épreuve** permet à l'étudiant d'acquérir les savoir-faire et les compétences méthodologiques nécessaires à la réussite de l'épreuve.

Sommaire

Partie 4 • Le financement des activités économiques

1. Les modalités de financement des activités économiques 5
2. Le marché financier et son rôle économique 13
3. Les institutions financières et leur rôle 23
4. La globalisation financière 33

S'entraîner au BTS n° 1 : Les banques et le financement de l'économie.... 45

Partie 5 • La politique économique dans un cadre européen

5. L'appréciation de la situation économique 49
6. La politique économique conjoncturelle 59
7. La politique économique structurelle 71
8. Les limites des politiques économiques 81

S'entraîner au BTS n° 2 : La politique énergétique de l'Union européenne ... 91

Partie 6 • La gouvernance de l'économie mondiale

9. La régulation du commerce mondial 95
10. Les limites de l'OMC 105
11. Les enjeux des biens publics mondiaux 113
12. La gestion des biens publics mondiaux 121

S'entraîner au BTS n° 3 : Une gouvernance mondiale
pour promouvoir la prospérité dans le monde 131

Fiches méthode de préparation à l'épreuve 135

Lexique 153

1 Les modalités de financement des activités économiques

LE RÉFÉRENTIEL

4. Le financement des activités économiques *(20 heures)*
4.1. Les différentes modalités de financement *(2 heures)*

La compétence attendue	Le plan du chapitre
• Identifier et comparer les divers modes de financement des activités économiques	I. Comment financer les activités économiques ? II. Le financement interne (ou l'autofinancement) III. Le financement externe

Mise en situation : Brioche Pasquier, une recette gagnante

Le groupe Brioche Pasquier vend huit millions de brioches par jour fabriquées dans ses cinq usines françaises et ses unités de production implantées à l'étranger, de la Corée aux États-Unis en passant par l'Espagne et la Grande-Bretagne. Les brioches représentent la moitié de son activité, complétée par les branches « pâtisserie » et « biscottes ».

Fondée en 1974, l'entreprise est toujours contrôlée par la famille Pasquier, qui possède plus de 90 % du capital. Spécialisée dans la viennoiserie, Brioche Pasquier s'est élargie par diverses acquisitions d'usines comme le rachat, en 2012, de l'Américain Galaxy Desserts. En 2014, le groupe a construit une usine au nord de Londres pour alimenter le marché anglais en brioches et autres références.

Un financement indépendant

En 1986, le groupe a choisi la Bourse pour accéder à des financements conséquents afin de développer son industrialisation et de garder son indépendance. Dans la même optique, la croissance de l'entreprise a été financée en utilisant des bénéfices non distribués.

Questions

1. Présentez le mode de croissance de l'entreprise Brioche Pasquier.
2. Dans quel objectif l'entreprise a-t-elle cherché à se financer ?
3. Identifiez les principales modalités de financement de l'entreprise Brioche Pasquier.

I Comment financer les activités économiques ?

Document 1 *Les besoins en capitaux de l'économie*

L'activité économique ne peut se passer de financement. Par exemple, une entreprise doit souvent disposer de moyens financiers avant même de produire des biens qui seront commercialisés et qui lui procureront des bénéfices. Elle doit, en effet, acheter des machines et des matières premières et verser les premiers salaires. Bien sûr, une telle entreprise peut disposer de réserves financières, qu'il s'agisse des bénéfices réalisés antérieurement et mis de côté, ou encore des ressources personnelles de ses propriétaires, mais généralement elle doit emprunter ses moyens financiers auprès d'autres agents économiques.
De nombreux ménages souhaitent aussi utiliser des ressources financières qu'ils ne possèdent pas et empruntent auprès des banques.

J.-Y. Capul, O. Garnier, *Dictionnaire d'économie et de sciences sociales*, Hatier, 2015.

Document 2 *Quelques situations de financement*

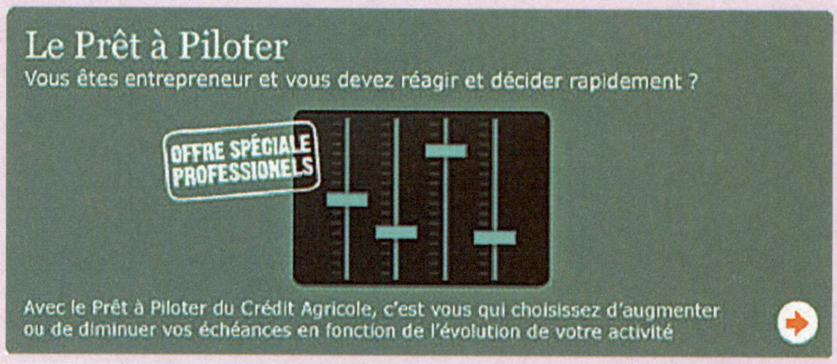

www.credit-agricole.fr

www.creditfoncier.fr

Questions

1. Pourquoi le fonctionnement de l'économie exige-t-il des capitaux ?
2. Identifiez, dans le document 2, les situations de financement (objet de financement, bénéficiaire).

Document 3 *Capacités et besoins de financement*

Les agents économiques ont des ressources propres : les ménages ont souvent à leur disposition une épargne accumulée au fil des ans ; les entreprises bénéficiaires dégagent une épargne.
Lorsque les agents ont une épargne disponible qu'ils n'utilisent pas pour investir eux-mêmes, ils ont des « **capacités de financement** » qu'ils mettent à la disposition de l'ensemble de l'économie. À l'inverse, ils ont des « **besoins de financement** » lorsque leur épargne est inférieure aux investissements qu'ils souhaitent réaliser.
Si l'on constate toutes les entreprises et tous les ménages au sein de l'économie (France entière), on constate que les ménages ont des « capacités de financement » tandis que les entreprises ont des « besoins de financement ». En conséquence, même si un certain nombre de ménages empruntent chaque année, les ménages pris dans leur ensemble ont des ressources d'épargne disponible. Celles-ci vont être utilisées par les entreprises qui sont dans une situation inverse.

J.-Y. Capul, O. Garnier, *Dictionnaire d'économie et de sciences sociales*, Hatier, 2015.

Questions

3. À quoi correspond la capacité de financement d'un agent économique ? À quoi correspond le besoin de financement ?
4. Tous les ménages ont-ils des capacités de financement ? Expliquez. Qu'en est-il des entreprises ?

II Le financement interne (ou l'autofinancement)

Document 4 *Qu'est-ce que l'autofinancement ?*

Une entreprise s'autofinance lorsqu'elle utilise sa propre épargne pour financer ses investissements. L'autofinancement est considéré comme la source de financement la plus avantageuse car elle n'entraîne pas de dépendance vis-à-vis des créanciers (banques ou prêteurs dans le cas d'un emprunt obligataire) ou de nouveaux actionnaires.

L'autofinancement est souvent considéré comme gratuit, il n'a pas de coût direct. Son seul coût est un coût d'opportunité : en investissant ses bénéfices, l'entreprise renonce aux intérêts qu'ils auraient rapportés s'ils avaient été placés.

Document 5 *Les ressources de l'entreprise*

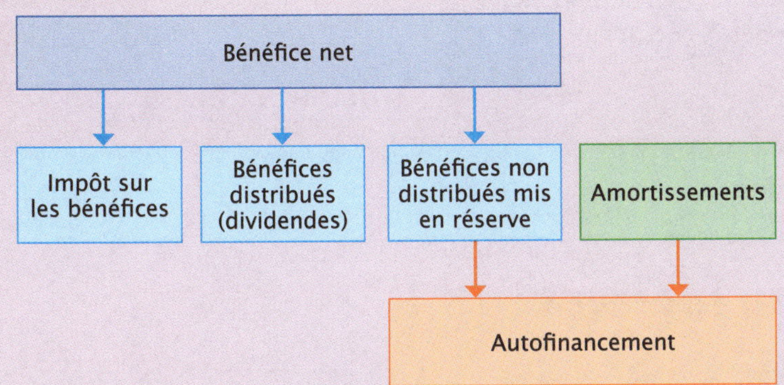

Exemple

En 2016, l'entreprise Cargo a réalisé un bénéfice net de 9 500 €. Le taux d'impôt sur les bénéfices applicable est de 15 %. L'entreprise distribue un dividende par action de 0,50 € (capital composé de 12 400 actions de 10 € chacune). Les amortissements de l'année se sont élevés à 11 800 € (il n'y a pas de provisions). L'investissement total de l'année 2016 s'est élevé à 2 500 €.

Questions

1. Calculez le pourcentage que représente l'autofinancement de la société Cargo en 2016 par rapport à l'investissement total de l'année 2016.
2. Quels avantages l'autofinancement présente-t-il pour les dirigeants d'une entreprise ?

Document 6 *L'évolution du taux d'autofinancement des entreprises*

	2007	2008	2009	2010	2011	2012	2013	2014
Épargne	159,6	139,5	131,8	157,8	144,4	130,4	181,9	185,8
Formation brute de capital fixe (investissement)	190,5	201,2	174,1	188,3	199,1	197,4	241,0	247,9
Taux d'autofinancement (en %) Taux d'autofinancement = EB / FBCF	**<u>83,8</u>**	**69,3**	**75,7**	**83,8**	**72,5**	**66,0**	**75,5**	**<u>74,9</u>**

INSEE Première, Comptes de la nation, mai 2015.

Questions

3. Que signifient les nombres 83,8 en 2007 et 74,9 en 2014 ?
4. Expliquez la variation du taux d'autofinancement des sociétés non financières entre 2007 et 2014.

III Le financement externe

A. Qu'est-ce que le financement externe ?

Document 7 *Les modalités du financement externe*

Les agents économiques comme les ménages, les entreprises ou l'État sont en permanence confrontés à des dépenses qu'il faut financer. S'ils possèdent eux-mêmes les ressources nécessaires, ils procèdent à un **financement interne**. Mais cette modalité de financement n'est pas la plus courante, surtout lorsque les dépenses envisagées sont importantes. Si les ressources d'un agent ne suffisent pas à financer ses dépenses prévues, il doit compter sur un **financement externe**.

Le problème dans le financement externe est de savoir comment mettre en relation les agents à capacité de financement (prêteurs potentiels) avec les agents à besoin de financement (emprunteurs). Plusieurs solutions existent :

– la première, qualifiée de **financement externe indirect**, consiste à s'appuyer sur l'existence d'intermédiaires entre prêteurs et emprunteurs ;

– la seconde, qualifiée de **financement externe direct**, consiste à mettre en relation les prêteurs et les emprunteurs par le biais de marchés de capitaux.

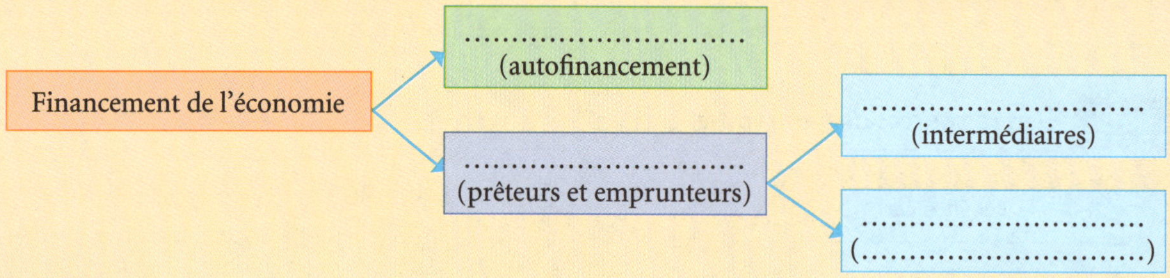

Question **1.** Complétez le schéma ci-dessus.

B. Le financement externe indirect

Document 8 *Le schéma de la finance indirecte*

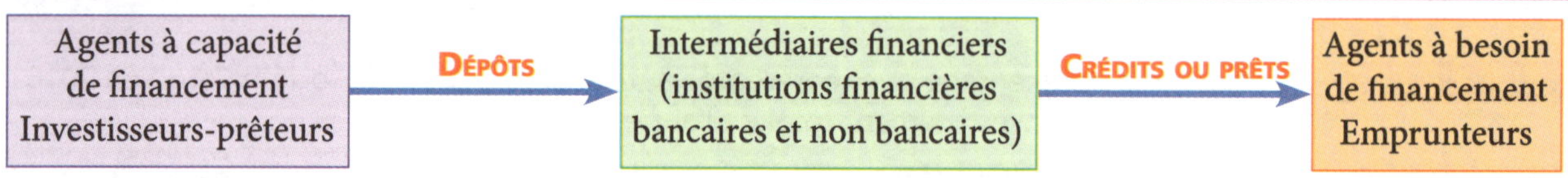

Document 9 *Le financement par les banques*

M. et Mme Durand possèdent une épargne de 45 000 € déposée à la banque. M. Dubois sollicite auprès de M. et Mme Durand un prêt de 30 000 € d'une durée de 5 ans pour agrandir sa maison. Les Durand ne veulent pas prendre le risque de perdre leur argent et reculent devant l'idée d'immobiliser une telle somme si longtemps. Ils considèrent, à juste raison, qu'une banque, du fait de sa taille, pourra faire face, sans trop de difficulté, à l'insolvabilité de l'emprunteur.

Lorsque les épargnants placent leur argent en banque, ils veulent pouvoir disposer très rapidement d'une partie ou de la totalité de leurs fonds en cas de besoin : c'est l'épargne liquide. Les emprunteurs n'ont pas le même horizon temporel. Ils empruntent pour une durée relativement longue (de quelques mois à quelques années). Il y a donc incompatibilité entre les horizons temporels des uns et des autres. Grâce à la transformation de l'épargne, les banques utilisent les ressources à court terme des épargnants pour accorder des crédits à moyen et long terme aux emprunteurs.

Questions

2. Identifiez les problèmes qui se posent à M. et Mme Durand pour accorder le prêt à M. Dubois.

3. Comment les banques peuvent-elles résoudre ces problèmes ?

4. Pourquoi utilise-t-on les termes « finance indirecte » ou « financement intermédié » à propos du financement par les banques ?

C. Le financement externe direct

Document 10 *Le schéma du financement externe direct ou de la finance directe*

Agents à capacité de financement Investisseurs-prêteurs	Achats de titres → Offre de capitaux	Marchés de capitaux : – marché monétaire – marché financier	← Émissions de titres Demande de capitaux	Agents à besoin de financement Emprunteurs

Document 11 *Altice lance une augmentation de capital de 1,8 milliard*

Le groupe Altice de Patrick Drahi, propriétaire de Numericable-SFR, *L'Express* ou encore *Libération*, a annoncé une importante augmentation de capital, pour un montant de 1,8 milliard d'euros, destinée au financement de l'acquisition du câblo-opérateur américain Cablevision (chargé de gérer un réseau de télévision par câble comme Numericable en France). L'opération est destinée aux investisseurs institutionnels (banques, compagnies d'assurances...), indique le groupe.

D'après www.challenges.fr, 1er octobre 2015.

Questions

5. Quel est l'objectif de l'augmentation de capital d'Altice ?
6. Dans cette opération, qui a demandé des capitaux ? Qui est susceptible de les offrir ?
7. Qui sont, en général, les agents qui offrent des capitaux sur les marchés financiers et ceux qui les demandent ?
8. Pourquoi parle-t-on de financement externe direct ou de finance directe ?

Document 12 *Les caractéristiques du financement externe direct*

L'agent à besoin de financement émet un titre qu'acquiert l'agent à capacité de financement (qui trouve ainsi à placer son épargne). Concrètement, les agents à besoin de financement peuvent être des entreprises ou des administrations publiques (État, régions...) qui émettent des actions ou des obligations achetées par les ménages et d'autres agents.

Document 13 *Les marchés de capitaux*

Traditionnellement, les marchés de capitaux, sur lesquels se rencontrent les offres et les demandes d'agents qui apportent des fonds ou qui en recherchent, sont divisés en deux sous-ensembles.

• Le premier est le **marché monétaire**, défini comme le marché des capitaux à court terme (emprunt des capitaux allant de 24 heures à un an). Il comprend le marché interbancaire (les banques, qui ont des excédents de liquidités parce qu'elles ont distribué moins de crédits qu'elles n'ont collecté de dépôts, prêtent à celles qui ont des besoins de liquidités) et le marché des créances négociables (billets de trésorerie émis par les grandes entreprises...), ainsi que des bons du Trésor.

• Le deuxième sous-ensemble est le **marché financier**. C'est le marché des capitaux à long terme, généralement au-delà de sept ans (marché des actions et des obligations essentiellement).

G. Jacoud, « Comprendre les marchés financiers », *Cahiers français*, n° 361.

Questions

9. Distinguez le marché monétaire et le marché financier.
10. Expliquez le fonctionnement des marchés de capitaux, en reprenant les termes du document 11.

Entraînement

La compétence attendue

• Identifier et comparer les divers modes de financement des activités économiques.

Mise en situation

L'économie est confrontée en permanence au problème du financement des agents économiques qui la composent. L'un des enjeux majeurs de la sortie de crise en France est le redémarrage de l'investissement productif.

Vous faites un stage dans le service des études économiques d'une grande banque. Le responsable de votre service vous demande de présenter une synthèse sur les difficultés de financement rencontrées par les entreprises.

Travail à faire

À l'aide du dossier joint et de vos connaissances, **en veillant à préciser les principaux concepts utilisés** et à exploiter les sources statistiques mises à votre disposition, vous êtes chargé(e) de concevoir une note argumentée et structurée dans laquelle :

1. vous comparerez l'évolution des capacités et des besoins de financement des ménages et des entreprises (sociétés non financières) ;
2. vous présenterez les principales sources de financement des entreprises ;
3. vous expliquerez pourquoi l'épargne des ménages s'oriente très peu vers le financement des entreprises ;
4. vous présenterez les entreprises les plus concernées par le financement participatif et les avantages qu'elles en attendent.

Annexe 1

Capacités et besoins de financement en France, en % du PIB

Année 2014

- Ménages : + 3,8
- Nation : – 2,3
- Sociétés non financières : – 2,4
- Administrations : – 3,9

A. Parienty, *Alternatives Economiques*, hors-série poche n° 70, novembre 2014.

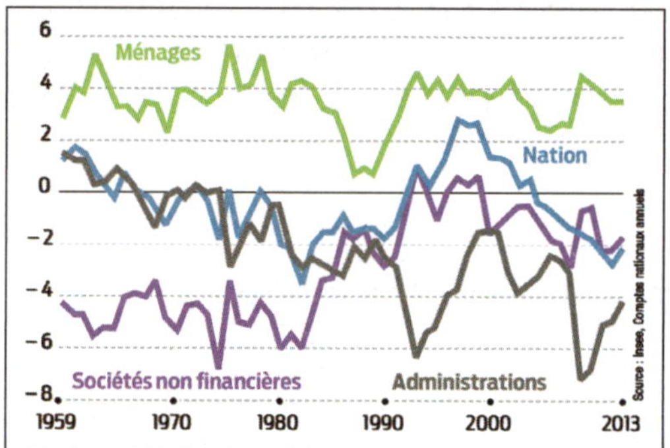

N. B. : la capacité de financement de la nation n'est pas la somme des trois autres courbes. Elle tient en effet compte d'autres secteurs institutionnels, principalement les sociétés financières.

Annexe 2

Le financement des investissements des entreprises

Les entreprises financent d'abord leurs investissements par leur épargne. Mais, généralement, celle-ci ne suffit pas et les entreprises ont besoin pour investir de se financer à long terme auprès d'autres agents. Le financement de l'investissement par l'emprunt peut aussi viser à accroître la rentabilité des capitaux propres de l'entreprise.

Le taux d'épargne des entreprises s'est maintenu ces dernières années à un niveau modeste. Le maintien des investissements s'est donc accompagné d'une reprise de l'endettement. Les entreprises voient leur besoin de financement s'accroître bien que leurs bénéfices progressent, car elles distribuent ces derniers et financent leurs investissements par l'emprunt. Les émissions de titres reculent : les émissions d'actions sont en baisse depuis le plus haut de 2000, mais ont retrouvé un niveau élevé. Les émissions nettes d'obligations sont limitées, après cinq années négatives (les remboursements ont dépassé les émissions de 2004 à 2008). Cette baisse d'ensemble est compensée par l'endettement bancaire, favorisé par des taux d'intérêt réels (l'inflation prise en compte) assez bas. Mais le crédit s'est brutalement arrêté en 2009, ce qui a beaucoup gêné les entreprises. Par ailleurs, cette évolution accentue l'insuffisance traditionnelle des fonds propres des entreprises françaises.

A. Parienty, *Alternatives Economiques*, hors-série poche n° 70, novembre 2014.

Le financement des entreprises

Annexe 3

Épargne : les Français définitivement allergiques au risque

Malgré les rendements anémiques, les placements sans risque ont la faveur des particuliers, rapporte une étude de l'Insee. Certes, depuis le début de l'année l'encours du Livret A ne cesse de reculer, son taux (0,75 %) étant depuis cet été fixé à un niveau historiquement bas, mais les particuliers se sont orientés vers d'autres produits sécurisés comme le Plan d'épargne logement (PEL) ou le fonds en euros de l'assurance-vie qui offrent des rendements un peu plus élevés.

Les livrets (Livret A, livret jeune, livret bancaire…) constituent un placement de base complètement sécurisé. En 10 ans, la part des ménages détenant un livret défiscalisé a ainsi augmenté de 3 points, avec notamment la forte croissance du taux de détention de Livret A ou Bleu, passé de 57 % en 2004 à 75,8 % en 2015. Le PEL connaît un retour en grâce, avec un taux de détention de 25,2 % contre 22,5 % en 2010.

Après les livrets d'épargne, l'assurance-vie reste le placement financier privilégié des ménages. Malgré la baisse de son rendement, passée de 4,1 % en 2007 à 2,5 % en 2014, les particuliers privilégient massivement le fonds en euros des contrats pour sa sécurité (le capital investi ainsi que les intérêts obtenus sont garantis), au détriment d'autres supports (actions immobiliers) qui sont plus risqués.

Symbole de cette aversion au risque, la part des ménages détenant des actions a fondu. En 2004, un quart des ménages en métropole détenait des valeurs mobilières ; ils ne sont plus qu'un sur six début 2015 (16,5 %), note l'Insee. Il faut dire que les crises financières à répétition et la volatilité des marchés ont de quoi décourager les particuliers. Enfin, impossible de parler de patrimoine sans évoquer la passion des Français pour la pierre. Début 2015, 62,7 % des ménages possèdent leur résidence principale ou un autre logement. La détention de patrimoine immobilier ne cesse de progresser depuis 2004.

Frédéric Cazenave, *Le Monde*, 5 novembre 2015.

Annexe 4

Le financement participatif ou le « *crowdfunding*[1] » et les entreprises

[De nombreuses plates-formes de « *crowdfunding* » se sont lancées dans le crédit aux entreprises.] Encore faut-il qu'un tel service réponde aux attentes des patrons de PME et autoentrepreneurs. En l'occurrence, leur premier moteur ne serait pas forcément un accès plus facile au crédit : les taux d'obtention restent plutôt élevés du côté des banques, et un canard boiteux n'obtiendrait pas forcément un meilleur accueil dans le « *crowdfunding* ». […] Les acteurs du financement participatif disposent néanmoins d'atouts : ils sont généralement moins tatillons que les banques et exigent moins de pièces administratives. Surtout, ils répondent vite : de l'étude du dossier au versement du prêt, 48 heures suffisent parfois… Cette rapidité d'exécution est moins vitale pour les très grandes entreprises, qui jonglent avec leurs différentes sources de financement. […]

Édouard Lederer, www.lesechos.fr, 2 juillet 2015.

1. Le *crowdfunding* est une technique de financement utilisant Internet comme canal de mise en relation, *via* une plate-forme dédiée, des porteurs de projets et des personnes souhaitant investir dans ces projets. Il connaît un certain succès en raison de sa simplicité et des difficultés que peuvent rencontrer les créateurs à trouver des financements.

Sens de la leçon

Les modalités de financement des activités économiques

1 Le financement des activités économiques est réalisé de manière...

- ... interne par voie d'autofinancement. C'est le financement interne.
- ... externe en faisant appel à des capitaux extérieurs. C'est le financement externe.

2 Le financement interne (ou l'autofinancement)...

... correspond à la part de ses investissements qu'un agent économique finance avec ses ressources propres.

3 Le financement externe est :

- direct lorsqu'il se réalise sur les marchés de capitaux à court terme (le marché monétaire) ou à long terme (le marché financier).
- indirect lorsqu'il résulte d'opérations de crédit effectuées par les institutions financières.

Schéma de la finance directe

Agents à capacité de financement
Investisseurs-Prêteurs

↓ *Achats de titres* | *Offre de capitaux*

Marché de capitaux :
– marché monétaire
– marché financier

↑ *Émissions de titres* | *Demande de capitaux*

Agents à besoin de financement
Emprunteurs

Schéma de la finance indirecte

Agents à capacité de financement
Investisseurs-Prêteurs

↓ *Dépôts*

Intermédiaires financiers
(institutions financières bancaires ou non bancaires)

↓ *Crédits ou prêts*

Agents à besoin de financement
Emprunteurs

Les mots-clés

Autofinancement ou financement interne – Besoin de financement – Capacité de financement – Financement externe direct ou finance directe – Financement externe indirect ou finance indirecte – Taux d'autofinancement

2 Le marché financier et son rôle économique

LE RÉFÉRENTIEL

4. Le financement des activités économiques *(20 heures)*
4.2 Le marché financier et son rôle économique *(6 heures)*

La compétence attendue	Le plan du chapitre
• Analyser les différentes fonctions du marché financier	**I. Le marché financier primaire** **II. Le marché financier secondaire**

Mise en situation : la Bourse, un marché... capital

Qui n'a pas entendu parler de la Bourse? À la radio, à la télévision, on nous parle d'elle aussi régulièrement que du temps qu'il fait. Pourtant, seuls moins de 10 % des Français y ont accès, très indirectement souvent, et pour des sommes peu conséquentes dans l'immense majorité des cas. Mais vu le cas qu'on fait de sa santé, de ses humeurs, de ses sentiments, il doit s'agir d'un lieu très important. Un lieu où des initiés se livrent à une sorte d'alchimie mystérieuse, visant à transformer non plus le plomb en or, mais l'argent en plus d'argent, la richesse en plus de richesse. La Bourse est au départ un marché comme un autre. On y vend et on y achète des valeurs mobilières (actions et obligations principalement). La Bourse dont on parle toujours est, en effet, la Bourse des valeurs. Ici, ce qu'on vient chercher, c'est du capital. La Bourse est, en effet, avant tout, un fantastique outil de financement.

Michel Musolino, *L'Économie pour les nuls*, First Editions, 2015.

Questions

1. Que fait-on à la Bourse ? À quoi sert-elle ?
2. Pourquoi la Bourse est-elle un marché et, plus précisément, un marché financier ?

I Le marché financier primaire

Document 1 *Le marché financier est un moyen essentiel de financement de l'économie*

▶ Le marché financier draine l'épargne nécessaire aux entreprises et à l'État. Il assure la rencontre directe entre des épargnants et les agents économiques (entreprises, État, organismes publics) recherchant des fonds. Il assume un rôle de financement à long terme de l'économie (échéances supérieures à 7 ans).

▶ Le recours au marché financier se fait par émission de **valeurs mobilières** (actions ou obligations) :
- les **actions** sont des parts de propriété de l'entreprise. Elles donnent droit à une fraction du bénéfice appelée le dividende, et à un droit de vote lors de l'assemblée générale des actionnaires. D'une manière générale, un investisseur qui achète une action recherche une plus-value (il spécule et espère revendre l'action plus cher) ou un rendement grâce au dividende ;
- les **obligations** sont les titres d'un emprunt émis par une entreprise ou par l'État. L'obligataire possède une créance, et non pas une part de capital. Il est rémunéré par un intérêt dont le taux peut être fixe ou variable et qui ne dépend pas des résultats de l'entreprise.

Exemple : une obligation d'une durée de 10 ans, à taux fixe de 4 % et de valeur nominale de 100 € est un titre financier qui rapporte 4 € par an et est remboursé 100 € à la fin des dix ans.

Questions

1. Quelle est l'utilité du marché financier ?
2. Le recours au marché financier correspond-il à un financement externe direct ou indirect ? Expliquez.
3. Distinguez financement par actions et financement par obligations.

A. Le fonctionnement du marché financier

Document 2 *Un échange entre deux types d'agents*

Document 3 *Le marché des émissions de nouveaux titres*

Le marché primaire est le marché des capitaux où les titres sont émis pour la première fois. Il accueille les nouvelles émissions d'actions et d'obligations. Il assure ainsi la collecte de l'épargne (qui vient des investisseurs, appelés également « souscripteurs ») en faveur des entreprises, des collectivités publiques et de l'État (qui constituent les émetteurs).

Le marché primaire est peu connu du public car la vente initiale des titres aux investisseurs n'a pas lieu en public.

Les émetteurs décident d'abord de la nature des titres à émettre :
- actions et obligations pour les entreprises (ex. : augmentation de capital par émission d'actions nouvelles) ;
- obligations pour l'État (ex. : émission d'obligations pour financer le déficit budgétaire) ou pour le financement des régions.

Puis ils précisent les caractéristiques (prix d'émission…) et contactent les banques afin qu'elles proposent ces actions et obligations au public et assurent la transaction. Le public décide alors de souscrire… ou non.

Questions

4. Expliquez le mécanisme de fonctionnement du marché primaire.
5. Décrivez les modalités du placement des titres nouvellement émis auprès du public.

B. Le financement de l'investissement et la croissance

Document 4 *Investissement et marché financier primaire*

Le renouvellement des équipements courants, la réalisation d'opérations d'extension ou de modernisation sont des étapes importantes pour une entreprise.

La production de l'entreprise dépend de la quantité de facteurs de production mobilisés. Pour produire plus, il faut augmenter cette quantité ou améliorer l'efficacité de la combinaison productive. Pour augmenter la quantité de travail, on embauche ; pour augmenter la quantité de capital, on investit.

Le financement direct de l'investissement consiste, pour les entreprises, à s'adresser directement au marché financier.

Exemples

- **Altice, octobre 2015**

Altice, maison mère de SFR, vient d'annoncer l'émission de nouvelles actions pour 1,6 milliard d'euros. Cette opération d'augmentation de capital doit lui permettre de financer l'acquisition de l'Américain Cablevision.

- **Suez, septembre 2015**

Suez annonce avoir placé avec succès un emprunt obligataire de 500 millions d'euros à échéance du 10 septembre 2025, au taux annuel de 1,75 %. Cette émission d'obligations s'inscrit dans la politique de financement et de diversification du groupe.

Questions

6. Présentez les modalités de financement des investissements d'Altice et de Suez.
7. Montrez comment le marché financier primaire permet le financement à long terme des investissements des entreprises.

Document 5 *Le lien entre investissement et croissance*

L'investissement permet la croissance économique en agissant sur l'offre des entreprises. Il autorise l'augmentation des capacités productives (machines et équipements disponibles dans les entreprises). Il permet d'accroître la productivité grâce au progrès technique intégré dans les nouveaux équipements et machines. Il rend aussi possible l'innovation, la diversification des produits proposés et l'amélioration de leur qualité.

L'investissement agit également sur la demande. Il constitue une composante de la demande. Les entreprises qui investissent acquièrent auprès d'autres entreprises des biens et des services de production. Par exemple, lorsque le dirigeant d'une entreprise de confection investit en achetant une nouvelle machine à coudre, il achète à une autre entreprise cette machine.

L'investissement peut aussi entraîner l'apparition de nouveaux produits, ce qui crée de nouveaux besoins chez le consommateur. L'arrivée sur le marché des nouveaux iPhone 6S et 6S Plus a généré un surcroît de chiffre d'affaires pour Apple.

Question

8. Décrivez l'enchaînement entre marché primaire, investissement et croissance.

Document 6 *L'accès au marché financier*

Les entreprises ont toutes théoriquement accès aux marchés financiers pour se financer, mais en pratique, leur taille demeure un facteur limitant. Dans les faits, il est beaucoup plus difficile pour une PME que pour une très grande entreprise de lever des fonds sur le marché financier. Les conditions d'accès y sont très coûteuses : coûts de mise en conformité des documents comptables, frais versés aux intermédiaires chargés de l'introduction (comme les banques)… et hors de portée des PME.

Depuis la fin des années 1980, le financement des plus grandes entreprises se fait davantage sur les marchés financiers, par émissions d'actions ou d'obligations, sans avoir recours aux crédits bancaires, ce qui constitue des financements moins coûteux.

Le marché financier n'accueille encore qu'une petite partie des PME malgré la création, en 2005, d'un marché qui leur est dédié : Alternext (528 PME-ETI[1] cotées à Paris en 2014, soit 0,4 % du total).

1. Entreprises de taille intermédiaire situées entre les PME et les grandes entreprises, qui ont moins de 5 000 salariés et réalisent un chiffre d'affaires inférieur à 1,5 milliard d'euros.

Questions

9. Pour quelles raisons le marché financier concerne-t-il essentiellement les grandes entreprises ?
10. Pourquoi a-t-on créé un nouveau marché, Alternext ?

II Le marché financier secondaire

A. Le marché secondaire, lieu d'échange des valeurs mobilières

Document 7 *Les marchés primaire et secondaire*

Document 8 *Le marché secondaire : le marché des titres émis*

Le **marché secondaire** est un marché financier sur lequel s'échangent des titres précédemment émis (sur le marché primaire).

Quand quelqu'un achète un titre sur le marché secondaire, celui qui le vend reçoit un paiement en échange du titre, mais l'entreprise qui l'a émis ne reçoit rien. Une société n'encaisse de fonds que lorsqu'elle émet ses titres lors de la création sur le marché primaire. Néanmoins, le marché secondaire a deux fonctions importantes, y compris pour l'entreprise émettrice :
– en premier lieu, l'existence des marchés secondaires rend plus facile et plus rapide la vente des titres par leurs détenteurs ;
– deuxièmement, le marché secondaire détermine un **cours** pour chaque titre. Plus une action a un cours en Bourse élevé, plus la société qui l'a émise peut émettre de nouvelles actions à un prix élevé sur le marché primaire, et donc plus elle peut obtenir de fonds. Les conditions sur le marché secondaire sont donc importantes pour les entreprises.

F. Mishkin et al., *Monnaie, banque et marchés financiers*, Pearson Éducation, 2013.

Questions

1. À quoi sert le marché secondaire ?
2. Lorsque le cours d'une action passe de 100 € à 110 €, la société émettrice a-t-elle reçu 10 % de fonds en plus ? Justifiez votre réponse.
3. En quoi les entreprises émettrices de titres sont-elles concernées par le marché secondaire ?

Document 9 *La Bourse de Paris*

La clôture de la Bourse de Paris

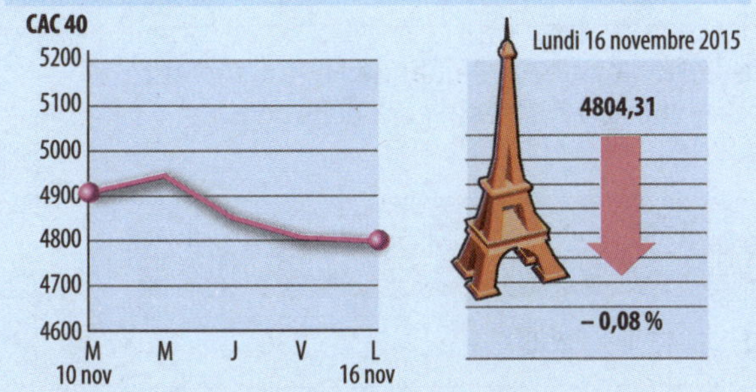

Les plus fortes variations

Hausses	%	€
VALEO	+1,66	140,450
VEOLIA ENV.	+1,47	21,760
MICHELIN	+1,12	92,070
SCHNEIDER ELECTR.	+1,04	56,440
ALCATEL-LUCENT	+1,02	3,680

Baisses	%	€
ACCOR	–4,71	39,520
CRÉDIT AGRICOLE	–1,79	10,990
PEUGEOT	–1,67	15,560
LVMH	–1,39	106,150
EDF	–1,31	14,730

© REUTERS

Aujourd'hui, la Bourse de Paris, comme les autres places financières, n'est plus un lieu mais un ensemble de systèmes informatisés auxquels sont reliés les différents membres du marché boursier. L'expression « Bourse de Paris » désigne en réalité des systèmes d'informations permettant la confrontation des ordres d'achat et de vente des différents titres cotés. NYSE (*New York Stock Exchange*) Euronext Paris est l'entreprise gestionnaire de ces systèmes.

L'indice le plus utilisé à la Bourse de Paris est le CAC 40, qui représente les 40 actions les plus échangées. « CAC 40 » signifie « cotation assistée en continu » car les cours sont fixés en continu : en fonction de l'offre et de la demande, le cours d'une action va varier au cours de la journée entre 9 h et 17 h 30.

Questions

4. Que signifie l'expression « CAC 40 » ?
5. Que signifie la valeur + 1,12 % pour l'action « Michelin » ? Que signifie la valeur – 1,79 % pour l'action « Crédit Agricole » ?

B. Le marché secondaire et la liquidité

Document 10 *Liquidité et marchés financiers*

Un titre (action ou obligation) sera dit « liquide » s'il est possible d'en vendre ou d'en acheter très rapidement et de le transformer ainsi rapidement en liquidités. Les immeubles sont, à l'inverse, relativement peu liquides car il peut être difficile de trouver un acheteur rapidement, et un vendeur pris par l'urgence peut être obligé de le brader.

La liquidité est d'autant plus forte sur le marché secondaire que le nombre de titres négociés journellement est important. La liquidité est presque la justification la plus importante de l'existence du marché financier secondaire. Pour inciter de futurs actionnaires (ou de futurs obligataires) à investir, il faut en effet leur donner l'assurance qu'ils pourront acheter ou vendre les titres souhaités ou détenus quand bon leur semblera.

Bourse de Paris – Séance du 18 novembre 2015 – Nombre d'actions échangées par sociétés

Société	Axa	Carrefour	BNP Paribas	TF1	SEB	Colas	02i	Laurent Perrier	LeGuide.com
Nombre de titres échangés en milliers par jour	2 605	2 205	2 027	269	29	2,7	2,1	1,3	0,001

Questions

6. À quoi correspond la liquidité d'un titre ?
7. Parmi les actions citées ci-dessus, quelles sont les plus liquides ? les moins liquides ? Expliquez.
8. Pourquoi la liquidité du marché secondaire est-elle indispensable au fonctionnement du marché financier ?

C. La formation du prix des titres : le cours des actions

Document 11 *Comment se forme le cours de Bourse d'une action ?*

Le cours d'une action est déterminé par la loi de l'offre et de la demande. À un instant donné, son prix est celui qui permet au plus grand nombre de titres d'être échangés.

Ex. :

Nombre d'acheteurs	Cumul [1]	Prix (en euros)	Nombre de vendeurs	Cumul [2]	Nombre d'échanges d'actions possibles
400	(1 150 + 400) = **1 550**	103	250	**250**	**250**
800	(800 + 350) = **1 150**	104	900	(250 + 900) = **1 150**	**1 150**
350	**350**	105	1 500	(1 150 + 1 500) = **2 650**	**350**
1 550		**Total**	**2 650**		

1. Le cumul réalisé verticalement, du prix le plus haut au prix le plus bas, va permettre de déterminer le nombre total d'acheteurs pour un certain prix.
2. Le cumul réalisé verticalement, du prix le plus bas au prix le plus haut, va permettre de déterminer le nombre total de vendeurs pour un certain prix.

Questions

9. Comment la demande d'un titre évolue-t-elle lorsque son prix varie de 105 € à 103 € ? Qu'en est-il de l'offre lorsque le prix passe de 103 € à 105 € ?

10. Quel est le nombre d'acheteurs lorsque le prix passe de 105 € à 104 € ? de 104 € à 103 € ? Quel est le nombre de vendeurs lorsque le prix passe de 103 € à 104 € ? de 104 € à 105 € ?

11. Indiquez, en le justifiant, le prix d'équilibre sur ce marché, c'est-à-dire le cours de l'action.

D. Les variables influant sur les cours des actions

Document 12 *Les variables économiques influant sur les cours des actions*

La valeur d'une action à un moment donné dépendra de l'offre et de la demande de cette action. Si la demande est importante par rapport à l'offre, le cours monte et inversement.

La demande et l'offre de l'action sont influencées par de nombreux facteurs.

• Si l'entreprise annonce une augmentation des bénéfices, cela peut avoir un effet positif sur le cours de ses actions dans la mesure où les agents s'attendent à des dividendes plus importants.

• Si l'entreprise exerce son activité dans une branche qui connaît une expansion importante, les cours de l'action augmenteront.

• Si la conjoncture nationale s'améliore, cela tend à faire augmenter les cours, et inversement si la conjoncture se détériore.

• Si la conjoncture internationale et les marchés financiers américains se dégradent, les cours des actions seront influencés.

Question

12. Comment les différents facteurs énoncés ici influencent-ils l'offre et/ou la demande d'une action ?

Document 13 *Les variables psychologiques influant sur les cours des actions*

Les anticipations des agents jouent un rôle très important dans la formation des cours boursiers. En effet, un investisseur cherchera à acheter un titre avant que son cours ne monte pour réaliser une plus-value, et à le vendre avant que son cours ne baisse pour éviter une moins-value. Pour cela, il doit essayer d'anticiper les événements qui vont se produire et leur impact sur les cours.

De ce fait, les Bourses sont souvent le théâtre de comportements mimétiques, c'est-à-dire que les investisseurs vont s'imiter les uns les autres. Il suffit que quelques investisseurs se procurent un titre et que ce dernier connaisse une légère hausse de son cours pour que la foule des investisseurs, anticipant que le cours va continuer à monter, fasse de même, provoquant ainsi la hausse anticipée. C'est ce mécanisme qui est à l'origine des bulles financières spéculatives qui explosent brutalement lorsqu'il apparaît finalement que la hausse du cours n'était justifiée par aucune réalité économique.

Document 14 *Le cycle de placement du petit porteur*

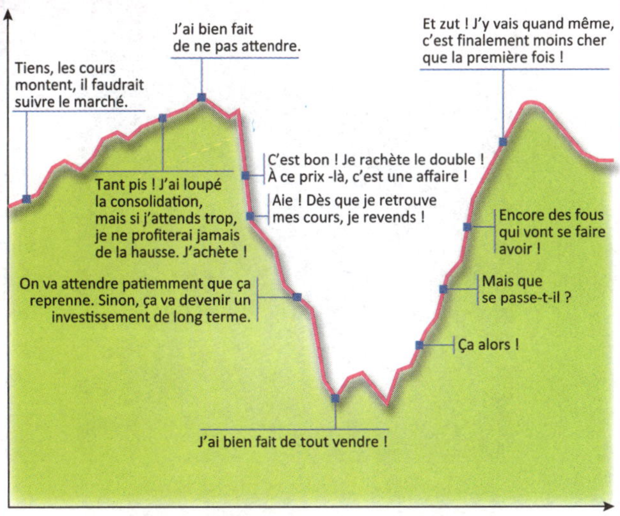

D'après « Analyse technique. Théories et méthodes », T. Béchu, É. Bertrand et J. Nebenzhal, in *Alternatives économiques*, n° 87.

Questions

13. Quel rôle le mimétisme peut-il jouer sur le cours des actions ?
14. Qu'est-ce qu'une anticipation ? Comment détermine-t-elle le cours d'une action ?
15. L'épargnant, le petit porteur, prend-il les bonnes décisions ? Justifiez votre réponse.
16. L'achat d'actions est-il risqué ? Pourquoi ?

E. La capitalisation boursière

Document 15 *La capitalisation boursière : la valeur de l'entreprise selon le marché*

La capitalisation boursière […] correspond à la valeur en Bourse de l'entreprise. Elle résulte du cours de l'action multiplié par le nombre d'actions qui forment le capital de la société. Il s'agit, à un instant donné, du prix théorique à payer si un investisseur souhaitait racheter toutes les actions d'une société. Si le cours de l'action augmente, la capitalisation boursière augmente.

www.zonebourse.com

Document 16 *La capitalisation boursière de Danone*

Données boursières

	Cotation au 02/01/2015	Cotation au 18/11/2015
Nombre de titres	643 792 000	643 792 000
Cours	54,45 €	63,75 €
Capitalisation boursière	35 054,47 M€	... M€

Questions

17. Calculez la capitalisation boursière de Danone au 18 novembre 2015.
18. Expliquez les différences éventuelles de capitalisation boursière observées.

Entraînement

La compétence attendue

- Analyser les différentes fonctions du marché financier.

Mise en situation

En l'espace de trente ans, le marché financier s'est considérablement développé à la faveur d'une libéralisation des marchés de capitaux dans le monde. Il est considéré par nombre d'économistes comme un levier essentiel de la croissance. Beaucoup de personnes souhaitent comprendre les mécanismes fondamentaux du marché financier.

Stagiaire dans le service « Documentation » d'une grande entreprise cotée à la Bourse de Paris, vous êtes chargé(e) d'élaborer un document d'information destiné aux responsables des différentes divisions.

Travail à faire

À l'aide du dossier joint et de vos connaissances, **en veillant à préciser les principaux concepts utilisés** et à exploiter les sources statistiques mises à votre disposition, vous êtes chargé(e) de concevoir une note argumentée et structurée dans laquelle :

1. vous présenterez les composantes du marché financier, indiquerez pour chacune sa fonction précise et montrerez leur complémentarité ;
2. vous identifierez les raisons pour lesquelles les entreprises se financent sur le marché financier ;
3. vous analyserez l'évolution des marchés financiers et l'impact de la crise financière de 2008 sur les principaux marchés d'actions dans le monde.

Annexe 1

Le montant des capitaux levés en Bourse

Marché primaire actions, en milliards de dollars

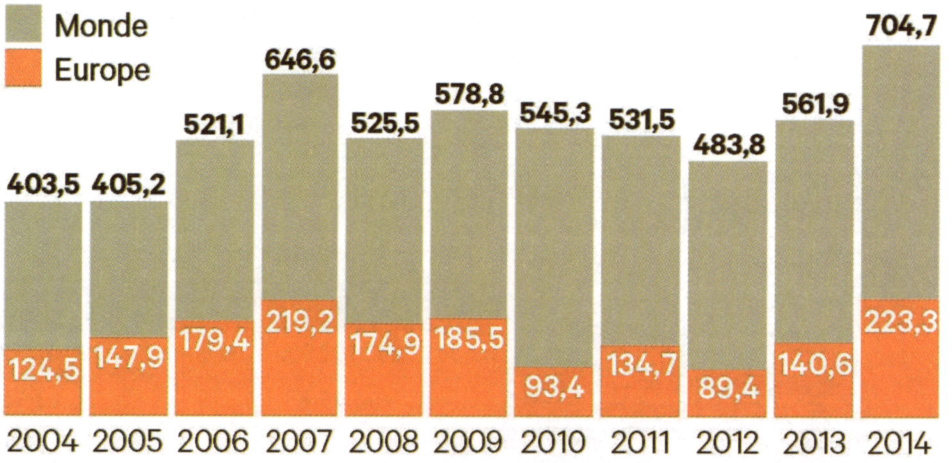

Les Echos/Idé/source Dealogic, décembre 2014.

Analyser les différentes fonctions du marché financier

Annexe 2

Pourquoi se tourner vers les marchés financiers ?

L'entrée sur le marché financier est souvent l'occasion d'une augmentation de capital visant à renforcer la structure financière de l'entreprise et financer sa croissance. Une telle opération n'implique aucun remboursement puisqu'elle accroît les fonds propres et limite, justement, le recours à la dette. En outre, l'entreprise accède à un large choix de produits financiers : actions, obligations…

Les actions d'une société cotée constituent une monnaie d'échange négociable. En s'introduisant en Bourse, l'entreprise a la possibilité de procéder à des acquisitions par échange de titres. Cela lui évite de s'endetter ou de mobiliser sa trésorerie. Les cibles peuvent aussi bien être des entreprises cotées que non cotées.

La Bourse offre la possibilité aux actionnaires de vendre leurs titres en totalité au moment de l'introduction (marché primaire) ou progressivement une fois que la société est cotée (marché secondaire). Bien sûr, rien n'oblige les actionnaires à vendre leurs actions s'ils souhaitent continuer à accompagner le développement de l'entreprise.

L'introduction en Bourse facilite la transmission des entreprises, et cela quelles que soient les options envisagées : passage de relais au sein de la famille, cession à un tiers, sortie progressive du capital… L'opération permet en effet au dirigeant actionnaire de céder ses titres sur le marché secondaire au rythme qu'il souhaite.

La Bourse renforce la crédibilité de l'entreprise grâce à l'information financière et aux engagements sur l'avenir. Le statut d'entreprise cotée constitue une sorte de label. Il prouve le dynamisme d'une société et accroît sa notoriété vis-à-vis de ses pairs, de ses clients et de ses fournisseurs. L'impact est également managérial. En renforçant l'image de la société, le nouveau statut valorise les collaborateurs et les associe autour d'un projet fédérateur. Le recrutement est également facilité grâce au surcroît de notoriété.

www.pme-bourse.fr, novembre 2015.

Annexe 3

Capitalisation boursière des principaux marchés d'actions

Marché	Capitalisation boursière (en milliards de dollars) sur le marché secondaire actions								
	1980	1990	2000	2005	2008	2010	2012	2013	2014
NYSE *États-Unis*	1237	2794	11535	13311	9209	13394	14086	17950	19351
TSE *Japon*	379	2928	3157	4573	3116	3828	3479	4543	4378
Euronext *Paris, Amsterdam, Bruxelles, Lisbonne*			2272	2706	2102	2930	2832	3584	3319
LES *Grande-Bretagne*	205	850	2612	2707	1868	3613	3397	4429	4013
Hong Kong *Chine*	–	–	623	1055	1329	2711	2832	3101	3233
Deutsche Börse *Allemagne*	72	35	1270	1221	1111	1430	1485	1936	1738

WFE (*World Federation of Exchanges*), Rapports annuels.

Sens de la leçon

Le marché financier et son rôle économique

1 Le marché financier

C'est le marché des capitaux à long terme.
Il se compose…

… du marché financier primaire…

… du marché financier secondaire…

… qui se complètent.

2 Le marché financier primaire

Les émissions de titres (actions et obligations) s'opèrent sur le marché primaire.

Elles permettent de financer, grâce à l'épargne de certains agents, une partie des investissements des entreprises nécessaires à l'amélioration de la compétitivité et de la croissance.

3 Le marché financier secondaire

La liquidité des titres émis est assurée sur le marché secondaire. Il permet l'échange des valeurs mobilières (actions et obligations) sur un marché organisé (Bourse de valeurs) et la fixation d'un prix (cours).

Il contribue, par la fixation du cours de ses actions, à déterminer la valeur des entreprises cotées.

Les mots-clés

Action – Bourse (des valeurs) – Capitalisation boursière – Liquidité d'un titre – Marché financier – Marché primaire – Marché secondaire – Obligation

3 Les institutions financières et leur rôle

LE RÉFÉRENTIEL

4. Le financement des activités économiques ***(20 heures)***
4.2. Le marché financier et son rôle économique ***(6 heures)***

Les compétences attendues	Le plan du chapitre
• Caractériser et analyser le rôle des institutions financières dans le financement de l'économie • Mettre en évidence les relations de complémentarité et d'interdépendance qui existent entre les institutions financières et le marché financier dans le financement de l'économie et de la croissance	**I. Qu'est-ce que l'intermédiation financière ?** **II. Les modalités du financement intermédié** **III. L'intervention croissante des banques sur les marchés de capitaux** **IV. Les avantages de l'intermédiation financière**

Mise en situation : les banques, à quoi servent-elles ?

Une banque est une entreprise dont l'activité porte sur un produit particulier : la monnaie. Dans une économie marchande, c'est-à-dire dans laquelle les échanges sont payés de façon monétaire, l'ensemble de ces entreprises, reliées entre elles et formant ainsi un « système », joue un rôle... capital.

Les banques exercent un rôle de financement des activités économiques en octroyant des crédits aux ménages et aux entreprises. Dans cette optique, elles prêtent de l'argent qu'elles ne possèdent pas nécessairement au départ ou dont elles disposent. Dans ce dernier cas, elles servent d'intermédiaires financiers entre les épargnants et les emprunteurs en transformant les ressources à court terme (les dépôts à vue qui ont pu être réalisés à leurs guichets sur un compte courant) en ressources à long terme. Ceci n'est possible que dans la mesure où la probabilité que tous les déposants veuillent récupérer leurs fonds en même temps est très faible, du fait de la confiance qu'ils accordent au système.

B. Affilé, C. Gentil, *Les Grandes Questions de l'économie contemporaine*, L'Étudiant, 2010.

Questions

1. Pourquoi les banques jouent-elles un rôle important dans le financement de l'économie ?
2. Que signifie l'expression « la banque transforme du court terme en long terme » ?
3. Pourquoi la confiance accordée par les déposants dans les banques est-elle essentielle ?

I Qu'est-ce que l'intermédiation financière ?

Document 1 *Définition*

Une manière de relier prêteurs et emprunteurs est appelée intermédiation financière. Dans ce cas, les emprunteurs obtiennent des fonds en s'adressant à des intermédiaires financiers (en particulier les banques) qui leur consentent des prêts. Les prêteurs quant à eux prêtent leur argent non pas directement aux agents à besoin de financement mais aux intermédiaires financiers, spécialement sous forme de dépôts.
Comme leur nom l'indique, les intermédiaires financiers servent d'intermédiaires entre agents à capacité de financement et agents à besoin de financement.

F. Mishkin, C. Bordes, P.-C. Hautcœur, D. Lacoue-Labarthe, X. Ragot, *Monnaie, banque et marchés financiers*, Pearson Education France.

Document 2 *Le fonctionnement de l'intermédiation financière*

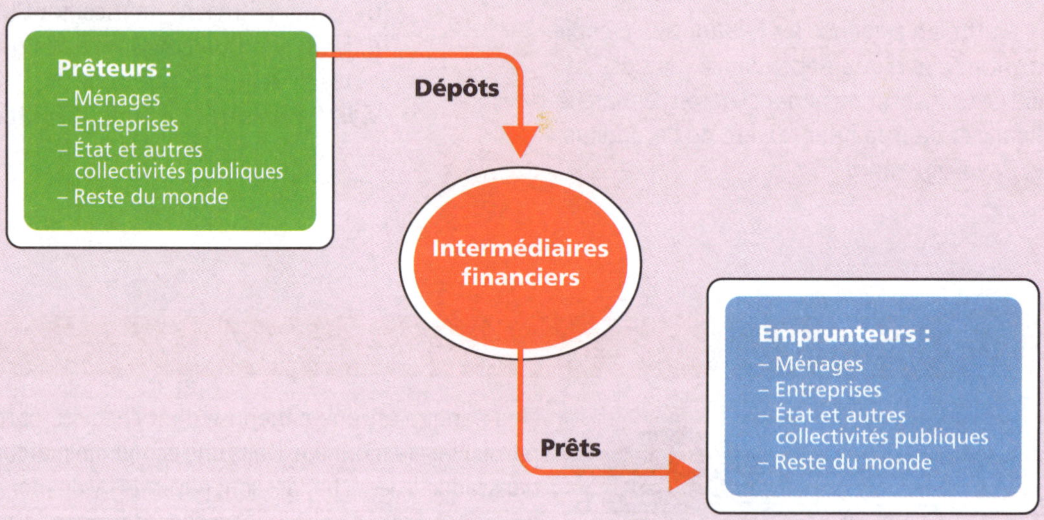

Document 3 *La composition actuelle des institutions financières françaises*

Les institutions financières françaises comprennent :

• les *banques* : banques commerciales (la BNP-Paribas, la Société Générale, etc.) et banques mutualistes ou coopératives (le Crédit mutuel, les Banques Populaires, etc.) ;

• les autres institutions financières qui comprennent les *sociétés financières* : sociétés de crédit-bail (ex. : Crédit-bail Renault), de crédit immobilier (ex. : le Crédit foncier), de vente à crédit (ex. : Cetelem,Sofinco), la Caisse des dépôts et consignations et les OPCVM (organismes de placements collectifs en valeurs mobilières).

Questions

1. Décrivez ce que l'on appelle l'« intermédiation financière ».
2. Qu'est-ce qui distingue l'intermédiation financière du financement par le marché financier ?
3. Les banques sont-elles les seuls intermédiaires financiers ? Expliquez.

II Les modalités du financement intermédié

A. Le financement non monétaire

Document 4 *La transformation de l'épargne par les institutions financières*

Lorsque vous placez votre argent, vous souhaitez pouvoir le retirer rapidement. À l'inverse, lorsque vous faites un emprunt, vous pouvez avoir besoin qu'il soit de longue durée. Si votre meilleur ami désire vous emprunter de l'argent pour construire une maison, il est peu probable que vous accepterez de lui prêter sur vingt-cinq ou trente ans. C'est là qu'interviennent les institutions financières. Elles collectent, d'une part, l'épargne d'un grand nombre de ménages, qui souhaitent pouvoir retirer à tout moment leur argent, et, d'autre part, les demandes de prêt à long terme des ménages, qui veulent, par exemple, construire une maison, ou des entreprises, qui veulent faire des investissements lourds. Elles vont alors faire coïncider les emprunts et les prêts qui ont des objectifs de durée différents : on dit qu'elles rendent un service de transformation de l'épargne.

J. Sloman, A. Wride, *Principes d'économie*, Pearson, 2015.

Document 5 *La banque : l'équilibre entre dépôts et crédits*

La raison d'être d'une banque est que les déposants peuvent effectuer des dépôts qu'ils pourront à tout moment utiliser pour régler leurs transactions. En réunissant tous ces dépôts, la banque devient quant à elle en mesure de financer des projets d'investissement de plus grande taille que ce qu'aurait pu faire un prêteur individuel. Certes, toutes les sommes collectées par la banque auprès de ses déposants ne pourront pas être prêtées, dans la mesure où la banque devra conserver de quoi faire face aux retraits de ses clients.

Tout cela fonctionne dès lors que les déposants n'ont pas d'inquiétude sur la capacité de leur banque à leur restituer leur dépôt. Si, en revanche, le doute s'installe, alors la banque s'expose à une panique de ses exposants. En cas de panique, tous les déposants se précipitent en même temps aux guichets de la banque pour récupérer leur argent.

Le risque d'illiquidité (la banque ne peut faire face aux retraits des déposants) va de pair avec la transformation d'échéance opérée par la banque. Cette transformation est ce qui permet à la banque d'associer deux services *a priori* difficilement conciliables : un service de liquidité auprès de ses clients (faire face à tout moment aux demandes de retraits) et un service de financement des emprunteurs.

J. Couppey-Soubeyran, *Monnaie, banques, monnaie,* PUF, 2015.

Questions

1. À quoi la transformation de l'épargne, ou transformation financière, correspond-elle ?
2. Pourquoi fait-on appel à des institutions financières pour financer des opérations à long terme (achat d'une maison, investissement lourd) ?
3. Montrez la difficulté pour une banque de concilier les exigences des déposants et des emprunteurs.

B. La spécificité des banques : le financement monétaire

Document 6 *La banque, un intermédiaire financier spécifique*

Le rôle de la banque

Sa spécificité tient à son pouvoir de création monétaire. L'octroi de crédit par une banque ne se fait pas sur la base de ressources préexistantes. La banque ne se contente pas de transformer les caractéristiques d'une épargne préformée. Elle crée par le crédit un dépôt bancaire au bénéfice de l'emprunteur.

Au niveau macroéconomique, le pouvoir de création monétaire du système bancaire lève une contrainte majeure sur l'accumulation du capital : le financement des projets nouveaux d'investissement n'est plus assujetti à l'épargne formée au cours de la période. Les banques ne se contentent pas de recycler des ressources qu'elles ont préalablement collectées. Elles prêtent des sommes qui viendront ensuite se déposer dans leurs comptes. Les banques font ainsi des paris sur des projets industriels, elles anticipent sur des profits à venir. Ces paris sont fondés sur une évaluation de la qualité spécifique des projets.

L. Scialom, *Économie bancaire*, La Découverte.

Question **4.** Quel est l'intérêt, pour le financement de l'économie, du pouvoir de création monétaire des banques ?

Document 7 *Les limites à la création monétaire par les banques : la réglementation prudentielle*

La réglementation prudentielle est destinée à éviter que les banques ne prennent trop de risques et finissent par faire faillite. En effet, si la situation financière d'un client est irrémédiablement compromise, le prêt que la banque lui a consenti risque de ne pas être remboursé. Dans ce cas, la banque devra combler son manque de liquidités en empruntant aux autres banques les montants non remboursés. Si trop de clients de la banque ne peuvent rembourser leurs emprunts, c'est la banque elle-même qui se retrouve dans une situation difficile. Compte tenu des liens de financement entre les banques, qui se prêtent mutuellement, les difficultés d'une banque peuvent se transmettre à l'ensemble du secteur bancaire. C'est pourquoi les réglementations dites « prudentielles » imposent aux banques des limites dans le montant total de leurs engagements.

En particulier, elles doivent respecter un ratio de solvabilité rapportant le total de leurs fonds propres à leurs engagements au moins égal à 8 %.

Ex. : si une banque détient 100 € de fonds propres, elle ne pourra prêter plus de 1 250 €.

D'après le site www.lafinancepourtous.com, 18 mars 2014.

Questions **5.** Pourquoi la création monétaire par les banques est-elle limitée ?

6. Par quel moyen la création monétaire par les banques est-elle limitée ?

Document 8 *Crédits bancaires et création monétaire*

Tous les crédits bancaires ne correspondent pas à de la création monétaire. Si la banque accorde un crédit sur la base des ressources qu'elle possède déjà, comme les dépôts que lui apportent ses clients, alors il s'agit d'un transfert de ressources et non d'une création de monnaie. Une banque n'accroît la masse monétaire en circulation que lorsqu'elle crée de la monnaie à partir de rien.

J. Couppey-Soubeyran, *Alternatives Économiques*, janvier 2012

Question **7.** Tous les crédits bancaires correspondent-ils à de la création monétaire ? Justifiez.

III L'intervention croissante des banques sur les marchés de capitaux

DOCUMENT 9 *L'intermédiation au sens strict*

Le taux d'intermédiation au sens strict (ou « intermédiation traditionnelle ») mesure la part des crédits accordés par les banques dans le financement des agents non financiers (entreprises, ménages, administrations publiques...).
Ce taux était de 70 % en 1978.

Taux d'intermédiation financière
(en % du total des financements obtenus par les agents non financiers résidents)

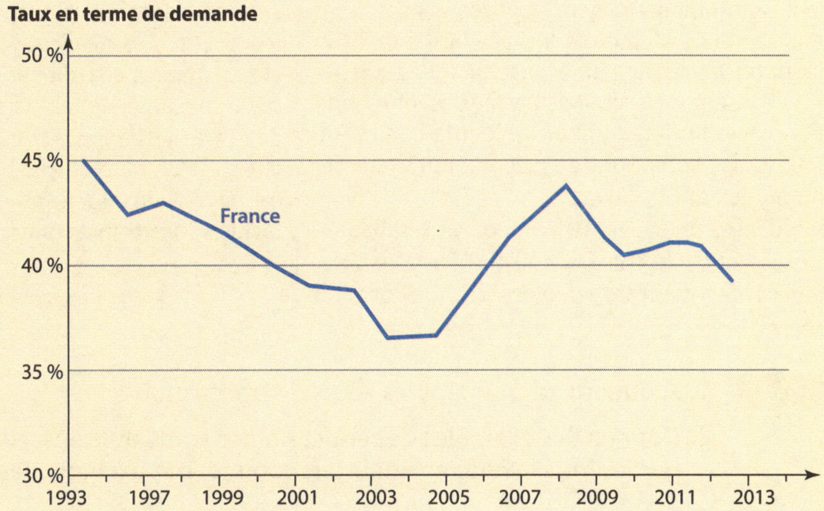

DOCUMENT 10 *La redéfinition de l'activité bancaire*

La désintermédiation bancaire

▶ Les comportements des agents économiques se modifient, ceux-ci font de plus en plus appel aux marchés financiers :
– la fonction de collecte des dépôts des banques diminue. Le public préfère de plus en plus placer ses fonds sur le marché financier au lieu de faire des dépôts d'épargne ;
– les entreprises font elles aussi davantage appel aux marchés financiers pour leurs investissements (émission d'actions et d'obligations) et au marché monétaire pour couvrir leurs besoins de liquidités à court terme. Cela limite donc la fonction de crédit des banques.

▶ Les banques voient ainsi leur rôle d'intermédiation se réduire tandis que s'accroît le rôle de la Bourse.

Les nouvelles orientations des banques

▶ Afin de combler le manque à gagner de la désintermédiation, les banques procèdent de plus en plus à ce que l'on pourrait appeler une intermédiation de marché : elles servent d'intermédiaires entre les agents économiques et les marchés financiers, et entre les agents économiques entre eux. Ainsi, le particulier qui préfère acheter des SICAV plutôt que de déposer son argent à la banque devra tout de même passer par elle et lui verser une commission.

▶ Les banques se spécialisent de plus en plus dans les services qu'elles peuvent offrir à la clientèle comme la gestion des actifs financiers des particuliers. L'activité des banques est de plus en plus une activité de services, non directement liée à la collecte des fonds et l'octroi de crédits.

M. Montoussé, D. Chamblay, *100 fiches pour comprendre les sciences économiques*, Bréal, 2013.

Questions

1. Qu'appelle-t-on l'intermédiation ? Comment a-t-elle évolué depuis quinze ans ?
2. Distinguez intermédiation traditionnelle et intermédiation de marché.
3. Pourquoi les banques interviennent-elles de plus en plus sur les marchés de capitaux ?

IV Les avantages de l'intermédiation financière

A. La réduction des coûts de transaction

Document 11 *La réduction des coûts de transaction par les institutions financières*

Les **coûts de transaction**, c'est-à-dire le temps et l'argent dépensés pour réaliser les transactions financières, sont un problème majeur pour les gens qui ont de l'argent à prêter. Même quelqu'un qui connaît un entrepreneur qui veut lancer une entreprise, et souhaite lui prêter de l'argent, doit, pour se protéger contre toute éventualité, payer un juriste pour rédiger le contrat de prêt et préciser les conditions de paiement des intérêts et du remboursement [...].
Les intermédiaires financiers peuvent réduire substantiellement les coûts de transaction. [...] Par exemple, une banque a des contrats standardisés, qui ont été mis au point une fois pour toutes. Au lieu de payer 500 euros pour la rédaction d'un contrat médiocre, comme l'aurait fait un petit prêteur, elle peut payer 5 000 euros le meilleur spécialiste dans la mesure où elle va amortir ce coût sur plusieurs milliers de contrats, pour chacun desquels ce coût devient négligeable [...].
En outre, les banques fournissent à leurs déposants des chéquiers ou des cartes bancaires, qui leur permettent de payer leurs factures de manière commode et qui facilitent les transactions.

F. Mishkin, C. Bordes, P.-C. Hautcœur, D. Lacoue-Labarthe, X. Ragot, *Monnaie, banque et marchés financiers*, Pearson Education.

Questions

1. À quoi correspondent les coûts de transaction ?
2. Donnez des exemples de réduction des coûts de transaction par les intermédiaires financiers comme, par exemple, les banques.

B. La réduction de l'asymétrie d'information

Document 12 *Le traitement des problèmes d'asymétrie d'information*

Quand un emprunteur sollicite un financement, il connaît mieux que le prêteur la qualité de son projet d'investissement et ses chances de succès (même si, pour lui aussi, le risque d'échec demeure). Il s'agit d'un problème d'asymétrie d'information. L'emprunteur devra parvenir à convaincre le prêteur et ce dernier rassembler suffisamment d'informations concordantes pour se forger sa conviction que le projet vaut d'être financé.
En centralisant la production d'information nécessaire à la sélection des projets, on en réduit le coût et on rend à nouveau possibles des financements qui sans cela n'auraient pas vu le jour. Qu'est-ce que ce prêteur spécialisé dans la production d'information ? Une banque ! La banque produit cette information pour éclairer ses propres choix d'investissement et se positionne donc en intermédiaire entre un large ensemble de prêteurs et un large ensemble d'emprunteurs dont elle effectue une sélection.
La sélection et le suivi des emprunteurs apparaissent au cœur des raisons d'être de la banque. La banque existe parce qu'elle est capable de produire à moindre coût une information et un contrôle rendant possibles des transactions financières qui ne seraient pas conclues sur le marché financier.

J. Couppey-Soubeyran, *Monnaie, banques, monnaie*, PUF, 2015.

Document 13 *Avis sur l'action Danone*

Analyse de Danone – 26 mars 2015

– Leader mondial de l'industrie alimentaire : premier dans les produits laitiers frais (56 % des ventes), deuxième mondial dans la nutrition infantile (20 %) et troisième dans les eaux embouteillées (18 %).

– Bonnes performances en termes de ventes et de rentabilité dans les six pays prioritaires définis par le groupe (Mexique, Indonésie, Chine, Russie, États-Unis et Brésil).

– Capacité à accroître les prix de vente pour contrer la baisse des volumes.

– L'une des entreprises les mieux notées au monde en termes de « responsabilité sociétale des entreprises ».

DANONE

AOF-Option Finance www.optionfinance.fr

Questions

3. À quoi une asymétrie d'information correspond-elle lors d'un financement ?

4. Comment les banques peuvent-elles résoudre le problème posé au marché financier en cas d'asymétrie d'information ?

5. Dans quelle mesure la Société Générale permet-elle de réduire l'asymétrie d'information entre l'acheteur potentiel d'actions Danone et la société Danone ?

C. La réduction des risques

Document 14 *L'appréciation des risques par l'intermédiaire financier*

L'intermédiaire financier permet, pour les demandeurs de capitaux, d'obtenir des ressources qu'ils n'auraient pu collecter eux-mêmes. Il limite aussi le risque d'insolvabilité[1] couru par le prêteur de capitaux. L'intermédiaire est plus à même d'apprécier ces risques (c'est son métier) et, dans la mesure où il a de nombreux débiteurs, il peut compenser plus facilement l'insolvabilité de l'un d'entre eux. Il produit des connaissances sur les agents à besoin de financement (les emprunteurs) et réduit le risque de sélectionner des emprunteurs potentiellement défaillants. L'épargnant transfère donc le risque lié au financement sur l'intermédiaire financier.

L'institution financière (la banque) permet de limiter au préalable les problèmes d'information relatifs à la qualité des projets d'investissement à financer. Elle va, en effet, sélectionner les emprunteurs et produire des informations sur eux. La banque met également en œuvre une procédure de contrôle afin de suivre les emprunteurs jusqu'au remboursement.

D'après M. Delaplace, *Monnaie et financement de l'économie*, Dunod.

1. État d'un emprunteur qui n'est pas capable de payer la dette due au prêteur.

Questions

6. Quels risques sont réduits, pour le prêteur de capitaux, du fait de l'intervention d'un intermédiaire financier ?

7. Pourquoi une banque connaît-elle un risque réduit par rapport à un autre agent économique dans les opérations de prêt ?

Entraînement

Les compétences attendues

- Caractériser et analyser le rôle des institutions financières dans le financement de l'économie.
- Mettre en évidence les relations de complémentarité et d'interdépendance qui existent entre les institutions financières et le marché financier dans le financement de l'économie et de la croissance.

Mise en situation

En plus de leurs opérations d'intermédiation traditionnelle, les banques ont développé une activité profitable d'intermédiation de marché. Si les activités traditionnelles des banques, la collecte de dépôts et l'octroi de prêts, restent à la base de leur rentabilité, elles ont aussi développé des activités d'intermédiaires sur les marchés financiers.

Stagiaire à la direction financière d'une grande entreprise, vous êtes chargé(e) d'élaborer un document d'information destiné aux responsables des différents services.

Travail à faire

À l'aide du dossier joint et de vos connaissances, **en veillant à préciser les principaux concepts utilisés** et à exploiter les sources statistiques mises à votre disposition, il vous est demandé de concevoir une note argumentée et structurée dans laquelle :

1. vous caractériserez le rôle des banques dans le financement de l'économie ;
2. vous relèverez les raisons pour lesquelles les banques ont été amenées à intervenir de façon plus active sur le marché financier ;
3. vous présenterez les relations de complémentarité qui existent entre les banques et le marché financier.

Annexe 1

Pourquoi des banques ?

Pourquoi a-t-on besoin des banques lorsqu'il existe des marchés de capitaux qui remplissent les mêmes fonctions ? Dans les faits, pourtant, banques et marchés se complètent au sein des systèmes financiers. Les banques rendent en effet possibles des transactions financières qui, sur les marchés, ne pourraient avoir lieu. Les banques naissent de ce qui peut faire obstacle à une relation de financement direct sur un marché financier : d'une part, le fait que l'horizon préféré de ceux qui ont de l'argent à prêter coïncide rarement avec celui de ceux qui souhaitent en emprunter, d'autre part, le fait que le prêteur a nécessairement moins d'information que l'emprunteur sur le projet d'investissement à financer.

J. Couppey-Soubeyran, *Monnaie, banques, finance,* PUF, 2015.

Annexe 2

Les métiers bancaires se sont transformés

Même si le développement des marchés financiers est souvent assimilé à la « désintermédiation financière », les ménages, les entreprises et les administrations continuent d'avoir recours aux banques pour placer leurs avoirs ou couvrir leurs besoins de financement. C'est la forme de l'intermédiation qui a changé : le financement bancaire traditionnel (gestion des crédits et dépôts) a décliné au fil du temps, au profit des opérations sur les marchés financiers. Les banques tiennent un rôle majeur sur ces marchés en y intervenant soit pour leur propre compte (détention directe de titres), soit pour le compte de tiers ou en tant que « teneurs de marché » (acquisition et cession de titres sur les marchés).

Insee Première, n° 1285, et ACPR Banque de France, *Les chiffres du marché français de la banque 2014*, 7 octobre 2015.

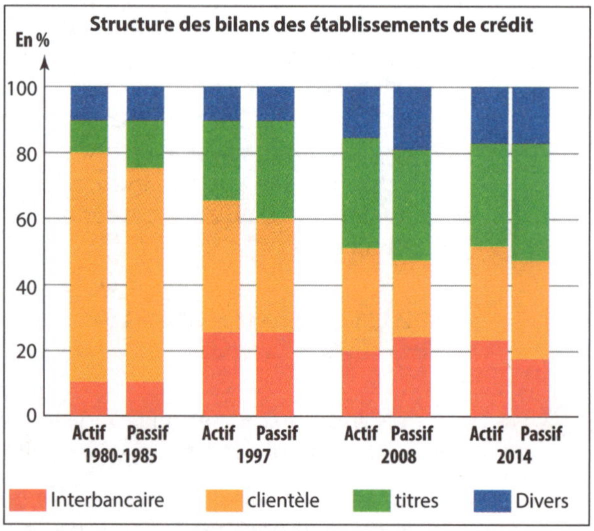

L'évolution du rôle des banques

Annexe 3

Les banques, toujours au cœur du système financier

L'essor des marchés financiers n'a pas entraîné le déclin des banques. Si la part des crédits bancaires a incontestablement diminué dans l'ensemble des financements externes des entreprises, peut-on en déduire pour autant que le rôle des banques a été restreint dans les mêmes proportions ? Ce serait là supposer que puisse exister une finance réellement directe, sans aucun intermédiaire. Or, les marchés financiers restent largement imparfaits. L'information est souvent asymétrique. [...] L'expertise des intermédiaires, au premier rang desquels se trouvent les banques, est donc devenue plus nécessaire que jamais.

Les banques se sont transformées pour faire face à la nouvelle donne financière. La concurrence des marchés de capitaux a amoindri les marges réalisées sur les crédits distribués. Les institutions bancaires ont dû réagir en restructurant leurs activités… en direction des marchés financiers ! Leurs interventions se sont multipliées en ce sens : gestion des portefeuilles de valeurs mobilières pour le compte de tiers, valorisation de leur propre capital, collecte de ressources nouvelles ou encore transformation des crédits en titres financiers (titrisation). Les activités de marché l'emportent désormais sur les opérations de collecte de fonds et de distribution des crédits. Les revenus des banques résultent de plus en plus des commissions liées aux interventions sur les marchés financiers.

L'intermédiation bancaire n'a pas globalement diminué, elle a changé de nature. À l'intermédiation classique, fondée sur les crédits, s'est ajustée une intermédiation de marché. Les banques ne transforment plus seulement l'épargne à court terme des agents à capacité de financement en prêts à long terme pour ceux à besoin de financement. Elles agissent entre les épargnants et les marchés financiers. Elles ont donc un rôle d'intermédiaire, mais en collectant des liquidités destinées au financement de marché. Ainsi, le taux d'intermédiation au sens large (crédits + titres financiers détenus par les institutions financières / financements externes) reste aujourd'hui relativement élevé en France (aux alentours de 60 %).

Banques et marchés financiers sont désormais totalement interdépendants.

J.-P. Lebel, M. Pelletier, É. Jeanneau, A. Nabat, *Actu'Concours 2013/2014. Économie*, Ellipses, 2013.

Annexe 4

Finance de marché – finance bancaire, une frontière dépassée

La globalisation (mondialisation) financière devait être fatale aux banques du fait de la concurrence des marchés financiers et du rôle grandissant des investisseurs institutionnels (fonds de pension chargés de placer l'épargne des salariés sur les marchés financiers et de verser les pensions à leurs membres, sociétés d'assurances...). Ces prédictions ne se sont pas vérifiées. Le développement des marchés de capitaux a largement profité aux banques qui sont devenues des acteurs majeurs.

La raison est simple : pour fonctionner, les marchés ont besoin d'intermédiaires qui, par leurs nombreuses opérations d'achats et de ventes de titres, assurent leur liquidité. Les banques ont donc préservé leur place au sein des systèmes financiers en développant une activité profitable d'intermédiation de marché, à côté de leurs opérations d'intermédiation traditionnelle. Avec l'intermédiation de marché, les banques aident les emprunteurs à trouver les prêteurs pour écouler les titres (obligations, par exemple) que les premiers désirent offrir aux seconds. La frontière entre finance bancaire ou intermédiée (les banques prêtent et collectent l'épargne) et finance de marché (fournisseurs et demandeurs de capitaux se rencontrent sur les marchés financiers) s'est en partie estompée. Les systèmes financiers modernes sont des systèmes hybrides.

J. Couppey-Soubeyran, *Alternatives Economiques*, hors-série poche, n° 58.

Sens de la leçon

Les institutions financières et leur rôle

1 L'intermédiation financière

Ceux qui souhaitent prêter → Intermédiation → Ceux qui souhaitent emprunter

Prêteurs
- Ménages
- Entreprises
- État et autres collectivités publiques
- Reste du monde

→ **Intermédiaires financiers** (banques…) →

Emprunteurs
- Ménages
- Entreprises
- État et autres collectivités publiques
- Reste du monde

2 Les modalités du financement intermédié

Le financement intermédié peut être :

Un financement non monétaire
Les institutions financières octroient des prêts par transformation financière de l'épargne collectée auprès d'agents économiques (des dépôts à court terme sont transformés en prêts à moyen et long terme).

Un financement monétaire
Les banques accordent des prêts par création monétaire
(spécificité de l'activité bancaire).

3 L'intervention croissante des banques sur les marchés de capitaux

Pour compenser l'érosion de leurs ressources, les banques ont développé leurs activités sur les marchés de capitaux. Elles assurent une **intermédiation de marché** : elles servent d'intermédiaires entre les agents économiques non financiers et les marchés financiers.

4 Les avantages de l'intermédiation financière

Les institutions financières réduisent…

- … les coûts de transaction.
- … les conséquences de l'asymétrie d'information.
- … les risques liés aux opérations de prêts.

Les mots-clés

Asymétrie d'information – Coûts de transaction – Financement monétaire – Financement non monétaire – Institutions financières – Intermédiation financière

4 La globalisation financière

LE RÉFÉRENTIEL

4. Le financement des activités économiques *(20 heures)*
4.4. La globalisation financière et l'efficacité du financement international des activités économiques *(6 heures)*

Les compétences attendues	Le plan du chapitre
• Identifier les effets attendus de la globalisation financière	**I. Le processus de globalisation financière et ses effets attendus**
• Caractériser et repérer les principaux flux financiers internationaux	**II. Les principaux flux financiers internationaux**
• Identifier les risques financiers au niveau mondial	**III. Les risques de la globalisation financière**

Mise en situation : la Chine, l'épicentre d'un séisme boursier?

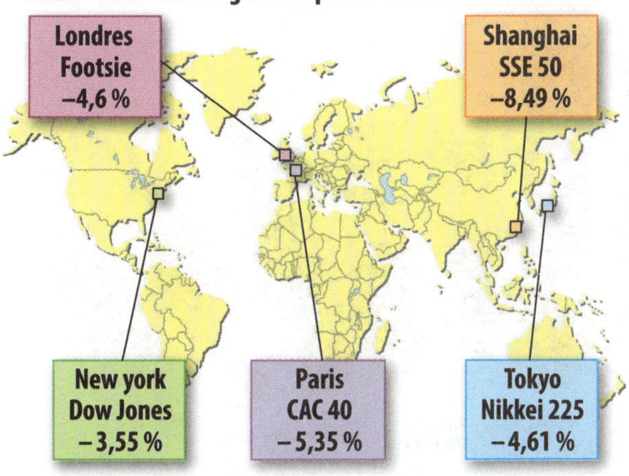

Lundi 24 août 2015 : début de panique sur les places boursières du monde entier. Shanghai a dévissé de 8,5 %, entraînant dans son sillage les autres Bourses asiatiques, puis les places européennes et américaines.
La publication d'un mauvais indice de production manufacturière trois jours plus tôt a terminé de ternir la confiance des investisseurs. En effet, les Bourses chinoises accusent une forte baisse depuis mi-juin ; elles ont perdu près de 40 % de leur valeur en deux mois.
Et les indicateurs économiques de la locomotive de la croissance mondiale ne sont pas bons : une croissance bien moindre que prévue (estimée à 6 % au lieu des 8 % attendus), une production manufacturière en berne, une consommation intérieure qui ne décolle pas. L'essoufflement de l'économie chinoise emporte avec elle un grand nombre de pays. Le risque est celui d'une panique générale.

Questions

1. Pour quelle raison l'indice de la Bourse de Shanghai s'est-il effondré en août 2015 ?
2. En quoi cela peut-il menacer les autres places boursières ?

I Le processus de globalisation financière et ses effets attendus

A. La notion de globalisation financière

Document 1 *Un processus long*

Les marchés financiers se sont considérablement développés à partir des années 1980. On parle de globalisation financière pour caractériser ce processus historique complexe conduisant à la réalisation au niveau international d'un marché financier mondial.
La globalisation financière peut ainsi être définie comme un processus de libéralisation quasi complète des échanges sur les marchés de capitaux conduisant à l'émergence d'un unique marché mondial de capitaux, très peu contrôlé.

Document 2 *La globalisation se caractérise par une plus grande mobilité des capitaux*

La circulation internationale de capitaux est devenue depuis quelques décennies la face la plus visible de la globalisation financière. [...] Il a toutefois fallu attendre la fin des années 1980 pour voir les mouvements internationaux de capitaux s'accélérer de façon spectaculaire. Ces derniers augmentent alors non seulement plus vite que l'activité, mais aussi que le commerce international, dont la progression est pourtant rendue particulièrement dynamique par l'intégration des régions émergentes dans l'économie mondiale.

A. Brender, F. Pisani, « Comprendre les marchés financiers », *Les Cahiers français*, n° 361.

Évolution annuelle des flux de capitaux, en milliards de dollars

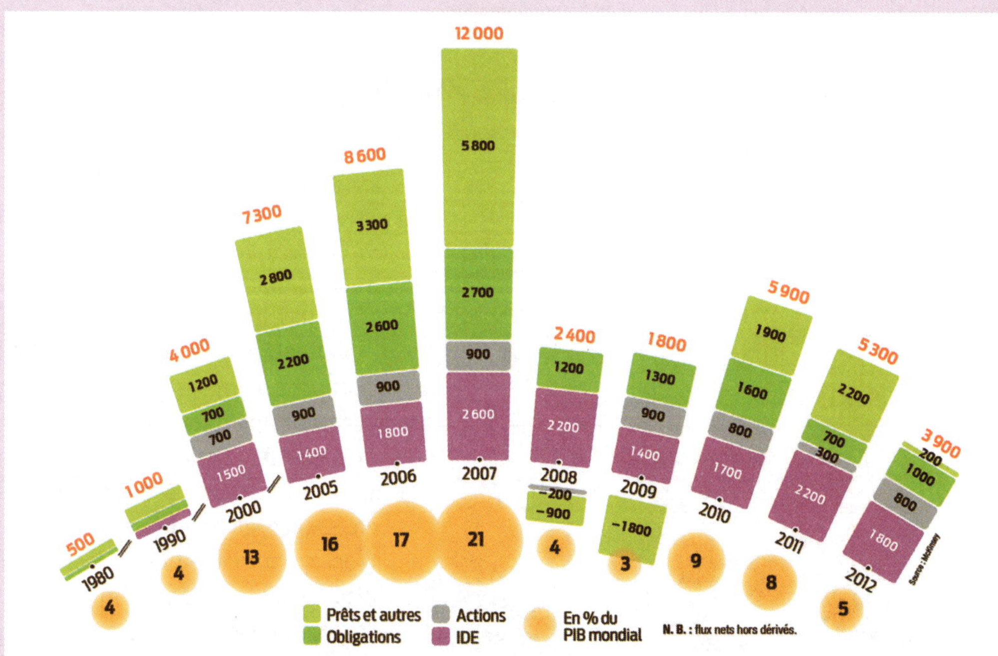

G. Hassan, *Alternatives Économique*, hors-série n° 102, octobre 2014.

Questions

1. Qu'échange-t-on sur les marchés de capitaux ?
2. Définissez la notion de « globalisation financière ».
3. Quelle est la manifestation principale de cette globalisation ? À partir de quelle date s'est-elle accélérée ?
4. Quelle est la cause de la baisse des flux de capitaux en 2008 ? Justifiez votre réponse.

B. Les déterminants de la globalisation financière

Document 3 *La libéralisation financière à la fin des années 1980*

La libéralisation financière a résulté de plusieurs facteurs, communément appelés les « 3 D » : déréglementation, décloisonnement, désintermédiation.

La déréglementation

La déréglementation désigne le processus d'assouplissement ou de suppression des réglementations nationales régissant la circulation des capitaux. Partie des États-Unis et du Royaume-Uni, elle s'est progressivement étendue à tous les pays industrialisés dans les années 1980. En effet, devant l'accroissement de leurs déficits budgétaires au cours de cette décennie, les pays développés ont souhaité faciliter la circulation des capitaux au niveau mondial. Cette libéralisation des marchés de capitaux a été opérée en plusieurs étapes, et à des rythmes différents selon les pays : les taux d'intérêt ne sont plus contrôlés par les pouvoirs publics dès 1986 aux États-Unis, mais librement déterminés par le marché ; le contrôle des changes est aboli en 1985 dans la plupart des pays, permettant une totale libéralisation des transferts de devises d'un pays à l'autre.

La désintermédiation

La désintermédiation bancaire permet à tout investisseur le recours direct au marché financier, sans avoir besoin de passer par l'intermédiaire d'un établissement financier. La finance directe prend le relais du crédit bancaire international et répond à la volonté de trouver des solutions plus souples et aussi moins coûteuses aux besoins de financement des agents.

Document 4 *Le décloisonnement des marchés*

La globalisation s'est traduite par un « décloisonnement des marchés », avec l'ouverture des frontières : ouverture externe des marchés nationaux, en premier lieu ; mais également, à l'intérieur de ceux-ci, éclatement des compartiments existants : marché monétaire (argent à court terme), marché financier (capitaux à plus long terme), marché des changes (échange des monnaies entre elles), marchés à terme... Désormais, l'opérateur qui « investit » (ou emprunte) recherche le meilleur rendement en passant d'un titre à l'autre, d'une monnaie à l'autre ou d'un procédé de couverture à l'autre : de l'obligation en euros à l'action en dollars, de l'action à l'option... Au total, ces marchés particuliers (financier, change, options...) sont devenus les sous-ensembles d'un marché financier global intégré, lui-même mondial.

D. Plihon, *Les Enjeux de la mondialisation*, La Découverte, coll. « Repères ».

Questions

5. Explicitez chacun des facteurs ayant permis la libéralisation des mouvements de capitaux.

6. Pourquoi peut-on dire que la libéralisation des marchés a permis le développement des marchés financiers et donc la globalisation financière ?

Document 5 *Une parfaite intégration des marchés*

[L']intégration financière est également caractérisée par trois règles empruntées au théâtre :
1) **unité de temps** (les marchés fonctionnent 24 heures sur 24) ;
2) **unité de lieu** (les places sont interconnectées) ;
3) **unité d'action** : grâce à l'électronique, le marché est planétaire ; il fonctionne en temps réel et toute information « publique » y est diffusée immédiatement dans le monde entier, les opérateurs sont sur le même plateau mondial, derrière leurs écrans d'ordinateur. [...]

J.-L. Mucchielli, *La Mondialisation. Chocs et mesure*, Hachette Supérieur.

Document 6 *La généralisation du recours aux nouvelles technologies*

Les NTIC* ont puissamment contribué à la globalisation des marchés, par trois séries d'effets :

– l'accélération de la circulation de l'information à l'échelle de la planète ;

– la mise en réseau des entreprises dans le monde ;

– le développement de l'économie immatérielle et virtuelle non localisée, et donc difficile à contrôler (les paradis fiscaux, par exemple).

D. Plihon, *Les Enjeux de la mondialisation*, La Découverte, coll. « Repères ».

* NTIC : nouvelles technologies de l'information et de la communication.

Questions

7. Quel a été le rôle des NTIC dans le processus de globalisation financière ?

8. Quelles sont les caractéristiques des marchés financiers aujourd'hui ?

C. Les effets attendus de la globalisation financière

Document 7 *Une allocation optimale des ressources au niveau mondial, facteur de croissance*

La fonction première d'un marché financier est d'être un mécanisme de financement de l'activité économique. Les défenseurs de la globalisation postulent que celle-ci permet une allocation « optimale » des ressources financières au niveau mondial : la mobilité des capitaux permettrait aux différents acteurs de disposer d'un plus large choix pour l'affectation de leurs ressources, tant du côté des emprunteurs que des prêteurs.

D'une part, grâce à l'ouverture des frontières, les capitaux disponibles peuvent s'orienter vers les placements les plus rentables. Dès lors, l'épargne devrait s'orienter naturellement vers les secteurs d'activité et vers les pays les plus rémunérateurs, c'est-à-dire ceux ayant le plus fort potentiel de développement, comme les pays émergents.

D'autre part, les emprunteurs peuvent trouver des sources de financement moins coûteuses sur ce marché mondial que dans les étroites limites de leur marché national, du fait de la mise en concurrence du coût des capitaux.

Si, dans les faits, la libéralisation financière a particulièrement favorisé les échanges financiers entre pays riches, qui émettent et reçoivent l'essentiel des flux de capitaux, elle a aussi permis d'abaisser le coût des financements de pays émergents qui, à l'instar de la Chine, ont su en profiter pour attirer à moindre coût les IDE* et développer leur économie. Le développement des échanges financiers a ainsi favorisé la croissance des pays les moins avancés et leur a permis de rattraper leur retard.

*IDE : investissements directs à l'étranger.

➔ Questions

9. Pourquoi la globalisation permet-elle d'améliorer le financement de l'économie mondiale et favorise-t-elle la croissance ?
10. Quels sont les pays qui devraient profiter davantage de la libéralisation des marchés financiers ? Pourquoi ?
11. Qu'est-ce qui a permis de soutenir la croissance des pays émergents ?

Document 8 *Une protection accrue contre les risques*

Une meilleure répartition des risques

La globalisation et les larges possibilités de placement qu'elle induit sur des marchés variés et internationaux permettent une meilleure répartition des risques : les investisseurs peuvent diversifier leurs placements par l'acquisition de différents types d'actifs. Ainsi, si un titre perd de la valeur, cette perte peut être compensée par un gain sur d'autres titres.

La couverture des risques grâce aux innovations financières

Le développement de la finance internationale a favorisé la multiplication des innovations financières, et notamment le marché des produits dérivés, compartiment du marché financier. Il permet aux différents acteurs de gérer et de couvrir les risques de leurs activités économiques et financières (risque de change lié aux échanges avec l'extérieur, risque de taux suite à un crédit, risque de variation du prix des matières premières, etc.).

Un produit dérivé est un titre dont la valeur est dérivée, c'est-à-dire déterminée, à partir de celle d'un autre actif, qui peut être un actif physique (du blé, du pétrole, etc.), une devise ou un titre (action, obligation). Ces titres sont utilisés comme des « assurances » par les entreprises de manière à ne réaliser ni gains ni pertes sur leurs opérations (achat ou vente à l'étranger, achat de matières premières dont le cours fluctue, crédit, etc.).

➔ Questions

12. Expliquez les deux avantages attendus de la globalisation en termes de protection des risques.
13. Quel risque encourt un exportateur lors d'une vente en devises ? Comment peut-il s'en protéger ?
14. Quels autres types de risque les produits dérivés permettent-ils de couvrir ?

II Les principaux flux financiers internationaux

Document 9 *L'évolution de la répartition des flux de capitaux dans le monde*

La vive augmentation des flux bruts de capitaux à l'échelle mondiale, en particulier pendant les années 1990 et jusqu'à l'éclatement de la crise financière en 2008, est surtout imputable à une intensification des flux de capitaux entre économies avancées. Ces dernières, en dépit d'une diminution constante de leur part dans le commerce mondial, représentaient encore, à la veille de la crise, 75 % au moins des flux bruts de capitaux, et elles en assurent quelque 60 % depuis la crise.

www.nbb.be

Flux bruts internationaux de capitaux

(En pourcentage du PIB mondial, sommes des flux entrants et sortants)

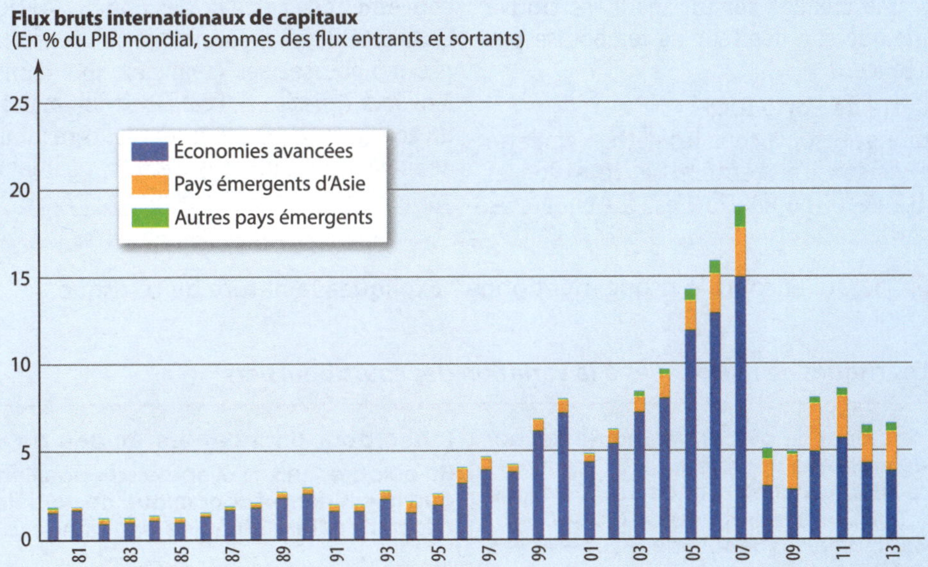

Document 10 *La hausse des flux de capitaux vers les pays émergents*

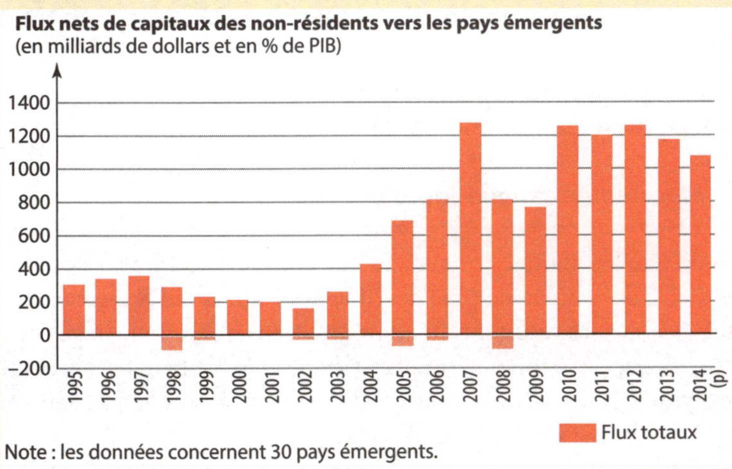

Les flux de capitaux à destination des pays émergents ont été multipliés par 5 entre 2003 et 2007 et n'ont pas été durablement remis en cause par la crise financière internationale, même si, exprimés en points de PIB, ces flux de capitaux ont diminué depuis le pic de 2005-2007.

La Chine a attiré à elle seule près de 30 % de ces flux de capitaux ces dernières années (des IDE).

L'Économie mondiale 2015, CEPII, Éd. La Découverte, septembre 2014.

Questions

1. Comment a évolué la répartition des flux de capitaux dans le monde ?
2. Quels en sont les principaux bénéficiaires ?

III Les risques de la globalisation financière

A. Les principaux risques des marchés financiers

Document 11 *Le risque de contrepartie ou de défaut*

Toute opération financière fait courir un risque de crédit, ou risque de contrepartie, qui repose sur l'éventuelle défection du débiteur. En effet, tout créancier (banque accordant un crédit, agent achetant une obligation ou une action sur le marché financier), dès lors qu'il a une créance sur un agent, se trouve exposé au risque que son débiteur ne rembourse pas sa dette à l'échéance.

Alerte sur la dette de Porto Rico

C'est un territoire qui croule sous les dettes, empêtré dans un cercle vicieux d'austérité et de récession et dont la majorité de la population est au chômage. Bienvenue… à Porto Rico, qui vit une situation qui a le goût de la crise grecque, l'odeur de la crise grecque, mais n'est pas la Grèce.

Là où Athènes tente encore d'éviter une faillite, ce territoire des États-Unis vient de jeter l'éponge. Le gouverneur de cette île des Grandes Antilles, Alejandro García Padilla, a reconnu que son territoire ne pourrait pas rembourser ses créanciers lors d'un entretien au *New York Times* […]. Porto Rico doit maintenant trouver un accord avec ses créanciers concernant les 72 milliards de dollars (64 milliards d'euros) qu'il leur doit.

S. Seibt, pour France 24, 30 juin 2015.

Question 1. Qui encourt le risque mentionné ? Expliquez la nature de ce risque.

Document 12 *Les risques de marché liés à la variation des cours boursiers*

M. X et Mme Y décident de placer une partie de leur épargne sur les marchés boursiers.
Le 29 novembre 2010, ils achètent chacun 500 actions de l'entreprise Total, une entreprise du CAC 40.
En septembre 2011, Mme Y a besoin de récupérer ses fonds pour financer les études de ses enfants.
En octobre 2015, M. X solde ses positions car il craint que la situation économique ne se détériore avec la crise financière chinoise de l'année 2015.

L'évolution des cours de l'action Total est la suivante :

	Cours au 29/11/2010	Quantité	Coût d'achat	Cours au 23/09/2011	Cours au 08/10/2015	Plus ou moins-value de Mme Y	Plus ou moins-value de M. X
Total	37,10 €	500		30,85 €	45,37 €		

Questions

2. Calculez les résultats des investissements respectifs de Mme Y et M. X puis complétez le tableau.
3. À quel type de risque les marchés boursiers exposent-ils ? Quelle en est la conséquence sur le patrimoine des investisseurs ?

Document 13 *Des risques renforcés par les comportements mimétiques des agents*

C'est surtout du fait de leur instabilité chronique que les marchés financiers nuisent à l'économie réelle : on a dénombré quatorze crises boursières majeures (avec des chutes de plus de 20 % des indices) au XXe siècle aux États-Unis. Une tous les sept ans en moyenne… Ces crises résultent du comportement mimétique des investisseurs : ils se copient les uns les autres, sans se soucier des « fondamentaux » (les niveaux de bénéfice, les taux d'intérêt, etc.). D'une certaine façon, c'est une attitude rationnelle : tant que les cours montent, ne pas acheter parce que les cours sont en théorie trop élevés, c'est risquer de perdre de l'argent.
Le comportement moutonnier des acheteurs renforce alors la hausse des cours, qui ne reflètent plus les performances réelles des entreprises.

Questions

4. Expliquez les comportements de mimétisme.
5. Pourquoi les comportements des agents augmentent-ils les risques sur les marchés financiers ?

B. De l'instabilité croissante des marchés financiers aux crises financières

Document 14 *Spéculation et mimétisme*

On constate sur les marchés financiers une instabilité croissante dont atteste la multiplication des crises financières récentes qui remet en cause l'hypothèse d'efficience des marchés. À quoi tient cette instabilité ?

• Elle peut d'abord s'expliquer par le mécanisme de formation des prix qui ne fonctionnent pas sur les marchés financiers comme sur les autres marchés, c'est-à-dire selon la loi de l'offre et de la demande. Or, sur les marchés financiers, et du fait des comportements de mimétisme des agents, dans les périodes d'euphorie boursière, les prix augmentent et la demande aussi ! La hausse des prix devient une incitation à acheter car elle est le signe d'une augmentation future des cours des titres dont les investisseurs ne veulent pas rester à l'écart. Et inversement à la baisse. Les marchés financiers n'ont donc pas les vertus autorégulatrices des autres marchés. Cette logique est à l'origine des bulles spéculatives et de leur dégonflement brutal, dont l'ampleur croissante et la forte récurrence (deux crises en sept ans pour la seule dernière décennie) sont renforcées par la généralisation des comportements spéculatifs.

• De plus, la multiplication des innovations financières depuis la fin des années 1980, même si elles constituent un progrès en termes de couverture des risques, a favorisé le développement de la spéculation, activité qui consiste à acheter ou à vendre un actif financier (action, obligation, contrat dérivé, etc.) dans l'objectif d'en tirer une plus-value relativement rapide grâce à la variation de son cours. Ce comportement a été renforcé par les possibilités offertes par les produits dérivés, qui constituent l'un des principaux leviers à la disposition des spéculateurs. Les conséquences du développement de la spéculation sont la plus grande volatilité des indices boursiers, des taux d'intérêt et des taux de change.

La durée moyenne de détention d'actions, qui était de sept ans, est maintenant de sept mois. Le « court-termisme » l'emporte sur les fondamentaux. La volatilité devient un produit.

Document 15 *Les hauts et les bas du CAC 40*

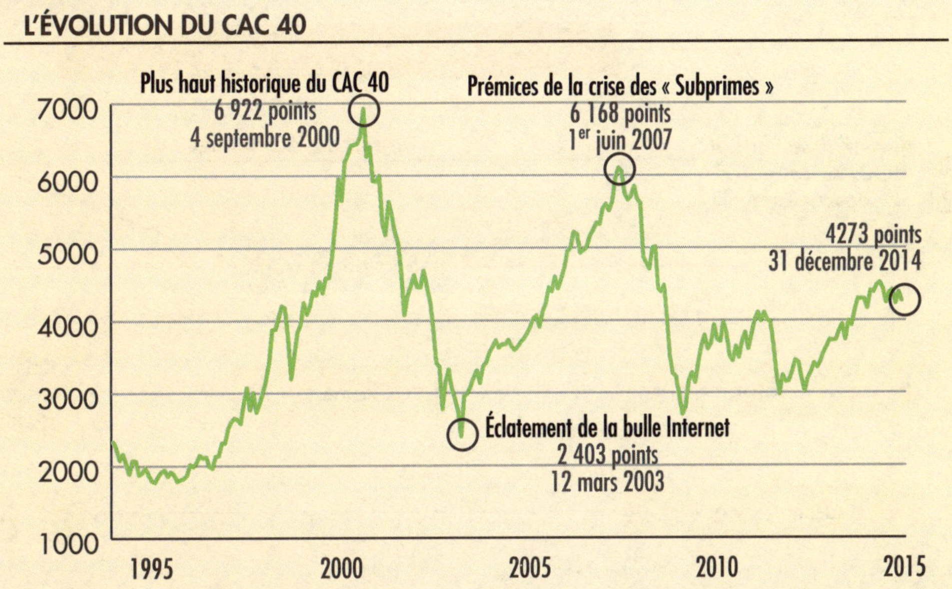

D'après www.lafinancepourtous.com

Questions

6. Pourquoi la hausse des prix devient-elle une incitation à acheter ? Ce phénomène est-il en adéquation avec la loi de l'offre et de la demande ? Justifiez.
7. Quelles sont les causes de l'instabilité croissante régnant sur les marchés financiers ?
8. Comment se manifeste cette instabilité sur les marchés boursiers ?
9. Identifiez les crises financières depuis 1995.

C. La propagation des crises financières

Document 16 *L'interdépendance entre sphère financière et sphère réelle*

La crise boursière a [...] joué sans doute le rôle de détonateur. Ses répercussions sur l'activité économique sont dures à quantifier. On évoque en général trois séries d'effets.

- Tout d'abord, un **effet psychologique** : une perte de confiance qui peut modifier les comportements des agents économiques, se traduire chez les entreprises par des changements dans leur anticipation et donc dans leurs comportements en termes de production et d'investissement.
- Ensuite, des **effets de trésorerie** dans la mesure où les trésoreries des entreprises et des banques ont été touchées par le krach boursier. Certaines ont perdu des sommes importantes et se sont trouvées en situation de faillite.
- Enfin, ce qu'on appelle des **effets de richesse** : la baisse de la valeur des actions a entraîné un appauvrissement des agents économiques, ce qui se répercute sur leur demande.

B. Marcel et J. Taieb, *Les Grandes Crises, 1873-1929-1973*, Nathan.

Document 17 *Un canal de transmission : le système bancaire*

Le rationnement du crédit suite à la crise financière de 2007

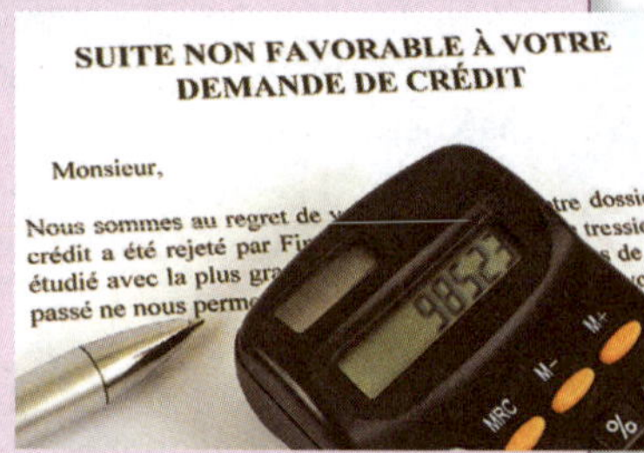

L'accès au crédit est devenu plus difficile et coûteux : les prêteurs, confrontés à un risque de défaut accru, ont fait payer plus cher les emprunteurs et durci leurs conditions d'octroi. [...]

La crise financière a entraîné également une crise de confiance généralisée. Les prêts entre banques se sont taris. Les ménages, par crainte du chômage, ont accru leur épargne de précaution. Les entreprises ont restreint leurs investissements, par anticipation d'une baisse des débouchés et de restrictions supplémentaires de crédit. La diminution de la demande s'est ainsi auto-entretenue.

J.-C. Bricongne, J.-M. Fournier, V. Lapègue et O. Monso, « De la crise financière à la crise économique », *Économie et statistique*, INSEE.

Document 18 *La crise des* subprimes *de 2007-2008 et ses conséquences*

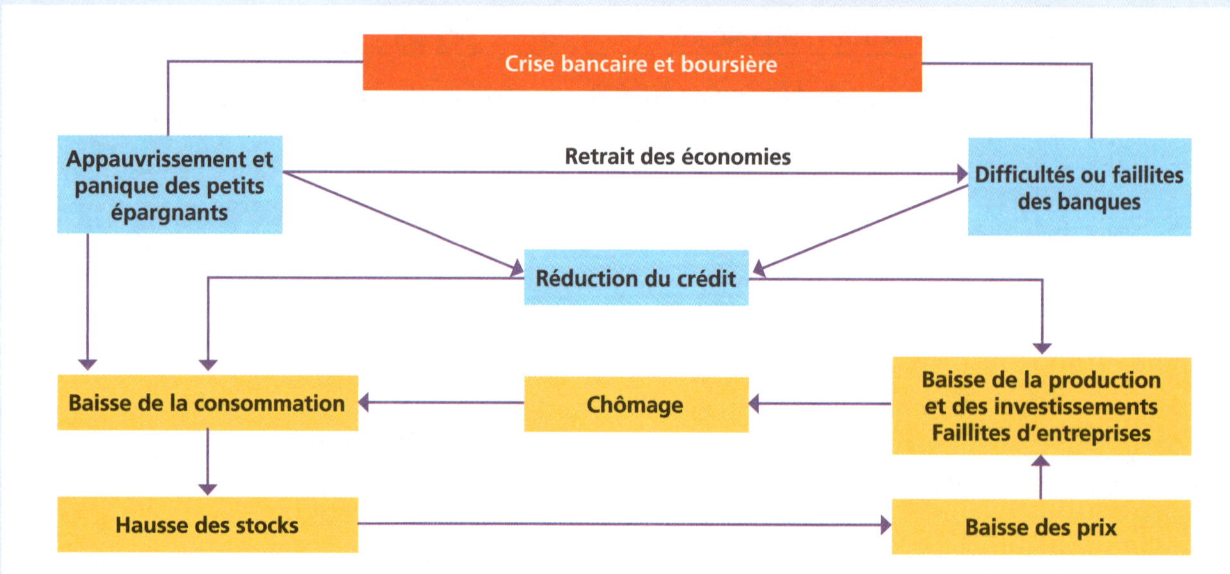

Questions

10. Expliquez par quelle série d'effets une crise d'origine financière se répercute sur l'activité économique. Retrouvez ces effets dans le déroulement de la crise des *subprimes*.

11. Exposez le rôle des banques dans la propagation de la crise.

12. Quelles sont les conséquences des crises financières sur l'activité économique ?

Document 19 *L'interdépendance croissante entre les pays : la transmission par le commerce international*

La crise de 1929 n'aurait jamais pris les proportions qui sont les siennes sans l'effondrement du commerce international. Comme [...] avec la crise des *subprimes*, il est étonnant de constater la vitesse à laquelle une crise partie d'Amérique a pu toucher l'ensemble des pays.

D. Cohen, *La Prospérité du vice*, Albin Michel.

La contraction du commerce mondial au quatrième trimestre 2008 et au premier trimestre 2009 a été plus forte que celle du PIB. [...] Cet effondrement du commerce s'est très rapidement propagé à l'ensemble de l'économie mondiale : la diminution des exportations d'un pays entraîne la baisse de ses propres importations en biens intermédiaires entrant dans la fabrication des biens exportés. Par le commerce mondial, les pays à l'origine de la crise exportent ainsi cette dernière.

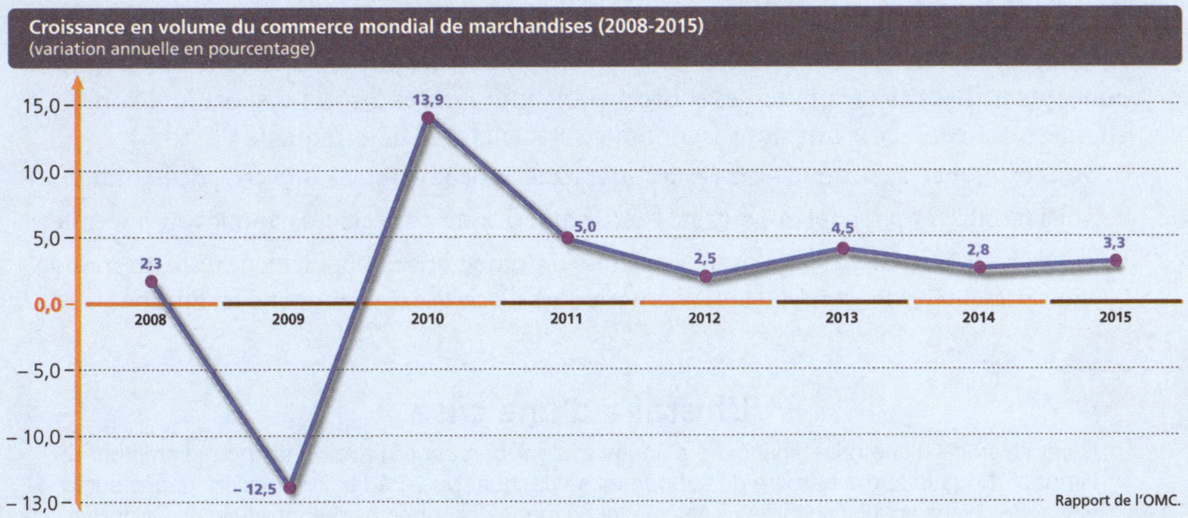

J.-C. Bricongne, J.-M. Fournier, V. Lapègue et O. Monso, « De la crise financière à la crise économique », *Économie et statistique*, INSEE, avril 2015.

Document 20 *La transmission par le canal financier : un effet domino*

L'interdépendance économique et financière entre les régions du monde s'est largement accentuée avec l'ouverture et la libéralisation, ainsi que la déréglementation, qui caractérisent le processus de globalisation. Aussi, un choc qui touche une place financière peut affecter les autres places financières par deux catégories d'effets jouant en sens inverse :

– l'**effet de report** ou report vers la qualité : les investisseurs retirent massivement leurs capitaux, de peur que les marchés ne s'effondrent davantage, pour investir sur des places financières jugées plus sûres ;

– l'**effet de contamination**, conséquence de l'interconnexion des places financières : les investisseurs peuvent aujourd'hui investir leur épargne sur l'ensemble des places financières du monde, et ainsi être affectés par l'effondrement des places financières des autres pays. Ce canal de transmission suscite des effets de richesse négatifs partout dans le monde, nés des corrections boursières : un investisseur d'un pays non encore touché directement par la crise peut voir son patrimoine diminué par le simple fait qu'il possède des titres sur une place financière extérieure touchée par une crise boursière.

Questions

13. Pourquoi des corrections boursières sur une place financière peuvent-elles entraîner des effets de richesse négatifs dans l'ensemble des pays du monde ? En quoi ces effets peuvent-ils affecter l'activité économique ?

14. Expliquez les canaux de transmission des crises à l'ensemble des pays du monde.

Entraînement

Les compétences attendues

- Identifier les risques financiers au niveau mondial.
- Identifier les effets attendus de la globalisation financières.

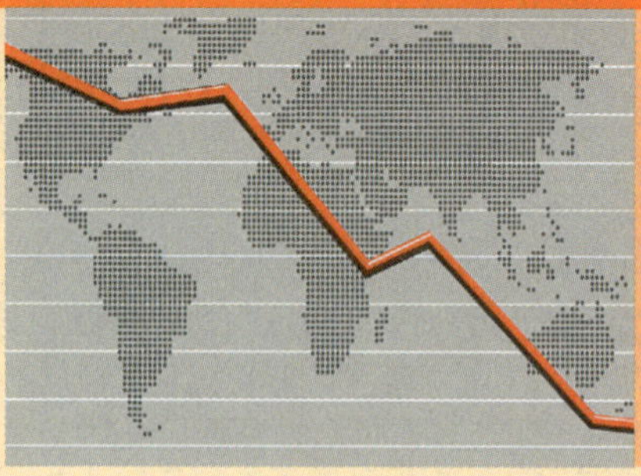

Mise en situation

Partie d'un petit segment du marché immobilier américain, la crise de 2008-2009 est présentée comme la pire récession mondiale depuis les années 1930.

Vous êtes chargé(e) de préparer un dossier sur les conséquences de cette crise et d'expliquer les mécanismes de contagion des États-Unis au reste du monde en vous appuyant sur vos connaissances personnelles et sur les documents fournis en annexes.

Travail à faire

À l'aide du dossier joint et de vos connaissances, **en veillant à préciser les principaux concepts utilisés** et à exploiter les sources statistiques mises à votre disposition, vous êtes chargé(e) de concevoir une note argumentée et structurée dans laquelle :

1. vous expliquerez pourquoi la crise des subprimes a débouché sur une crise de liquidités ;
2. vous montrerez par quel mécanisme la crise américaine a affecté les banques européennes ;
3. après avoir présenté les modes de transmission d'une crise financière au reste du monde, vous présenterez les conséquences économiques de cette crise mondiale en Europe.

Annexe 1

L'histoire d'une crise

C'est l'histoire d'une crise financière planétaire, dont personne n'avait anticipé ni l'ampleur ni l'impact. Sous le terme barbare de *subprimes* se cachent des crédits immobiliers gagés sur la valeur des biens acquis, accordés à des ménages modestes, principalement situés en Californie, en Floride et au Texas.

Ces prêts, d'un montant total de 1 200 milliards de dollars (806 milliards d'euros), ont été distribués à partir du début des années 2000 par des sociétés de crédit échappant au contrôle des autorités de régulation. Découpés et insérés dans des produits financiers complexes qui en ont démultiplié le risque, ils ont été revendus à des banques et des investisseurs du monde entier. Il n'a fallu que quelques mois pour que les défauts de paiement sur ces *subprimes* contaminent la planète.

Annexe 2

L'éclatement de la bulle et la crise de liquidités

Crédit au secteur privé dans la zone euro, variation annuelle en %

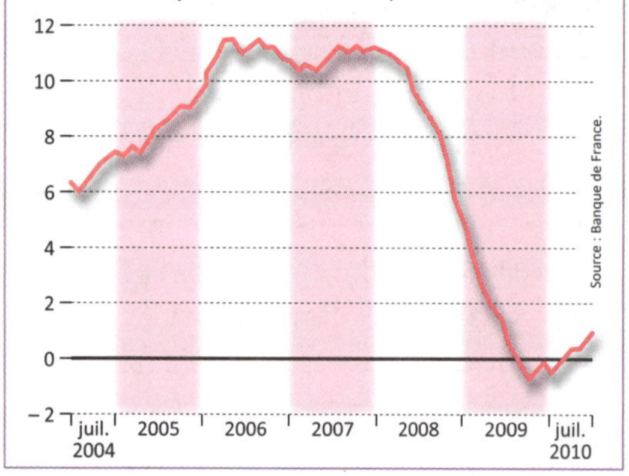

En septembre 2008, la crise s'est brutalement aggravée […] lorsque de nombreuses banques américaines et européennes ont laissé voir qu'elles n'avaient pas assez de capital pour faire face à la montée des pertes sur les crédits défaillants. […]

Les banques du monde entier souffrent d'une pénurie de liquidités. Et, du même coup, la crise se généralise à l'ensemble du réseau bancaire de la planète. […]

Dès lors, la totalité du crédit a commencé à se contracter pour l'ensemble des agents privés. Joint à la dépression immobilière, le début d'étranglement du crédit a propagé la crise financière à l'ensemble des économies américaines et européennes, les faisant glisser en récession.

M. Aglietta, *La Crise. Pourquoi en est-on arrivé là ? Comment s'en sortir ?*, Michalon.

Les conséquences de la crise des *subprimes*

Annexe 3

La zone euro assommée par le chômage

Chômage dans la zone euro
(en % de la population active)

Annexe 4

Le ralentissement du commerce mondial

Le ralentissement du PIB est moins marqué que celui du commerce. La croissance récente du PIB mondial, de 2,4 % à 2,6 % entre 2012 et 2014, diffère assez peu de sa moyenne sur la période 1995-2008 (3,1 %). Il en va tout autrement des échanges mondiaux de biens et services, dont la croissance en volume n'a pas dépassé 3,5 % au cours des trois dernières années, contre 6,9 % en moyenne au cours des années 1995-2008. Alors que la croissance du commerce mondial était deux fois plus élevée que celle du PIB avant la crise, elle peine aujourd'hui à la dépasser.

La lettre du CEPII, n° 356, septembre 2015.

Annexe 5

Un rythme de croissance en deçà de celui d'avant-crise

Six ans après le déclenchement de la récession, peu de pays ont rattrapé le niveau d'activité de 2008. […] Pour le Royaume-Uni et la zone euro, les pertes de revenu par tête sont encore de l'ordre de 5 %. L'Italie et l'Espagne sont les plus affectées : le PIB par tête s'y est effondré d'environ 10 % depuis le début de 2008. La France est dans une position intermédiaire, avec un recul de l'ordre de 4 %. Ces disparités résultent d'abord des mécanismes différenciés de propagation de la récession initiale aux économies qui ont relativement protégé certains pays et, au contraire, accentué le choc dans d'autres. L'Allemagne et le Japon par exemple, plus ouverts au commerce international, ont davantage subi la contraction des échanges mondiaux que la France, l'Espagne ou les États-Unis, dont la croissance reposait davantage sur la demande intérieure. […]

PIB par tête en volume des pays industrialisés

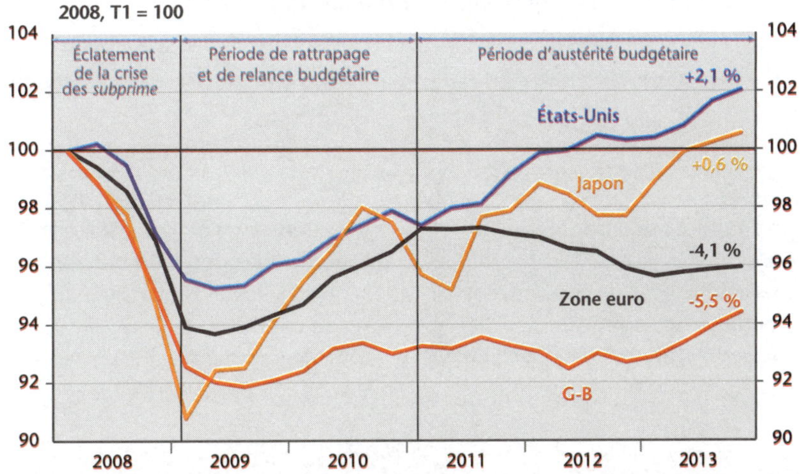

Source : Perspectives 2014-2015 pour l'économie mondiale, OFCE, 2014

Sens de la leçon

La globalisation financière

1 Le processus de globalisation financière et ses effets attendus

Les manifestations

- Une forte mobilité des capitaux au niveau mondial aboutissant à une hausse des échanges financiers internationaux
- Un marché mondial des capitaux fonctionnant en continu avec des places financières interconnectées

Les bénéfices attendus

- Une allocation optimale des ressources financières au niveau mondial en stimulant les activités et les pays les plus dynamiques (les pays émergents, par exemple)
- Une protection accrue contre les risques financiers grâce à la création de nouveaux instruments financiers sur le marché des produits dérivés

2 Les principaux flux financiers internationaux

L'essentiel des échanges de capitaux est réalisé entre pays développés…

… mais les flux financiers en direction des pays émergents sont en forte hausse en raison de leur attractivité.

3 Les risques de la globalisation financière

Les risques de contrepartie (ou de défaut) / **Les risques de marché**

- sont renforcés par les comportements mimétiques des agents ;
- accroissent l'instabilité sur les marchés financiers ;
- favorisent l'apparition de crises qui se propagent :

à la sphère réelle :
- par le canal bancaire : faillites des banques et rétraction du crédit,
- par des effets de richesse et la crise de confiance : ralentissement de l'activité économique.

aux autres pays du monde :
- par le canal du commerce international : diminution des échanges commerciaux,
- par le canal financier : diminution des échanges de capitaux.

Les mots-clés

Comportement de mimétisme – Globalisation financière – Marché de capitaux – Produit dérivé – Risque de contrepartie

préparation à l'épreuve

S'entraîner au BTS n° 1

Les banques et le financement de l'économie

Les compétences attendues

- Identifier et comparer les divers modes de financement des activités économiques.
- Mettre en évidence les relations de complémentarité et d'interdépendance qui existent entre les institutions financières et le marché financier dans le financement de l'économie et de la croissance.

Mise en situation

La crise qui s'est déclenchée avec les *subprimes* en 2007 a montré la nécessité d'une meilleure stabilité financière, condition nécessaire à la prospérité économique. Les acteurs financiers qui, globalement, sont parmi les acteurs les plus réglementés, ont bénéficié d'une longue période de libéralisation financière. Une refonte de la régulation financière s'impose dans tous les pays, dont la France. Elle passe par une analyse des problèmes de financement.

Parmi les acteurs financiers, les banques sont des éléments essentiels de l'économie. Si les marchés de capitaux ont connu un essor important, les banques conservent un rôle clé dans leur financement. Elles sont toutefois à l'origine de la crise financière de 2007-2008 et doivent faire l'objet d'une réglementation stricte.

Responsable des études économiques de votre entreprise, vous êtes chargé(e) par votre direction générale de réaliser une étude sur le rôle des banques dans le financement de l'économie.

Travail à faire

À l'aide de vos connaissances et du dossier joint, **en veillant à préciser les principaux concepts utilisés** et à exploiter les sources statistiques mises à votre disposition, vous devez concevoir une note argumentée et structurée dans laquelle :

1. **vous présenterez les raisons de la réglementation des acteurs du système financier ;**
2. **vous identifierez les problèmes de financement de l'économie française ;**
3. **vous mettrez en évidence l'évolution du rôle des banques dans le financement de l'économie française et européenne.**

Ressources documentaires

Annexe 1 Les acteurs du système financier

Annexe 2 Capacité ou besoin de financement des secteurs institutionnels (en % du PIB)

Annexe 3 Comment l'économie française se finance-t-elle ?

Annexe 4 À quoi sert une banque ?

Annexe 5 Comment se financer sans les banques

ANNEXE 1 *Les acteurs du système financier*

Le système financier est un ensemble d'institutions et de mécanismes de marché qui permet théoriquement, non seulement d'organiser le transfert des fonds des agents à capacité de financement vers les agents à besoin de financement, mais aussi de rendre compatibles leurs motivations antagonistes. Les premiers cherchent à obtenir des rendements élevés, à limiter les risques et à privilégier les placements liquides à court terme ; les seconds, au contraire, visent à minimiser les charges de remboursements et à s'endetter à moyen et long termes. Cette transaction s'avère mutuellement avantageuse dans la mesure où elle lève la contrainte budgétaire des agents non financiers en leur permettant un échelonnement temporel plus satisfaisant de leurs dépenses. À l'échelle globale, elle accroît les niveaux d'épargne et d'investissement et soutient la croissance économique.

La rencontre entre agents créditeurs et débiteurs s'opère selon deux modalités différentes : soit directement sur les marchés financiers *via* l'émission et la souscription d'actifs, soit par des tiers que l'on appelle des intermédiaires financiers, parmi lesquels les banques, les compagnies d'assurances, les fonds de pension… En Europe, le financement se fait majoritairement par les intermédiaires bancaires.

Les banques sont des intermédiaires financiers spécifiques dans la mesure où elles collectent de l'épargne (dépôts) pour offrir des financements sous forme de crédits (les dépôts font les crédits) ; mais surtout, elles sont les seules à gérer le système des moyens de paiement et à créer de la monnaie (les crédits font les dépôts). En conséquence, leurs faillites peuvent avoir des effets néfastes sur l'économie en perturbant les moyens de paiement ou en réduisant les financements de projets rentables. Leurs difficultés peuvent également se répercuter sur d'autres banques *via* le marché interbancaire où elles se refinancent. La régulation bancaire a donc vocation à protéger l'épargne publique (dépôts) et à éviter les faillites bancaires.

Les compagnies d'assurances sont également des intermédiaires financiers car elles collectent de l'épargne sous la forme de primes ou cotisations qu'elles placent sur les marchés financiers pour les redistribuer à leurs assurés sous forme d'indemnités. Parce que les primes sont payées avant que le sinistre n'ait été indemnisé, les pouvoirs publics les soumettent à certaines règles afin qu'elles honorent leurs engagements contractuels. Il en va de même des fonds de pension, qui sont chargés de collecter les contributions salariales et patronales, de les gérer par capitalisation et de verser plus tard des prestations (capital/rente viagère).

S. Rigot, *Problèmes économiques*, hors-série n° 8, La Documentation française.

ANNEXE 2 *Capacité ou besoin de financement des secteurs institutionnels (en % du PIB)*

	1980	1990	2000	2006	2007	2008	2009	2010	2011	2012	2013	2014
Capacité (+) ou besoin (–) de financement des secteurs institutionnels, en % du PIB												
Sociétés non financières	– 6,3	– 2,8	– 1,5	– 1,9	– 2,0	– 2,9	– 0,7	– 0,6	– 2,3	– 2,6	– 2,2	– 2,4
Sociétés financières	1,4	1,8	0,4	1,1	0,8	2,1	1,7	1,5	1,2	0,8	0,3	0,2
Administrations publiques	– 0,3	– 2,5	– 1,5	– 2,4	– 2,6	– 3,3	– 7,4	– 7,0	– 5,3	– 4,8	– 4,1	– 4,0
Ménages[1]	3,3	1,6	3,9	2,6	2,8	2,7	4,7	4,3	4,0	3,5	3,3	3,8
Nation	– 2,1	– 2,0	1,3	– 0,6	– 1,1	– 1,4	– 1,6	– 1,8	– 2,3	– 3,1	– 2,6	– 2,3

Sources : INSEE, Banque de France.

1 Y compris entreprises individuelles.

ANNEXE 3 *Comment l'économie française se finance-t-elle ?*

En France, un besoin de financement est apparu à la fin des années 2000, après plusieurs années d'excédent. Faut-il s'en inquiéter ? Ce besoin représente 2,6 % du produit intérieur brut (PIB) en 2013, ce qui contraste évidemment avec l'excédent allemand, mais il est inférieur aux déficits espagnol ou américain (5 %). L'inquiétude peut venir du fait qu'il s'est creusé très rapidement, passant de + 22 milliards d'euros en 2001 à – 31 milliards en 2009, chiffre qui illustre la brutalité de l'inversion. Il est [...] en 2014, de 48,9 milliards.

La France, en particulier au travers de ses banques, emprunte de plus en plus à l'étranger, que ce soit sous forme de crédits bancaires ou de titres : 200 milliards d'euros en 2012 (264 milliards en 2009, 192 milliards en 2015). Ces emprunts se font dans de bonnes conditions parce que les taux d'intérêt sont bas et que la signature de la France est bonne. Mais les conditions peuvent changer rapidement, car les marchés sont très volatils, surtout depuis la crise grecque, qui a semé le doute quant à la solidité des pays de la zone euro.

La baisse de la capacité de financement des ménages observée ces dernières années s'explique principalement par la diminution de leur taux d'épargne, de 20,3 % en 2002 à 15,1 % en 2014. La croissance des revenus a ralenti ces dernières années et le revenu médian (selon lequel la moitié de la population gagne plus, l'autre moitié gagne moins) stagne depuis 2009. Comme toujours dans un tel cas, les ménages puisent dans leur épargne pour maintenir le rythme de progression de leur consommation. La capacité des ménages à financer les autres agents diminue donc.

De son côté, l'État est généralement en déficit en France. Il faut remonter à 1980 pour trouver une année équilibrée. En théorie, les administrations publiques ont une action contracyclique : elles sont en déficit lorsque la croissance est faible et en excédent dans la situation inverse, l'État jouant un rôle d'amortissement des fluctuations conjoncturelles. L'ampleur de la dette publique accentue ce phénomène, puisque le remboursement des sommes empruntées et le paiement des intérêts constituent aujourd'hui la principale explication du déficit.

L'État finance son déficit en émettant des titres (bons du Trésor et obligations assimilables du Trésor à échéance très lointaine, jusqu'à cinquante ans).

Le financement de l'économie est donc bouleversé : les agents pratiquent une gestion active de leur patrimoine, les financements croisés entre la France et le reste du monde se multiplient et le développement de la finance entraîne l'abondance de liquidités. Reste à savoir si c'est le lissage des fluctuations ou les risques de crises financières qui sont ainsi favorisés.

A. Parienty, *Alternatives Economiques*, hors-série poche n° 70.

ANNEXE 4 *À quoi sert une banque ?*

En théorie, la banque remplit trois fonctions essentielles. Elle collecte, gère les dépôts des clients et leur fournit des moyens de paiement (chéquier, carte bancaire, ordre de virement...). Elle gère aussi leur épargne et réduit les risques qui s'y rapportent en les mutualisant. Enfin, elle finance leurs projets d'investissement ainsi que ceux des entreprises.

Ces trois fonctions sont absolument indispensables pour le bon fonctionnement de l'économie. Si les moyens de paiement venaient à manquer ou si les dépôts ne pouvaient plus circuler, les échanges seraient rapidement empêchés. Et si les épargnants n'avaient pas d'intermédiaires à qui confier leur épargne, leur épargne financière s'en trouverait sans doute réduite et moins bien orientée vers le financement des entreprises. Sans les banques, il serait beaucoup plus difficile pour les ménages et de nombreuses entreprises de financer leurs projets autrement qu'en autofinançant.

Les crédits bancaires sont également vitaux pour les petites et moyennes entreprises (PME) en raison d'un accès aux marchés financiers limité ou inadapté. Et même pour les grandes entreprises qui se financent sur les marchés de titres (marché financier), ce sont souvent les banques qui, en bout de chaîne, détiennent une partie des titres émis. Au total, les financements bancaires au sens large (qu'il s'agisse des crédits octroyés ou des titres que les banques détiennent dans les entreprises émettrices) représentent encore 70 % du financement externe des entreprises en Europe.

J. Couppey-Soubeyran, « Comment (dys)fonctionnent les banques », *Problèmes économiques*, hors-série n° 7, La Documentation française.

Annexe 5 *Comment se financer sans les banques*

Bouleversement en vue pour les sociétés européennes. Le financement bancaire, ultra-dominant jusque-là sur le Vieux Continent, a du plomb dans l'aile. Lentement mais sûrement se profile un modèle de financement à l'américaine qui privilégie l'émission d'obligations[1] sur les marchés financiers. Entre janvier 2009 et février 2014, les entreprises ont ainsi vu leur endettement par titre s'accroître de 430 milliards d'euros dans la zone euro, tandis que leur exposition aux crédits bancaires diminuait de 270 milliards d'euros.

Cette tendance découle notamment des difficultés des banques européennes : en mauvaise posture depuis la crise de 2008, elles rechignent à prêter. C'est encore plus vrai dans les pays périphériques : selon la Banque centrale européenne (BCE), seule la moitié des demandes de crédit des entreprises sont exaucées en Italie et un tiers en Grèce, contre 80 % en Allemagne.

À l'avenir, le recours aux marchés devrait continuer à prendre de l'ampleur en raison des nouvelles règles prudentielles[2], plus strictes, pesant sur les banques : elles « limitent leur capacité à porter des risques à leur bilan », explique Clémentine Gallès, économiste à la Société générale, dans un rapport de mai 2014. Si l'objectif de ces nouvelles réglementations – combattre l'éventualité d'une nouvelle crise bancaire comme celle de 2008 – est louable, ces règles incitent cependant à réduire leurs engagements en matière de crédits. Les entreprises européennes doivent donc changer leur fusil d'épaule.

Des marchés fermés aux PME

Pour une entreprise, qu'est-ce que cela change de se financer sur les marchés plutôt que d'emprunter auprès d'une banque ? L'émission d'obligations constitue un processus complexe requérant l'expertise d'avocats et de consultants, ce qui a évidemment un coût.

Les marchés financiers sont très difficiles d'accès pour les PME, qui restent très largement dépendantes des banques. Cette inégalité de traitement, par rapport aux grandes entreprises, s'est même aggravée ces dernières années.

La forte dépendance des PME du Vieux Continent envers les banques s'est avérée particulièrement dommageable : les difficultés de financement de la Grèce, du Portugal, de l'Espagne et de l'Italie se sont transmises aux banques européennes, qui ont fermé le robinet du crédit et, par ricochet, ont affecté l'économie réelle. Résultat : « Six ans après la crise, les sociétés américaines ont accès à un volume de crédit toujours plus important, pour un coût proche de celui qui prévalait avant 2008, tandis que les entreprises de la zone euro font face à un coût du crédit toujours élevé pour un volume de crédit quasiment identique », expose le Cepii (Centre d'études prospectives et d'informations internationales).

Poids relatif des prêts bancaires et des obligations dans le financement des entreprises aux États-Unis et dans la zone euro, en %

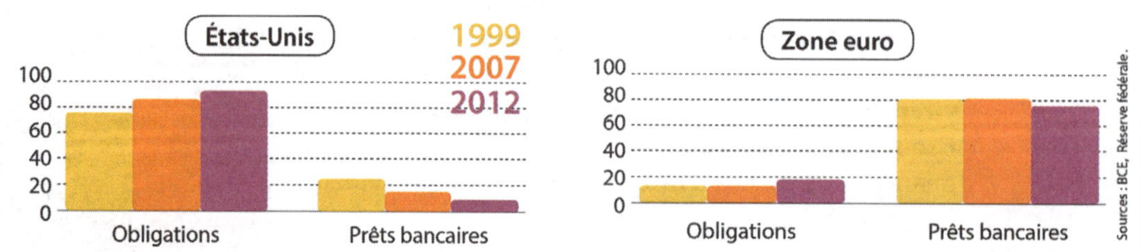

T. Lestevel, *Alternatives Economiques*, n° 342.

1. Obligation : titre de dette émis par une entreprise qui donne droit à des intérêts et à remboursement à échéance.
2. Règles prudentielles : règles qui régissent les pratiques des banques afin d'éviter qu'elles ne fassent faillite. Elles exigent en particulier que leurs fonds propres soient suffisamment importants par rapport aux crédits accordés.

5 L'appréciation de la situation économique

LE RÉFÉRENTIEL

5. La politique économique dans un cadre européen *(20 heures)*
5.1. L'appréciation de la situation économique *(7 heures)*

Les compétences attendues	Le plan du chapitre
• Analyser une situation économique donnée en distinguant les éléments conjoncturels des éléments structurels	**I. L'analyse de la situation économique**
• Exploiter une note de conjoncture	**II. La note de conjoncture**
• Comparer et interpréter des situations conjoncturelles nationales dans l'espace européen	**III. La comparaison des situations économiques au niveau européen**

Mise en situation : le moral des ménages français au plus haut depuis près de 5 ans

Le moral sur la bonne pente

Indicateur synthétique de confiance des ménages

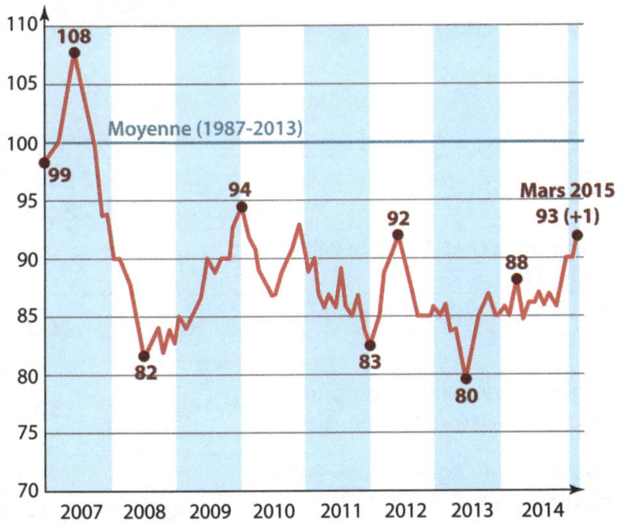

Source : Insee

La confiance des ménages en France a atteint son plus haut niveau depuis près de cinq ans, laissant présager une reprise tirée dans un premier temps par la consommation. L'indicateur qui la synthétise gagne 1 point et atteint 93, un pic depuis novembre 2010 mais un chiffre qui reste néanmoins en dessous de sa moyenne de longue période (100), selon l'enquête mensuelle de l'Institut national de la statistique et des études économiques. [...]

Le moral des ménages est un indicateur positif parmi d'autres publiés ces dernières semaines, ce qui nourrit un certain optimisme du gouvernement.

www.liberation.fr, 27 mars 2015.

Questions

1. Quel organisme a élaboré cette enquête ?
2. Pourquoi cette enquête est-elle réalisée chaque mois ?
3. Quel intérêt présente-t-elle pour les décideurs économiques ?

I L'analyse de la situation économique

A. La distinction entre variables conjoncturelles et structurelles

Document 1 *Définitions*

La conjoncture est la situation générale de l'économie d'un pays à court terme. Elle est décrite par des indicateurs dits « conjoncturels », susceptibles d'évoluer d'un mois ou d'une année sur l'autre (selon la période étudiée) et publiés régulièrement par divers organismes statistiques. L'étude de la conjoncture permet au pays d'adapter sa politique économique afin d'améliorer la performance de son économie.
L'approche structurelle d'une économie étudie en profondeur les structures économiques et sociales d'un pays. Les indicateurs dits « structurels » sont stables à court terme. La mise en œuvre d'une politique économique structurelle s'inscrit sur le long terme et vise à améliorer les performances macroéconomiques du pays.

Questions

1. Quels indicateurs permettent d'apprécier la situation économique d'un pays ?
2. Quel est l'intérêt de distinguer l'approche conjoncturelle de l'approche structurelle de la situation économique d'un pays ?

Document 2 *Les indicateurs conjoncturels*

Emploi et marché du travail français

Taux de chômage : 10,6 % (3e trimestre 2015)
Demandeurs d'emploi en fin de mois : 5,530 millions (novembre 2015)

Industrie française (3e-4e trimestre 2015)

Évolution de la production industrielle : + 1,1 % *(ensemble de l'industrie)*

Produit intérieur brut par habitant (en 2014)

31 145,30 €

Revenu et consommation des ménages

Évolution de la consommation des ménages en produits manufacturés : + 0,8 % (novembre 2014-novembre 2015)
Smic mensuel brut (base 35 heures) : 1 466,62 € (1er janvier 2016)

Prix (entre octobre et novembre 2015)

Évolution mensuelle des prix à la consommation : –0,2 % *(ensemble des ménages)*

Inflation

Hausse des prix à la consommation de 0,5 % en moyenne en 2014

Sources : Insee, ministère du Travail, ministère de l'Économie, des Finances et de l'Industrie.

Questions

3. Quelles sont les variables de l'activité économique étudiées dans ce document ?
4. Repérez et expliquez les principaux indicateurs.

Document 3 *Les indicateurs structurels Europe 2020*

Indicateurs clés	Description	France	Europe 28 pays
Dépense intérieure brute de R&D (DIRD)	Dépense intérieure brute de recherche et développement en pourcentage du PIB	2,26 %[2]	2,03 %[2]
Émissions de gaz à effet de serre (année de base 1990)	Émissions annuelles totales par rapport aux émissions de 1990 (Indice 1990 = 100)	90,73[1]	80,2[1]
Part des énergies renouvelables dans la consommation finale brute d'énergie	Consommation d'énergies renouvelables en pourcentage de la consommation finale totale d'énergie	14,2 %[1]	15 %[1]
Jeunes ayant quitté prématurément l'éducation et la formation	Pourcentage de la population âgée 18-24 ans ne suivant ni études ni formation et dont le niveau d'études ne dépasse pas l'enseignement secondaire inférieur	9 %[1]	11,2 %[2]

1. Année 2013. 2. Année 2014.

© Union européenne, http://ec.europa.eu, 1995-2016.

Questions

5. Sur quoi portent les indicateurs structurels ?
6. Sur quel horizon de temps les indicateurs structurels reposent-ils ?
7. Comment se situe la France par rapport à l'Europe ?

B. L'appréciation de la situation économique par les agents

Document 4 *Arbitrages épargne/consommation*

Au revoir les loisirs et les vacances
Quand on doit se serrer la ceinture, il est temps de faire des arbitrages. Alors que les dépenses contraintes, comme le logement ou le transport, pèsent de plus en plus lourd sur leur budget, les Français font des sacrifices dans d'autres domaines. Les postes de dépense les plus touchés devraient être les loisirs et les vacances, suivis par l'habillement et les soins de beauté. [...] Et si la baisse du pouvoir d'achat se poursuit, les Français devront rogner sur l'essentiel. Dans un article, le Figaro.fr indique que « *parmi les personnes gagnant moins de 1 500 euros par mois, 91 % déclarent avoir déjà profondément modifié leurs habitudes de consommation, réduisant aussi bien leurs dépenses d'alimentation (65,3 %) que celles de santé (33,4 %)* ».

Adieu l'épargne
Pour essayer de maintenir leur niveau de vie, certains Français n'hésitent pas à casser leur tirelire. Le taux d'épargne des ménages a chuté de 16,2 % à 15,6 % de 2011 à la fin de 2012. Comme souvent dans ces cas-là, « *les ménages puisent dans leur bas de laine pour maintenir un minimum de hausse de la consommation* », prévenait en 2012 Dominique Barbet, économiste chez BNP Paribas, ou, désormais, pour limiter la baisse.

Coucou la consommation alternative
Les produits d'occasion, les achats groupés ou l'échange entre particuliers... Face à la crise et à un pouvoir d'achat en berne, les Français sont de plus en plus nombreux à se tourner vers de nouvelles formes de consommation.

J. Prtoric, www.francetvinfo.fr, 15 mai 2013.

Questions

8. En temps de crise, quel est le comportement des Français vis-à-vis de l'épargne ?
9. Comment les ménages adaptent-ils leur consommation à la crise ?
10. Pourquoi certaines dépenses sont-elles contraintes ?

Document 5 *La capacité des entreprises à prendre des risques*

Moral des entrepreneurs français : entre optimisme et paradoxes

Une étude exclusive d'American Express illustre la dualité des dirigeants de PME et d'ETI, tiraillés entre audace et conservatisme.

Les chefs d'entreprise, interrogés par American Express pour son étude sur <u>la capacité des entreprises à prendre des risques</u>*, apparaissent confiants avec 62 % d'entre eux qui se déclarent optimistes quant à l'avenir de leur entreprise. Cette tendance vient confirmer les bons chiffres de la croissance française au premier trimestre 2015.
Mais cet élan d'optimisme ne se traduit pas encore tout à fait dans les initiatives prises par les entrepreneurs français. Quand on les interroge sur l'emploi par exemple, sensiblement la même proportion (63 %) avoue ne pas envisager de recruter en 2015, privilégiant une consolidation des équipes à travers des investissements liés à la formation des personnels en place (pour 73 % d'entre eux).
Attitude qui se confirme lorsqu'on les interroge sur leurs priorités pour le reste de l'année. La tendance globale est définitivement à la fidélisation des clients (42 %) et la réduction des coûts (51 %). [...]

* Cette étude menée par l'institut ICM Unlimited auprès des PME-ETI se base sur un panel de 250 personnes interrogées par mail entre le 14 avril et le 24 avril 2015.

www.americanexpress.com

Questions

11. Expliquez l'expression soulignée.
12. Quels types de décisions les entreprises prennent-elles en fonction de la conjoncture ?

II La note de conjoncture

Document 6 *Qui utilise les notes de conjoncture ?*

Une note de conjoncture décrit la situation économique à partir d'indicateurs quantitatifs et qualitatifs, explique la portée des informations recueillies et prévoit ce qui va se passer dans un avenir proche.
Les pouvoirs publics (ministère de l'Économie et des Finances, Banque centrale européenne…) utilisent les notes de conjoncture pour mettre en œuvre la politique économique conjoncturelle. Les décisions sont prises ou modifiées en fonction des informations de ces notes, qui peuvent être hebdomadaires, mensuelles, semestrielles ou annuelles.
Les marchés financiers sont des observateurs permanents des données conjoncturelles et des décisions adoptées par les autorités budgétaires et monétaires. En particulier, les mouvements de taux d'intérêt conditionnent les fluctuations des cours et les opérations d'achats ou de ventes de titres.
Les entreprises se préoccupent avant tout d'évaluer les changements qui vont intervenir dans leur environnement et orienter leurs marchés : l'évolution de la demande des ménages, l'évolution du moral des ménages, le taux d'épargne, les indicateurs d'investissements et de production, et les variations des taux d'intérêt qui conditionnent leurs décisions d'emprunter.
Les ménages tiennent compte, dans leurs comportements d'achat (anticipation, renoncement…) et leurs décisions financières (épargne, investissement immobilier), des informations sur l'évolution des prix, des revenus, de la fiscalité et de l'emploi.

Question 1. Pourquoi les notes de conjoncture concernent-elles tous les acteurs de l'économie ?

Document 7 *Les principaux organismes publiant des notes de conjoncture*

Les organismes publics nationaux	
L'INSEE (Institut national de la statistique et des études économiques)	Pour suivre la situation et les perspectives à court terme de l'économie française, l'INSEE publie chaque année trois notes de synthèse conjoncturelle (en mars, juin et décembre). Chaque note comprend une vue d'ensemble, des dossiers et des fiches thématiques couvrant les conjonctures française et internationale.
La DGDDI (Direction générale des douanes et droits indirects)	La DGDDI fournit mensuellement les données de référence sur le commerce extérieur de la France concernant les échanges de marchandises (statistiques nationales et régionales de conjoncture).
Les organismes publics internationaux	
Eurostat	Les enquêtes de conjoncture et de consommation menées par l'Office statistique de l'Union européenne couvrent les domaines suivants : industrie, services, commerce de détail, construction et consommateurs. Des indicateurs synthétiques tels que les indicateurs de confiance et les indicateurs de sentiment économiques sont aussi présentés.
L'OCDE (Organisation de coopération et de développement économiques)	L'OCDE publie mensuellement des statistiques comparatives des pays de l'OCDE et de certains pays non membres.
Le FMI (Fonds monétaire international)	Le FMI publie un rapport mensuel sur la conjoncture de l'économie mondiale.
La BCE (Banque centrale européenne)	La BCE publie chaque trimestre des projections macroéconomiques pour la zone euro et fournit une analyse approfondie des évolutions économiques et monétaires.
Les organismes privés	
Les banques	Les publications *Perspectives* traitent de la conjoncture et des marchés.
Le Coe-Rexecode (Centre d'observation économique et de recherche pour l'expansion de l'économie et le développement des entreprises)	Cet institut privé d'études économiques décrypte notamment la conjoncture économique française en dix graphiques : un cahier hebdomadaire présente les graphiques à jour de dix indicateurs significatifs pour le suivi de la conjoncture économique française.
La Coface (Compagnie française d'assurances pour le commerce extérieur)	Cet organisme réalise 160 évaluations des risques par pays, actualisées régulièrement, à partir de données macroéconomiques, financières et politiques.

Questions 2. Quels types d'organismes publient des notes de conjoncture ?

3. Afin d'apprécier la conjoncture économique, à quel type d'organisme ont recours, d'une part, une entreprise, d'autre part, la Commission européenne ?

Document 8 *Extrait d'une note de conjoncture de l'INSEE de juin 2015*

En 2015, [...] l'activité de la zone euro a conservé son rythme de croissance de fin d'année, accélérant un peu plus vivement qu'attendu en France, en Espagne et en Italie, et ce malgré un infléchissement en Allemagne. [...]

Ainsi, même si des rebonds récents ont corrigé la forte dépréciation de l'euro et la baisse du prix du pétrole, leurs cours respectifs restent mi-2015 largement inférieurs à leurs niveaux de mi-2014. Les baisses passées continuent donc de se diffuser dans les économies de la zone euro, *via* une accélération du pouvoir d'achat et de la consommation des ménages d'une part, un surcroît d'exportations d'autre part. Dans ce contexte globalement porteur, l'économie française a été dynamique au premier trimestre (+ 0,6 %), même si la hausse résulte pour partie d'éléments ponctuels : un rebond de la production d'énergie, par simple retour à la normale des dépenses de chauffage, et une hausse exceptionnelle de la production manufacturière. Au deuxième trimestre, ces facteurs s'estomperaient et l'activité ralentirait. Mais le rythme de croissance du PIB resterait plus élevé (+ 0,3 %) qu'en moyenne depuis le printemps 2011 (+ 0,1 % par trimestre). Tout en ralentissant, la consommation des ménages serait de nouveau le principal facteur de cette hausse, soutenue par les hausses récentes de pouvoir d'achat.

Au second semestre, les dépenses des entreprises accéléreraient à leur tour. Les perspectives de demande sont en hausse, comme l'indique l'amélioration du climat des affaires dans quasiment tous les secteurs.

http://insee.fr, juin 2015.

Document 9 *Tableaux de bord de la conjoncture*

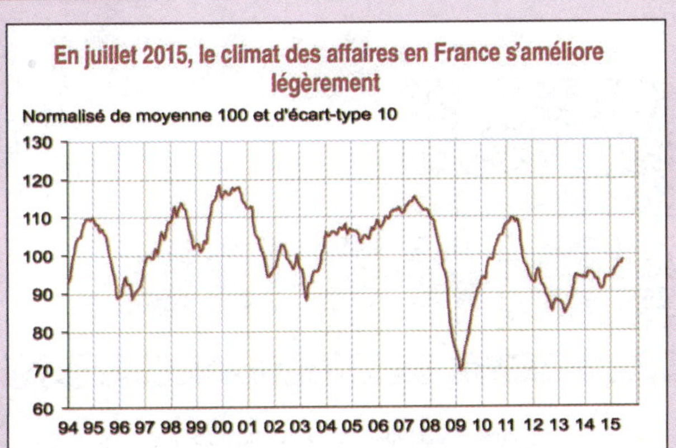

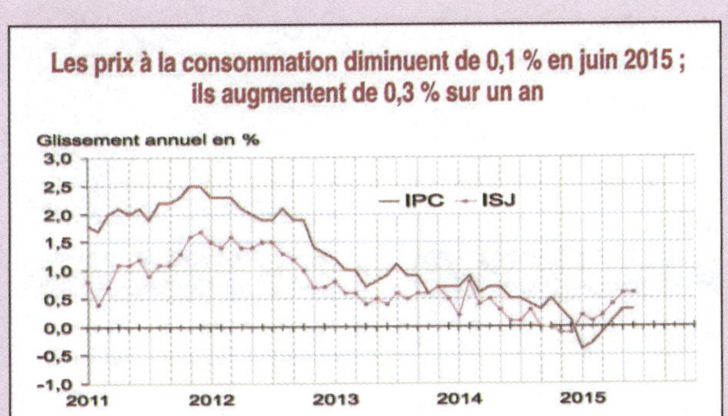

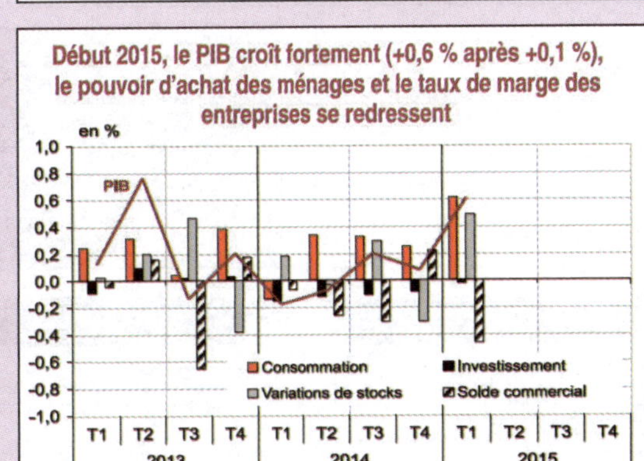

www.insee.fr

Questions

4. Quelle est la périodicité des indicateurs étudiés dans le document 9 ?
5. Quels indicateurs économiques figurent dans la note de conjoncture de juin 2015 ?
6. Précisez, pour chaque indicateur des deux documents, les agents économiques concernés.

III La comparaison des situations économiques au niveau européen

Document 10 *Les analyses économiques de la Coface*

160 évaluations pays, réalisées à partir de données macroéconomiques, financières et politiques, sont en accès libre. Mises à jour régulièrement, elles fournissent une estimation du risque de crédit moyen des entreprises d'un pays. C'est un outil précieux qui permet à une entreprise d'apprécier l'intérêt de s'implanter ou les conséquences de ses activités (exportations, IDE, partenariats) dans un pays étranger.

L'expertise de la Coface se situe à 3 niveaux :
- macroéconomique en matière d'appréciation des risques pays ;
- environnementale des affaires ;
- microéconomique à travers 60 ans d'expérience en matière de paiement.

Les évaluations se situent sur une échelle de 7 niveaux (A1, A2, A3, A4, B, C, D), dans l'ordre croissant du risque.

D'après www.coface.fr

Document 11 *Comparaison entre la Hongrie et l'Irlande*

HONGRIE

POPULATION : 9,9 MILLIONS
PIB PAR HABITANT : 13870 $US

A4 — ÉVALUATION PAYS
A2 — ENVIRONNEMENT DES AFFAIRES
CHANGER DE PAYS — COMPARER LES PAYS

PRINCIPAUX INDICATEURS ÉCONOMIQUES

	2013	2014	2015 (p)	2016(p)
Croissance PIB (%)	1,9	3,7	2,9	2,5
Inflation (moyenne annuelle)	1,7	0,0	0,0	2,0
Solde budgétaire / PIB (%)	-2,5	-2,5	-2,4	-2,3
Solde courant / PIB (%)	4,1	4,0	5,0	4,8
Dette publique / PIB (%)	77,3	76,9	77,0	76,0

(p) Prévisions

POINTS FORTS
- Excédent commercial
- Infrastructures de bonne qualité
- Économie diversifiée
- Main-d'œuvre qualifiée
- Inclusion dans la chaîne de production européenne

POINTS FAIBLES
- Population vieillissante
- Faibles marges de manœuvre budgétaire
- Endettement extérieur élevé et exposition au risque de change
- Fragilité du secteur bancaire
- Dépendance énergétique : 50 % des besoins importés, 40 % de la seule Russie
- Insuffisance de la recherche et du développement
- Dérive autoritariste et interventionnisme
- Forte minorité rom mal ntégrée

IRLANDE

POPULATION : 4,6 MILLIONS
PIB PAR HABITANT : 54411 $US

A3 — ÉVALUATION PAYS
A1 — ENVIRONNEMENT DES AFFAIRES
CHANGER DE PAYS — COMPARER LES PAYS

PRINCIPAUX INDICATEURS ÉCONOMIQUES

	2013	2014	2015 (p)	2016(p)
Croissance PIB (%)	1,4	5,2	6,9	4,5
Inflation (moyenne annuelle)	0,5	0,3	0,3	1,4
Solde budgétaire / PIB (%)	-5,7	-3,9	-2,2	-1,5
Solde courant / PIB (%)	3,1	3,6	5,9	5,7
Dette publique / PIB (%)	120,0	107,5	99,8	95,4

(p) Prévisions

POINTS FORTS
- Marchés du travail et des biens flexibles
- Environnement des affaires favorable, fiscalité avantageuse
- Présence de compagnies multinationales
- Spécialisation dans des secteurs à forte valeur ajoutée (dont pharmacie, services informatiques)

POINTS FAIBLES
- Dépendance à l'égard de la conjoncture européenne
- Surendettement du secteur privé, notamment des ménages
- Dette publique élevée, alourdie par le coût de la crise bancaire
- Secteur bancaire encore convalescent

www.coface.fr

➔ Questions

1. À qui les publications de la Coface sont-elles destinées ?
2. Quels sont les facteurs de risques pour un investisseur dans chaque pays ?
3. Comparez les indicateurs économiques de la Hongrie et de l'Irlande.

Document 12 *Comparaison entre la France, l'Allemagne et la Grèce*

	FRANCE	ALLEMAGNE	GRÈCE
POPULATION	**63,951 millions**	**81,754 millions**	**11,04 millions**
PIB	**2 902,33 milliards $US**	**3 593,238 milliards $US**	**246,397 milliards $US**
POINTS FORTS	• Qualité des infrastructures et des services publics • Main-d'œuvre qualifiée et productive, démographie dynamique • Groupes internationaux compétitifs (aéronautique-spatial, énergie, environnement, pharmacie, luxe, agroalimentaire, distribution) • Destination touristique de premier plan • Puissance agricole mondiale • Niveau élevé d'épargne	• Solide base industrielle (1/4 du PIB) • Haute qualité contribuant à la compétitivité et à la rentabilité • Diversification géographique des exportations • PME (*Mittelstand*) exportatrices à assise familiale et régionale • Intégration de l'Europe centrale et orientale dans le processus productif • Importance des ports de Hambourg, Bremerhaven et Kiel • Système institutionnel favorisant la représentativité et le consensus	• Soutien financier de la communauté financière internationale • Leader mondial du transport maritime • Ajustement des comptes publics et extérieurs • Attractivité touristique
POINTS FAIBLES	• Nombre insuffisant d'entreprises exportatrices, perte de compétitivité et de parts de marché • Effort d'innovation insuffisant, niveau de gamme moyen et non différenciant • Faible taux d'emploi des jeunes et des travailleurs âgés • Endettement public élevé	• Vieillissement des infrastructures • Déclin démographique partiellement compensé par l'immigration • Manque d'ingénieurs et de capital-risque • Forte dépendance aux marchés mondiaux, notamment européens • Poids majeur de l'industrie automobile • Retard persistant, mais se comblant, des Länder orientaux • Coût élevé de l'énergie	• Dette publique toujours très élevée • Qualité du portefeuille des banques dégradée • Faiblesse des institutions publiques, forte évasion fiscale • Base industrielle limitée, faible contenu technologique des exportations (produits alimentaires et chimiques, métaux, pétrole raffiné) • Tensions sociales entretenues par la rigueur budgétaire et un chômage massif

www.coface.fr

Questions

4. Comparez l'importance économique des trois pays.
5. Quels sont les points forts de l'économie allemande ?
6. Quels risques l'économie grecque présente-t-elle pour un investisseur ?
7. Quels sont les atouts de la France pour les investisseurs étrangers ?

Entraînement

La compétence attendue

Comparer et interpréter des situations conjoncturelles nationales dans l'espace européen.

Mise en situation

Vous collaborez comme contributeur à un site d'informations économiques destiné aux lycéens et étudiants. Vous suivez en particulier l'évolution des indicateurs économiques de façon régulière pour produire vos analyses.

Divers articles de presse traitant de l'opinion des chefs d'entreprise sur la conjoncture française ont retenu votre attention.

Travail à faire

À l'aide du dossier joint et de vos connaissances, **en veillant à préciser les principaux concepts utilisés** et à exploiter les sources statistiques mises à votre disposition, vous êtes chargé(e) de concevoir une note argumentée et structurée qui servira de base à votre article pour le site, dans laquelle :

1. vous préciserez les indicateurs utilisés pour apprécier l'opinion des chefs d'entreprise sur la conjoncture actuelle ;
2. vous rechercherez les conséquences économiques possibles de l'optimisme des chefs d'entreprise ;
3. vous analyserez dans quelle mesure la situation économique intervient sur le moral des chefs d'entreprise.

Annexe 1

Les doutes sur la croissance pèsent sur le moral des patrons

L'indicateur du climat des affaires en France s'est dégradé en février, selon l'Insee [...]

Les chefs d'entreprise ne vivent pas dans une bulle. Quand les marchés boursiers se retournent sur fond de ralentissement chinois ou de chute du cours du pétrole, que les grandes institutions internationales comme l'OCDE et le FMI font part de leurs craintes sur la santé de l'économie mondiale et abaissent leurs prévisions, les patrons interrogés par l'Insee finissent, sans surprise, par en prendre un (petit) coup au moral. « En février, le climat des affaires en France s'altère », constate l'institut statistique, dont l'in indicateur perd 2 points par rapport à janvier [...]

Il est frappant de constater que ce sont moins les perspectives personnelles d'activité qui se replient que la confiance dans l'évolution générale de l'économie. « C'est le signe que les chefs d'entreprise ressentent le climat d'incertitude ambiant dont les médias se font l'écho, sans forcément ressentir d'inflexion pour eux-mêmes», estime Vladimir Passeron, chef du département de la conjoncture de l'Insee. Mais n'est-ce pas qu'une question de temps avant que les inquiétudes générales se muent en craintes personnelles, poussant les entreprises à encore davantage de prudence dans les investissements et les embauches ? [...]

L'inflexion est, pour l'heure, légère et ne change pas le diagnostic d'une économie français dont la croissance augmente certes progressivement mais sans beaucoup de souffle. « Le climat des affaires est bien plus élevé que l'an dernier et il est conforme avec croissance du PIB d'environ 0,3 % à 0,4 % par trimestre », indique Vladimir Passeron.

Frédéric Schaeffer, Les Échos, 23 février 2015.

Le moral des entreprises

Annexe 2

L'indicateur de climat des affaires dans l'industrie

Cet indicateur mensuel résume le jugement des industriels français sur la situation conjoncturelle. Plus il est élevé et plus l'appréciation des industriels est favorable. Sa moyenne de long terme est de 100.

L'institution financière interroge les industriels sur :

- l'évolution de la production par rapport au mois précédent ;
- la production pour les prochains mois ;
- l'évolution des commandes par rapport au mois précédent ;
- le niveau du carnet de commandes ;
- le niveau des stocks de produits finis ;
- le taux d'utilisation des capacités de production ;
- l'évolution des effectifs.

www.boursereflex.com

Annexe 3

Moral des chefs d'entreprise en France : l'audace derrière l'inquiétude

« Mi-figue, mi-raisin ». Voilà une expression typiquement française, souvent mal comprise d'ailleurs, mais qui résume pourtant avec une certaine acuité l'état actuel de notre moral à nous, chefs d'entreprise.

Selon un sondage réalisé fin juin par OpinionWay et la CCI France pour *La Tribune* et Europe 1, les dirigeants d'entreprise français continuent effectivement de faire la moue alors même que les signes de reprise se multiplient et devraient pousser à un franc optimisme, voire même à une certaine euphorie : l'euro est à son plus bas niveau depuis 2003, la BCE affiche son soutien à l'activité économique en Europe tandis que le prix du baril de pétrole ne cesse de baisser. Même les prévisions de croissance de l'INSEE pour 2015 se révèlent meilleures que celles initialement retenues par le gouvernement, un comble lorsqu'on connaît l'optimisme des experts de Bercy.

Voici donc *a priori* matière à stimuler notre activité et à booster les exportations de nos entreprises. Et pourtant le malaise demeure… […] L'explication de cette inquiétude persistante est […] à chercher […] entre l'insuffisance d'une demande intérieure atone et le flou de la politique économique de nos gouvernements successifs […].

Le moral des chefs d'entreprise est nettement en berne certes, mais le tableau d'ensemble n'est pas aussi noir qu'on pourrait le croire. Une étude réalisée par Bpifrance et la Direction Générale des Entreprises montre que 43 % des ETI interrogées prévoient malgré tout une hausse de leurs projets d'investissement et de leur chiffre d'affaires en 2015 […].

Arnaud Gobet, www.arnaudgobet.fr, 21 juillet 2015.

Sens de la leçon

L'appréciation de la situation économique

1 L'analyse de la situation économique...

... résulte de l'observation de...

- **... variables conjoncturelles qui concernent le court terme.**
  - Évolution du PIB
  - Inflation
  - Taux de chômage
  - Solde extérieur
  - Évolution de la consommation
  - Évolution de la production industrielle
  - Investissement des entreprises
- **... variables structurelles qui concernent le long terme.**
  - État du capital humain
  - État du capital technique
  - État des ressources naturelles

... conduit les agents économiques à faire des arbitrages.

- Pour les ménages, au niveau de leur consommation et de leur épargne
- Pour les entreprises, au niveau de leurs objectifs et de leur stratégie

2 La note de conjoncture...

... décrit la situation économique à partir d'indicateurs.

- **Elle est publiée par des...**
  - organismes publics nationaux (INSEE, Banque de France...).
  - organismes publics internationaux (FMI, OCDE, Eurostat, BCE...).
  - organismes privés (banques, Coface...).
- **Elle est utilisée par les...**
  - pouvoirs publics.
  - entreprises.
  - ménages.

3 La comparaison de situations économiques au niveau européen se fait à partir des indicateurs de chaque pays.

Les mots-clés

Analyses conjoncturelle et structurelle – Conjoncture – FMI – Indicateurs conjoncturels et structurels – INSEE – OCDE – Politique conjoncturelle – Politique économique – Politique structurelle – Situation économique

6 La politique économique conjoncturelle

LE RÉFÉRENTIEL

5. La politique économique dans un cadre européen *(20 heures)*
5.2. La mise en œuvre des politiques économiques *(13 heures)*

Les compétences attendues	Le plan du chapitre
• Interpréter les mécanismes à l'œuvre dans les politiques économiques	**I. Les mécanismes de la politique conjoncturelle**
• Analyser les conséquences de mesures de politique économique sur la situation économique	**II. Les conséquences de mesures de politique conjoncturelle**

Mise en situation : « Neuf millions de Français vont voir leur impôt baisser »

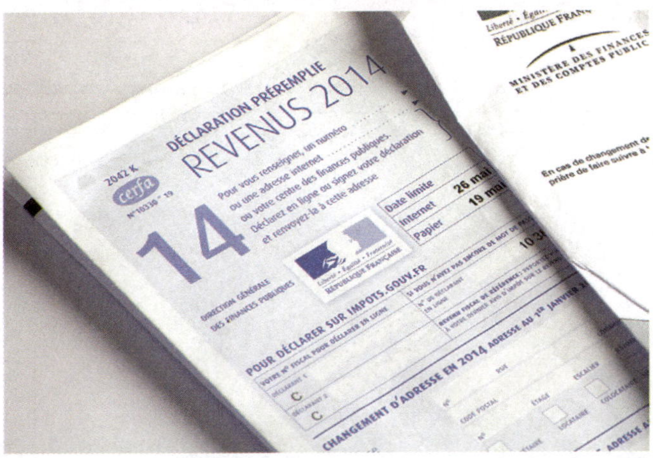

Pour huit millions d'entre eux, la baisse sera « significative », « plus de 100 euros... », a indiqué [Bruno Le Roux, le patron des députés socialistes]. François Hollande enverra un courrier à chacun de ces contribuables pour défendre la fin de la « pression fiscale ».

La fin de la « pression fiscale » : tel sera le leitmotiv de l'exécutif à la rentrée... à quelques mois des élections régionales de décembre. Le ministère du Budget a envoyé cette semaine le « bon à tirer » des avis d'imposition, que recevront les foyers fiscaux au cours de l'été. À en croire RTL et iTélé, neuf millions de Français verront leur impôt baisser à la rentrée. La ristourne sera vraiment généreuse pour huit millions de Français, dont l'imposition sera abaissée d'au moins 100 euros.

www.lejdd.fr, 3 juillet 2015.

Questions

1. Quelle est l'importance de la baisse d'impôts annoncée pour les Français ?
2. Que signifie la « fin de la "pression fiscale" » ?

I Les mécanismes de la politique conjoncturelle

A. Les objectifs généraux

Document 1 *Le carré magique de Nicholas Kaldor*

Pour définir les objectifs de la politique économique, il est souvent fait référence au carré magique de l'économiste keynésien Nicholas Kaldor (1908-1988). Cette représentation graphique des objectifs de la politique économique résume la situation conjoncturelle d'un pays à partir de quatre indicateurs : le taux de croissance du PIB, le taux de chômage, le taux d'inflation (le taux de croissance des prix à la consommation) et le solde de la balance des transactions courantes (en pourcentage du PIB). Ces quatre indicateurs correspondent aux quatre objectifs fondamentaux des politiques économiques. La jonction des quatre points permet de montrer la situation économique idéale. Le carré est appelé « magique » car une telle situation d'équilibre est, dans les faits, quasiment impossible à atteindre. En revanche, la distance des points par rapport au carré idéal permet d'apprécier le niveau de détérioration de la situation économique ou bien l'efficacité des politiques mises en œuvre.

http://science-economique.blogspot.com

Questions

1. Quels sont les quatre objectifs des politiques économiques conjoncturelles ?
2. Quels sont les instruments de mesure associés à chaque objectif ?

Document 2 *Représentation graphique du carré magique (données pour la France)*

	2006	2010	2014
Taux de croissance du PIB (en volume en %, base 2010)	2,4	2	0,2
Taux d'inflation (variation de l'indice des prix à la consommation en %, base 1998)	1,6	1,5	0,5
Taux de chômage (en % de la population active)	8,4	8,9	9,8*
Solde de la balance des paiements courants (en % du PIB)	–0,6	–1,3	–1,3*

* Année 2013

Sources : INSEE et OCDE pour le solde des transactions courantes..

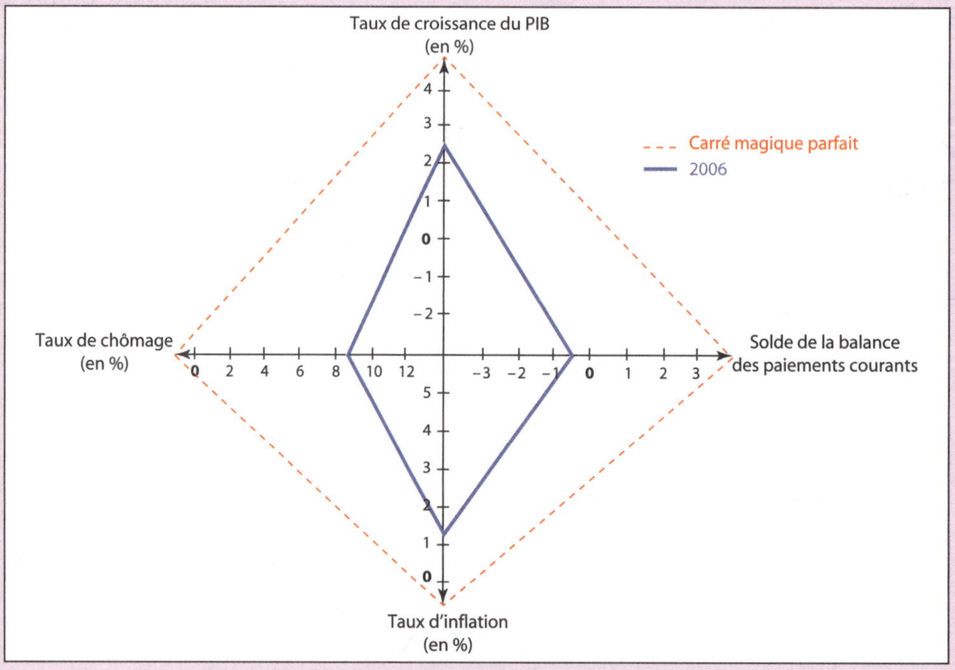

Questions

3. Représentez graphiquement les carrés de 2010 et 2014.
4. Comparez avec le carré de 2006 et avec le carré magique parfait.

B. Les principes de la politique budgétaire

DOCUMENT 3 *L'utilisation du budget*

La **politique budgétaire** recouvre l'utilisation des dépenses et des recettes des administrations publiques pour la régulation du rythme de l'activité économique.
Le solde budgétaire (dépenses – recettes, principalement fiscales) est amélioré par une situation de croissance économique et dégradé par une situation de récession.
Après la publication de la théorie générale de J. M. Keynes en 1936, l'impulsion budgétaire est apparue alors comme le moyen le plus efficace pour résorber le chômage et entretenir la croissance.

http://economie.trader-finance.fr

Question 5. À quelles conditions l'équilibre du budget de l'État est-il atteint ?

DOCUMENT 4 *Le respect du PSC*

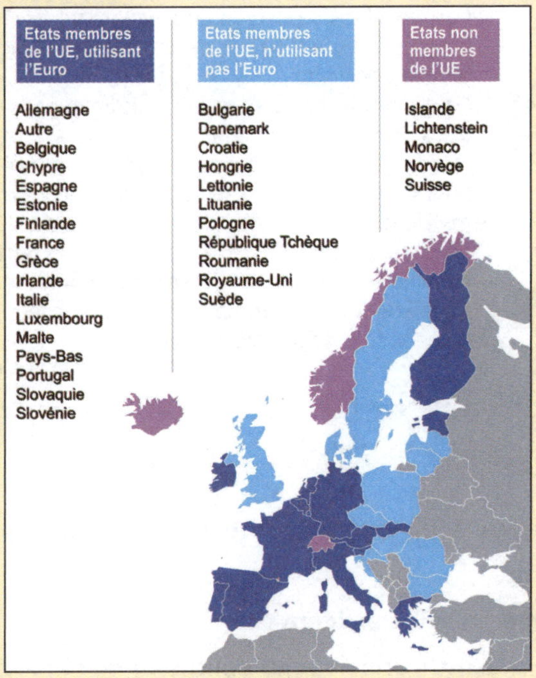

Signé par les États membres de la zone euro, le Pacte de stabilité et de croissance (PSC) borne les déficits budgétaires à la limite de 3 % du PIB. La dette publique ne doit pas dépasser les 60 % du PIB. Des dérogations sont accordées pour de faibles dépassements temporaires dus à des circonstances exceptionnelles. Si les déficits sont, en revanche, jugés excessifs sans circonstances exceptionnelles et que l'État concerné ne prend pas des mesures correctives dans un délai de dix mois, il sera sanctionné.

www.ladocumentationfrançaise.fr

Question 6. Quelles sont les contraintes imposées aux pays de la zone euro ?

DOCUMENT 5 *Le rôle de stabilisateur du budget de l'État*

Les impôts, les cotisations sociales ainsi que certaines dépenses publiques et prestations sociales jouent un rôle de stabilisation automatique en contribuant, à des degrés divers, à lisser les soubresauts de l'activité économique. Quand, par exemple, l'économie connaît un ralentissement, les recettes fiscales diminuent, alors que, dans le même temps, les prestations sociales augmentent. Le budget automatiquement plus expansif de l'État joue ainsi un rôle stabilisateur : en atténuant quelque peu la baisse du revenu disponible, des bénéfices (après impôt), de la consommation et des investissements, il permet aux acteurs privés de mieux faire face à la détérioration de la situation économique.

Y. Ammann, « Importance et utilisation des stabilisateurs automatiques en Suisse », www.seco.admin.ch

Questions 7. Comment le budget de l'État évolue-t-il en période de croissance économique ?

8. Expliquez l'expression « stabilisateurs automatiques ». Puis placez dans un schéma les termes : *Hausse des dépenses publiques – Effet de relance sur l'activité économique – Récession économique – Déficit public – Baisse des recettes fiscales.*

Document 6 *Le multiplicateur keynésien*

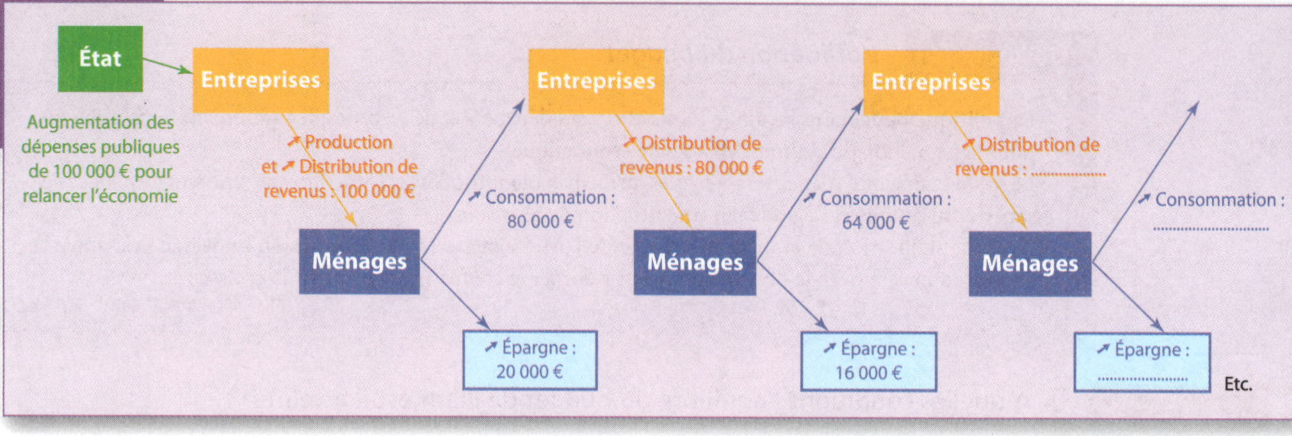

Document 7 *Exemple du soutien à la pêche*

Les pêcheurs ne supportent plus la hausse du prix du fioul et ne sortent plus du port. Le gouvernement décide de leur fournir des aides « carburant » pour qu'ils reprennent l'activité. Effet multiplicateur : *a priori* nul.

Reprenons la même situation mais imaginons une réponse différente de la part du gouvernement. Au lieu de fournir des aides, il décide d'octroyer des prêts à taux zéro complétés de crédits d'impôt* pour moderniser la flotte et être plus économes en carburant. Effet multiplicateur ? Hausse de la demande de biens (moteurs, etc.), ce qui conduit à des investissements de la part des industriels pour répondre à la demande (carnets de commandes pleins, embauche de mécaniciens, commandes de pièces, etc.). Cette solution crée des emplois directs et indirects.

http://echodelabourse.canalblog.com

* Un crédit d'impôt permet de réduire l'impôt à payer ou de percevoir un remboursement des sommes engagées si l'impôt est inférieur au montant du crédit d'impôt.

➔ Questions

9. Quel pourcentage de leur supplément de revenu les ménages épargnent-ils ?
10. Complétez le schéma.
11. À quel moment le mécanisme s'arrêtera-t-il ?
12. Pourquoi ce mécanisme est-il appelé « multiplicateur de dépenses publiques » ?
13. À quelle condition le mécanisme du multiplicateur keynésien sera-t-il efficace dans l'exemple de la pêche ?

C. Les principes de la politique monétaire

Document 8 *Une politique monétaire expansionniste ou restrictive*

La politique monétaire [est le] volet de la politique économique visant à influer sur l'évolution de la masse monétaire et les taux d'intérêt et, par ce biais, sur l'inflation, la croissance, l'emploi et le taux de change. Parmi les objectifs de la politique monétaire, l'accent est en général mis sur l'inflation. [...] Une politique monétaire expansionniste a pour but d'accroître la masse monétaire pour stimuler l'activité alors qu'une politique monétaire restrictive a pour but de limiter ou de diminuer la masse monétaire pour lutter contre l'inflation.

www.ladocumentationfrançaise.fr

➔ Questions

14. Sur quelles variables économiques la politique monétaire cherche-t-elle à agir ?
15. Rappelez la relation entre la masse monétaire et l'inflation.

Document 9 *L'Eurosystème*

L'Eurosystème est la banque des banques de la zone euro. Il est composé de la Banque centrale européenne (BCE) et des banques centrales nationales des États membres qui ont adopté l'euro comme monnaie unique.

Il assume la responsabilité de la conduite de la politique monétaire unique de la zone euro depuis le 1er janvier 1999. L'objectif principal de l'Eurosystème est de maintenir la stabilité des prix, préservant ainsi la valeur de l'euro.

Document 10 *Les objectifs de la Banque centrale européenne*

Le traité de Maastricht sur l'Union européenne a confié à la Banque centrale européenne (BCE) la stabilité des prix comme objectif principal. […]

Le concept de stabilité des prix n'est pas défini dans le traité, mais la BCE en a assuré l'interprétation, se donnant pour objectif une progression de l'indice des prix à la consommation harmonisé de la zone euro inférieure à 2 %. […]

La stratégie de la BCE consiste officiellement à surveiller l'évolution de la masse monétaire (M3) […]. La BCE a défini deux « piliers » qui lui permettent d'évaluer les risques d'inflation dans la zone euro.

En premier lieu, elle effectue une « analyse monétaire », c'est-à-dire qu'elle étudie l'évolution des agrégats monétaires dans une perspective de contrôle direct de la masse monétaire. À l'origine, le rôle central de la masse monétaire a été signalé par l'annonce d'un taux de croissance annuel de référence pour l'agrégat M3 de 4,5 % […].

En second lieu, elle suit l'évolution de certains indicateurs économiques et financiers tels que les salaires, les prix des matières premières, les taux de change, la confiance des consommateurs et des entreprises.

www.senat.fr

Questions

16. Quelle est la mission assignée à la BCE en matière de politique économique ?
17. Rappelez ce qu'est l'agrégat monétaire M3.
18. Quels sont les autres indicateurs observés par la BCE ?

Document 11 *L'action sur les taux d'intérêt*

HAUSSE du taux directeur par la BCE	→	↗ Coût de refinancement* pour les banques (↗ Coût des emprunts des banques auprès de la BCE)	→	↗ Taux d'intérêt des crédits proposés par les banques	→	↘ Demandes de prêts par les entreprises et les ménages
BAISSE du taux directeur par la BCE	→	↘ Coût de refinancement* pour les banques (↘ Coût des emprunts des banques auprès de la BCE)	→	↘ Taux d'intérêt des crédits proposés par les banques	→	↗ Demandes de prêts par les entreprises et les ménages

* Le refinancement est l'opération par laquelle les banques se procurent la monnaie banque centrale dont elles ont besoin pour faire face à leurs différents engagements.

Questions

19. Quel est l'objectif d'une baisse du taux directeur de la BCE ?
20. La baisse du taux directeur a-t-elle forcément des répercussions sur l'économie ?
21. Quelle est la conséquence de la baisse du taux directeur sur le taux de change de l'euro ?

Document 12 *Les opérations d'*open market

Le marché interbancaire est le lieu privilégié par les banques pour trouver de l'argent. [...] Le principe est le suivant : les banques dont le bilan est excédentaire prêtent leurs liquidités à celles qui en ont besoin, moyennant un intérêt. Ce taux d'intérêt varie en fonction de l'offre et de la demande. Quand les banques ne se prêtent plus entre elles, il y a risque de *credit crunch* (pénurie de crédit).

En situation d'*open market* (c'est le cas dans la zone euro), la Banque centrale peut intervenir sur ce marché afin de faciliter l'obtention des liquidités par les banques ou bien, au contraire, pour leur mettre des bâtons dans les roues : si elle injecte des liquidités, la Banque centrale fait baisser les taux d'intérêt et facilite les conditions de crédit, et vice versa.

Audrey Fournier, *Le Monde*, 21 septembre 2011.

Questions

22. Par quel intermédiaire un État intervient-il sur le marché interbancaire ?

23. Comment est-il possible de relancer la consommation en agissant sur le marché interbancaire ?

Document 13 *Le mécanisme des réserves obligatoires*

Toutes les banques commerciales sont dans l'obligation de détenir un compte auprès de la Banque centrale nationale de leur pays (par exemple, la Banque de France).
La Banque centrale européenne impose à toutes les banques commerciales de déposer sur leur compte un certain pourcentage des crédits accordés à leurs clients : ce sont les réserves obligatoires.

Si la BCE décide d'augmenter le taux de ces réserves, elle freine les crédits accordés aux entreprises. Si elle le baisse, elle favorise le développement du crédit.

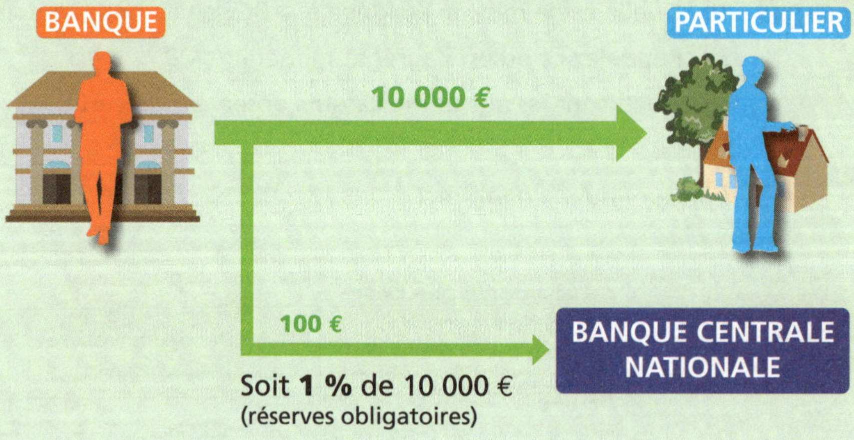

Questions

24. À quoi servent les réserves obligatoires ?

25. Que se passerait-il si la BCE modifiait le taux de réserves obligatoires de 1 à 2,5 % ?

II Les conséquences de mesures de politique conjoncturelle

A. Les effets de la politique budgétaire

Document 14 *Objectif de rigueur ou objectif de relance*

En simplifiant, on peut ramener les politiques conjoncturelles à l'opposition entre politique de rigueur (*stop*) et politique de relance (*go*).
Les politiques dites «de relance», d'inspiration keynésienne, privilégient les objectifs de stimulation de la croissance et de lutte contre le chômage. Les moyens utilisés consistent à développer les revenus des ménages par une politique des salaires souple et une extension des revenus de transferts ; par ailleurs, la demande publique tend à s'accroître, le déficit budgétaire étant considéré comme favorable parce qu'il stimule la demande. […] Les politiques dites «de rigueur» privilégient la lutte contre l'inflation, l'assainissement financier et la réduction du déficit extérieur. Elles impliquent le plus souvent le freinage de la croissance et donc de la demande.

C.-D. Échaudemaison, *Dictionnaire d'économie et de sciences sociales*, Nathan.

Questions

1. Retrouvez les objectifs du modèle de Kaldor dans le cas d'une politique de rigueur puis dans le cas d'une politique de relance.
2. Quels sont les agents économiques bénéficiaires d'une politique de relance ?

Document 15 *La politique de rigueur et la politique de relance*

Une politique d'austérité, aussi appelée politique de rigueur, est une politique qui vise à assainir la gestion d'un État. Ce terme désigne très souvent une politique budgétaire restrictive où les recettes fiscales augmentent tandis que les dépenses publiques sont limitées. En d'autres termes, la rigueur budgétaire consiste pour un État à « se serrer la ceinture ». Cette vision s'oppose aux politiques de relance destinées à favoriser la croissance.
Cette politique économique a généralement pour but de ralentir l'inflation ou de réduire les déficits publics et la dette globale de l'État. […]
Sur le moyen et long terme, une politique de rigueur a pour objectif de restaurer la confiance dans l'économie et d'améliorer la compétitivité économique.

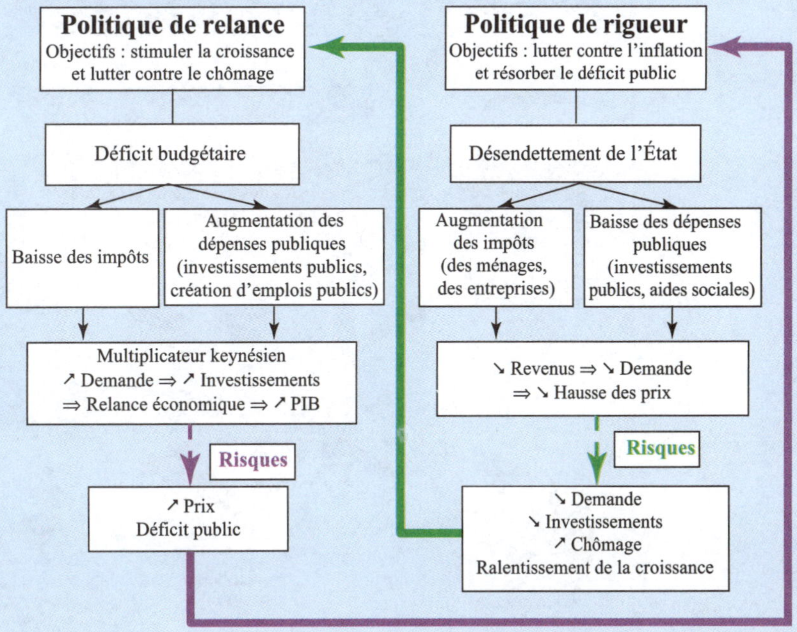

www.infinance.fr

Questions

3. Quel est l'objectif principal d'une politique de rigueur ?
4. Quelles sont les caractéristiques d'une politique budgétaire de rigueur ?
5. Quel est le lien entre une politique de relance et le multiplicateur keynésien ?

Document 16 *Budget 2016 : à la recherche de 14,5 milliards d'économies*

Le gouvernement veut ramener le déficit à 3,3 % du PIB l'année prochaine. Un objectif qui l'oblige à quasiment bloquer l'augmentation des dépenses publiques.

Pour la première fois, l'ensemble des dépenses publiques (État, Sécurité sociale, collectivités locales) hors charge de la dette devra être quasiment stable (une fois prise en compte l'inflation), ce qui est loin d'être gagné. [...]

Des dépenses nouvelles à compenser

[...] Ces dépenses nouvelles vont de l'extension du bénéfice de la prime d'activité aux étudiants et apprentis qui travaillent à la hausse des crédits militaires en passant par 100 000 emplois aidés supplémentaires.

Pour les compenser, Bercy a annoncé en juillet que certains ministères devraient encore plus se serrer la ceinture que ce qui était prévu, et espère une réduction du montant de leurs achats, notamment grâce à la faible inflation. Michel Sapin veut aussi économiser sur les aides au logement. L'État mise par ailleurs sur la réforme des collectivités pour adapter sa présence territoriale et lui permettre d'économiser sur son parc immobilier. [...]

Des économies sur les retraites et l'assurance-chômage

Quant à la Sécurité sociale, la hausse des dépenses d'assurance-maladie devra être ramenée à 1,75 %, contre 2 % en 2015, le chiffre le plus bas depuis des années. [...] Des économies sont aussi prévues sur les retraites complémentaires ainsi que sur l'assurance-chômage, dans le cadre de négociations entre les organisations patronales et syndicales.

Par ailleurs, les modalités de revalorisation des prestations sociales seront réformées pour mieux coller à l'inflation constatée, afin d'éviter des hausses trop importantes. Enfin, les collectivités locales devraient fortement réduire leurs investissements sous la contrainte de la baisse des dotations que l'État leur verse.

Marc Vignaud, www.lepoint.fr, 19 août 2015.

Questions

6. Quels sont les objectifs du budget 2016 ?

7. Qui seront les gagnants et les perdants du budget 2016 ?

Document 17 *L'objectif de cohésion sociale*

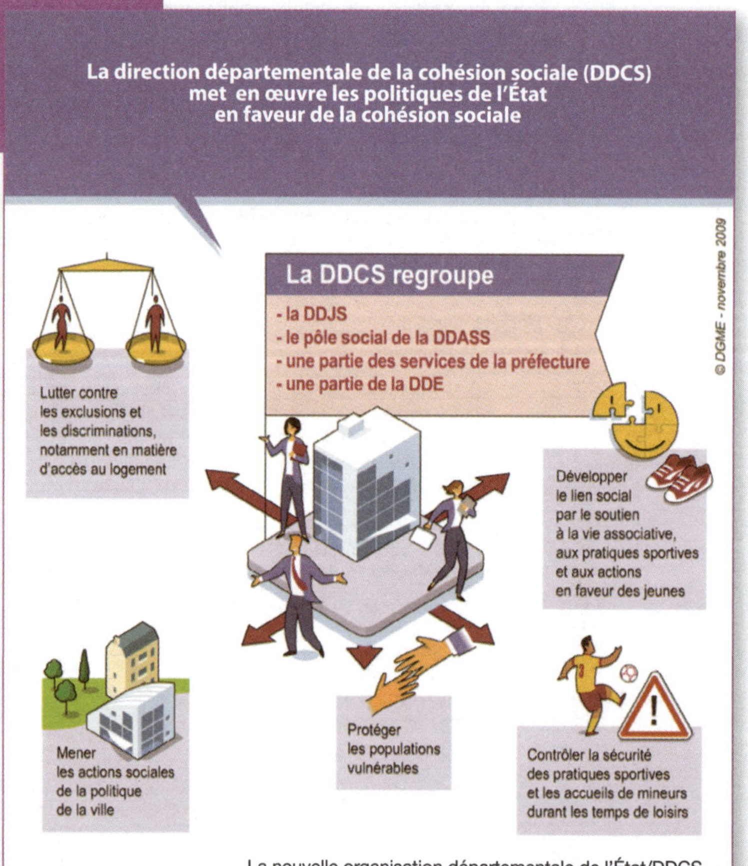

La nouvelle organisation départementale de l'État/DDCS – Infographie : Lorenzo Timon © DGME.

Question

8. Proposez une définition de la cohésion sociale.

B. Les effets de la politique monétaire

Document 18 *BCE : Mario Draghi teste pour la première fois les taux négatifs*

La Banque centrale européenne (BCE) a annoncé la baisse historique de son taux principal à 0,15% (contre 0,25% précédemment). Mais derrière cette nouvelle, son président Mario Draghi a dévoilé une initiative jamais vue : fixer un taux de dépôt négatif à l'attention des banques.

[...] En fixant un taux négatif (-0,10%), la BCE espère pousser [les banques] à prêter davantage aux entreprises et ménages, afin d'encourager la croissance. En effet, les banques vont être désormais contraintes de payer pour stocker leur argent auprès de la BCE.

C'est la première fois qu'une grande Banque centrale utilise un taux négatif. Néanmoins, l'effet pourrait être plus faible que prévu. Au plus fort de la crise dans la zone euro, les dépôts auprès de la BCE atteignaient plus de 800 milliards d'euros en 2012. Aujourd'hui, c'est autour de 36 milliards. De plus, les banques peuvent continuer à déposer leur excédent de liquidités sur leur compte courant à la BCE. Ces derniers ne rapportent rien, mais ne coûtent rien non plus. [...]

Les buts recherchés : plus de liquidités et baisse de l'euro

Les responsables de la BCE, après avoir longtemps espéré un rebond, ont finalement admis qu'il se faisait trop attendre et qu'une intervention était nécessaire. La BCE espère aussi peser sur le niveau de l'euro, qui s'est nettement apprécié depuis quelques mois. En effet, si les banques sont dissuadées de laisser leurs euros à la BCE, elles pourraient chercher des placements ailleurs, dans d'autres monnaies, faisant baisser la valeur de la monnaie unique européenne.

www.huffingtonpost.fr, 5 juin 2014.

Questions

9. Expliquez ce que signifie un taux d'intérêt négatif.
10. Quel est l'objectif de la Banque centrale en matière de change ?

Document 19 *Les conséquences des variations du taux de change*

Questions

11. Dans cet exemple, quel est l'effet de la hausse du taux de change sur la facture pétrolière ? Quel serait l'effet avec un baril à 80 $? avec un baril à 130 $?
12. Quel est l'effet de cette hausse du taux de change sur le commerce extérieur du pays ?
13. Comment la BCE peut-elle agir pour améliorer la balance du commerce extérieur ?

Entraînement

Les compétences attendues

- Analyser les conséquences de mesures de politique économique sur la situation économique.
- Interpréter les mécanismes à l'œuvre dans les politiques économiques.

Mise en situation

Vous devez organiser dans votre établissement un débat réunissant des économistes de différentes opinions pour analyser les conséquences des déficits publics sur la politique économique que le gouvernement français peut mettre en œuvre.

À partir de la documentation que vous avez rassemblée, rédigez une synthèse préalable à la préparation du débat sur les déficits des finances publiques.

Travail à faire

À l'aide du dossier joint et de vos connaissances, **en veillant à préciser les principaux concepts utilisés** et à exploiter les sources statistiques mises à votre disposition, vous êtes chargé(e) de concevoir une note argumentée et structurée dans laquelle :

1. vous justifierez l'inscription de la « règle d'or » de l'équilibre budgétaire dans la Constitution ;
2. vous rechercherez à quelle difficulté se heurte la mise en œuvre de la « règle d'or » ;
3. vous expliquerez par quel mécanisme l'investissement prévu par l'UE peut entraîner une relance de l'économie européenne ;
4. vous commenterez l'évolution de la dette publique en France.

Annexe 1

Qu'est-ce qu'une « règle d'or » ?

Avec la crise, l'explosion des déficits publics qui en a découlé, et la remise en cause de la solvabilité des États, certains d'entre eux, pressés par les marchés financiers de renouer avec plus de vertu, s'imposent la rigueur dans la gestion de leur budget, en instituant des règles d'or.

Une règle d'or n'est autre que l'engagement solennel et surtout juridique que prend un pays de revenir par un contrôle strict de ses recettes et de ses dépenses à l'équilibre budgétaire. Pour que cette promesse lie les gouvernements présents et à venir, elle est insérée dans la Constitution.

www.sicavonline.fr

Annexe 2

La « règle d'or » ne constitue pas une arme imparable contre les déficits

Nombre de pays ont adopté des « règles d'or » censées empêcher tout déficit public. Pour les contourner le plus souvent.

En théorie, elle est implacable. [...] En pratique, c'est plus compliqué. Les États qui ont adopté [une règle d'or] rechignaient en fait à se couler dans un tel corset. Ils ont prévu des clauses permettant d'invoquer des circonstances conjoncturelles exceptionnelles pour autoriser des relances keynésiennes (qui ont généralement augmenté l'endettement à moyen terme) ou ont exonéré le financement des investissements d'avenir. Du coup, les circonstances « exceptionnelles » sont devenues la norme et des dépenses ordinaires, telles que les salaires des enseignants, ont été reclassifiées en « investissements ». [...]

La « règle d'or » fait toutefois débat pour une autre raison : puisqu'elle contraint fortement les lois de finances votées par les députés, elle réduit la souveraineté du peuple. Or, historiquement, la démocratie est liée au droit de regard sur le budget de l'État (« *no taxation without representation* »). Les supporters de la « règle d'or » font, eux, valoir qu'en stoppant la spirale de la dette, elle défend les intérêts des électeurs à naître, dans l'impossibilité aujourd'hui de donner leur avis.

Yves Bourdillon, *Les Échos*, 18 août 2011.

Le déficit des finances publiques

Annexe 3

300 milliards pour relancer l'économie en Europe

300 milliards d'euros. C'est la somme que l'Union européenne pourrait consacrer à l'investissement pour les cinq prochaines années. Une relance bienvenue pour une Europe en panne de croissance et qui n'a jamais retrouvé ses niveaux d'investissements d'avant la crise, contrairement aux États-Unis.

Les grands organismes économiques sont tous d'accord. L'absence de croissance en Europe fait peser un risque sur l'économie mondiale. Dernière en date, l'OCDE, jusque-là peu connue pour ses emballements keynésiens, vient d'affirmer que la zone euro fait peser un «*risque majeur*» sur l'économie mondiale… tout en qualifiant de «*justifiés*» les choix budgétaires de la France et de l'Italie, deux pays dans le rouge budgétaire. Pierre Magnan, geopolis.francetvinfo.fr, 25 novembre 2014.

Annexe 4

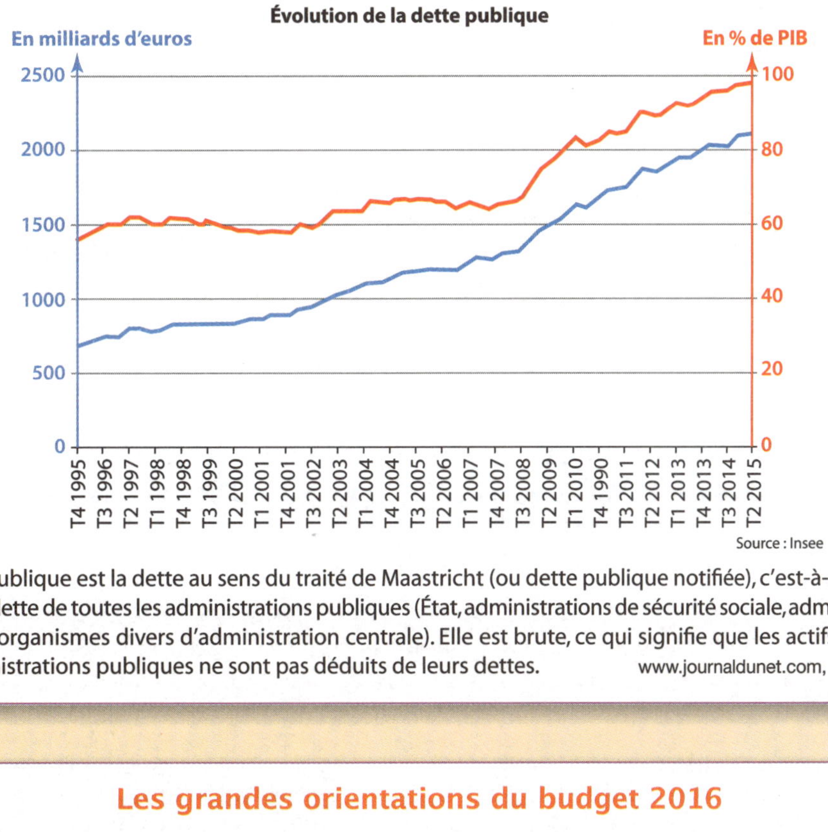

La dette publique est la dette au sens du traité de Maastricht (ou dette publique notifiée), c'est-à-dire qu'elle couvre la dette de toutes les administrations publiques (État, administrations de sécurité sociale, administrations locales et organismes divers d'administration centrale). Elle est brute, ce qui signifie que les actifs financiers des administrations publiques ne sont pas déduits de leurs dettes. www.journaldunet.com, 30 juin 2015.

Annexe 5

Les grandes orientations du budget 2016

Lors du débat d'orientation des finances publiques, le 9 juillet 2015, Michel Sapin et Christian Eckert ont rappelé devant le Parlement les grandes orientations de la politique économique et budgétaire du gouvernement pour 2016. Elles respectent la trajectoire fixée dans le programme de stabilité et doivent permettre de ramener le déficit public à 2,7% du PIB en 2017.

Faire des économies sans casser la croissance

[…] Le rapport préparatoire […] fixe les grandes orientations des finances publiques prévues par le gouvernement. […] Cette trajectoire repose sur une maîtrise de la dépense et la mise en œuvre du plan d'économies de 50 milliards d'euros. Elle doit permettre en 2017 le retour du déficit public sous le seuil de 3% du PIB, tout en finançant les priorités du gouvernement, comme la sécurité, l'emploi et l'éducation.

[…] Christian Eckert [précise :] «La politique budgétaire que propose le gouvernement est connue ; elle est constante et, l'an prochain comme cette année, notre gestion des dépenses de l'État répond à deux exigences : respecter strictement notre programme d'économies et financer toute nouvelle dépense par la réduction d'autres dépenses.» www.newspress.fr, 17 juillet 2015.

Sens de la leçon

La politique économique conjoncturelle

1 Les mécanismes de la politique conjoncturelle

Les objectifs de la politique conjoncturelle sont au nombre de 4 (synthétisés par N. Kaldor dans le carré magique).

- La croissance économique
- Le plein emploi
- La stabilité des prix
- L'équilibre des échanges extérieurs

La politique budgétaire a comme instrument le budget de l'État.

- Déficit budgétaire
  ↘ Impôts
  ↗ Dépenses publiques
  - Multiplicateur keynésien
    ↗ Investissements ⇒ ↗ Demande
    ⇒ Relance économique ⇒ ↗ Emploi
- Désendettement de l'État
  ↗ Impôts
  ↘ Dépenses publiques
  - ⇒ Lutte contre l'inflation

Déficit budgétaire et désendettement de l'État → Atténuation des aléas conjoncturels et cohésion sociale

La politique monétaire est décidée au niveau européen. Ses instruments sont :

- les réserves obligatoires.
- l'action sur les taux d'intérêt.
- les opérations d'*open market*.

2 Les effets de la politique conjoncturelle

Selon les objectifs de la politique budgétaire, on distingue :

- la politique de relance : croissance et lutte contre le chômage.
- la politique de rigueur : lutte contre l'inflation et réduction du déficit extérieur.

Selon les objectifs de la politique monétaire, on distingue :

- la politique monétaire expansionniste.
- la politique monétaire restrictive.

Les mots-clés

Banque centrale européenne (BCE) – Eurosystème – Multiplicateur keynésien – *Open market* – Politique budgétaire – Politique de relance – Politique de rigueur – Politique monétaire – Réserves obligatoires – Stabilisateurs budgétaires automatiques

7 La politique économique structurelle

LE RÉFÉRENTIEL

5. La politique économique dans un cadre européen *(20 heures)*
5.2. La mise en œuvre des politiques économiques *(13 heures)*

Les compétences attendues	Le plan du chapitre
• Interpréter les mécanismes à l'œuvre dans les politiques économiques	**I. Les mécanismes de la politique structurelle**
• Analyser les conséquences de mesures de politique économique sur la situation économique	**II. Les conséquences de mesures de politique structurelle sur la situation économique**

Mise en situation : le programme LEADER

LEADER (Liaisons Entre Actions de Développement de l'Économie Rurale) est un programme européen qui a pour vocation d'aider au développement des zones rurales.

Projet en cours dans le département de la Drôme : création d'une fabrique de bière et limonade bio, associée à un lieu d'animations culturelles et environnementales au Poët Laval

Cette nouvelle entreprise va voir le jour, articulée autour de deux pôles d'activités : la production de bière et de limonade bio, et l'animation d'un lieu d'activités culturelles et environnementales. La bière sera produite à partir de l'orge bio cultivée localement et torréfiée par la malterie nouvellement créée en Ardèche. Il s'agira donc d'une bière locale.

Total des dépenses : 28 489,10 € HT
Financement LEADER : 4 583,33 €

Autres cofinanceurs : communauté de communes du Pays de Dieulefit et autofinancement privé

www.leader-caladesetsenteurs.fr

Questions

1. Pourquoi ce projet contribue-t-il au développement du territoire ?
2. Quels sont les partenaires associés dans le financement ?

I Les mécanismes de la politique structurelle

A. Les objectifs généraux

Document 1 *Les objectifs d'une politique structurelle*

Une politique structurelle cherche à modifier, sur le long terme et en profondeur, les structures de l'économie et les comportements des agents économiques.
Exemples : le fonctionnement du marché du travail, la réglementation de la concurrence, la lutte contre le dérèglement climatique.

Les principaux domaines de la politique structurelle

La politique industrielle	**La politique d'aménagement du territoire**	**La politique sociale**	**La politique de recherche et d'innovation**
Ensemble des mesures prises par l'État pour orienter ou développer l'industrie et, plus largement, l'appareil productif	Ensemble des mesures prises par l'État pour assurer un développement équilibré des régions par une meilleure répartition des populations et des activités	Ensemble des mesures prises par l'État et les administrations publiques pour mettre en place la protection sociale et la législation sociale, et organiser les services publics	Relance de la croissance, de l'emploi et de la compétitivité avec des domaines de recherche prioritaires : santé, alimentation, agriculture et biotechnologies, nanomatériaux, énergie, environnement, transports

Questions

1. Pourquoi l'action à long terme est-elle nécessaire en matière de politique économique ?
2. Que signifie ici l'expression « modifier, sur le long terme et en profondeur » ?
3. Quels sont les points communs entre la politique de recherche et d'innovation et la politique industrielle ?

B. Le cadre européen

Document 2 *Les objectifs de la stratégie « Europe 2020 »*

L'Europe est confrontée à une période de transformation. La crise a annulé des années de progrès économique et social et révélé les faiblesses structurelles de l'économie européenne. Dans le même temps, le monde évolue rapidement et les défis à long terme que sont la mondialisation, la pression sur les ressources et le vieillissement s'intensifient. […]
Europe 2020 présente trois priorités qui se renforcent mutuellement :
– une croissance intelligente : développer une économie fondée sur la connaissance et l'innovation ;
– une croissance durable : promouvoir une économie plus efficace dans l'utilisation des ressources, plus verte et plus compétitive ;
– une croissance inclusive : encourager une économie à fort taux d'emploi favorisant la cohésion sociale et territoriale. […]

EUROPE 2020 : VUE D'ENSEMBLE – Grands objectifs

– Faire passer le taux d'emploi de la population âgée de 20 à 64 ans de 69 % à au moins 75 %.
– Atteindre l'objectif d'investir 3 % du PIB dans la R&D, en améliorant notamment les conditions des investissements du secteur privé dans la R&D […].
– Réduire les émissions de gaz à effet de serre d'au moins 20 % par rapport aux niveaux de 1990 ou de 30 % si les conditions le permettent, faire passer à 20 % la part de l'énergie renouvelable dans notre consommation finale d'énergie et augmenter de 20 % notre efficacité énergétique.
– Faire tomber à 10 %, contre 15 % actuellement, le pourcentage de jeunes qui quittent l'école prématurément et faire passer de 31 % à au moins 40 % la part de la population âgée de 30 à 34 ans ayant achevé un cursus postsecondaire.
– Réduire de 25 % le nombre d'Européens vivant au-dessous des seuils de pauvreté nationaux, afin de faire sortir 20 millions de personnes de la pauvreté.

http://eur-lex.europa.eu, © Union européenne, 1995-2016.

Questions

4. Quels sont les indicateurs utilisés pour évaluer la réalisation des objectifs de la stratégie « Europe 2020 » ?
5. À quels défis à long terme la stratégie « Europe 2020 » tente-t-elle de répondre ?

Document 3 *L'articulation entre politique européenne et politique des États membres*

Les programmes nationaux de réforme s'inscrivent dans le cadre de la stratégie « Europe 2020 » pour une croissance économique « intelligente, durable et inclusive » que l'Union européenne a adoptée [...]. Ils constituent l'instrument de suivi et d'évaluation du volet national de la stratégie « Europe 2020 ». Ils permettent aux États membres d'exposer les réformes structurelles qu'ils décident de mettre en œuvre afin d'atteindre les objectifs de cette nouvelle stratégie.

www.tresor.economie.gouv.fr

Questions

6. Qu'est-ce qu'un programme national de réforme (PNR) ?
7. Comment la stratégie « Europe 2020 » s'articule-t-elle avec les politiques structurelles des États membres ?

Document 4 *Extraits du PNR français 2014*

Objectifs 2020	
Hausse du taux de l'emploi de la population âgée de 20 à 64 ans	
Réforme de la formation professionnelle et de l'apprentissage	Mise en œuvre d'un compte personnel de formation (CPF) ; simplification du système de financement avec la suppression des trois contributions existantes et leur remplacement par une contribution unique ; renforcement du système de gouvernance et amélioration du dialogue social.
Hausse de la part du PIB consacrée aux dépenses de recherche et de développement	
Nouvelle tranche du programme d'investissements d'avenir	Un nouveau programme d'investissements d'avenir doté de 12 milliards d'euros a été annoncé en juillet 2013, principalement destiné à financer des projets innovants à l'horizon 2025 et largement consacré à la transition écologique.
Baisse du taux de décrochage scolaire	
Réforme du système scolaire	Une loi d'orientation a été votée à l'été 2013 prévoyant notamment une réorientation des moyens vers l'enseignement primaire et pré-primaire ainsi que vers l'éducation prioritaire.
Réduction du nombre de personnes pauvres ou exclues	
Revalorisation du RSA	Une première revalorisation de 2 % du revenu de solidarité active (RSA) a été décidée en septembre 2013 ; cette revalorisation se poursuivra pour atteindre 10 % à horizon 2017.
Hausse de la part des énergies renouvelables dans la consommation d'énergie finale / Augmentation de l'efficacité énergétique	
Stratégie « bas carbone »	L'objectif est de réduire de 30 % la consommation d'énergie fossile d'ici 2030 et de 40 % nos émissions de gaz à effet de serre d'ici 2030, et de passer à 50 % la part du nucléaire dans la production d'électricité d'ici 2025.

Questions

8. Formulez l'objectif visé par le programme « Stratégie "bas carbone" ».
9. Distinguez les programmes qui visent à réformer les structures économiques de la France de ceux qui cherchent à réformer les structures sociales.

Document 5 *Le soutien à la filière numérique*

En plein accord avec l'objectif européen qui vise à définir des règles communes pour réduire le coût et accroître l'efficacité du déploiement du très haut débit, le gouvernement souhaite également développer le très haut débit numérique en visant un objectif de couverture de 100 % du territoire d'ici 10 ans. Ce plan sera financé pour les cinq années à venir, essentiellement par la mobilisation du programme des investissements d'avenir.
En parallèle, le gouvernement soutiendra la filière numérique et cinq technologies stratégiques par un investissement de 150 M€ et accompagnera le déploiement des prêts numériques à destination des PME et ETI grâce à la BPI (Banque publique d'investissement).

www.economie.gouv.fr

Questions

10. Quel est l'objectif européen que cherche à atteindre cet exemple de PNR ?
11. Comment la France compte-t-elle atteindre l'objectif de ce PNR ?

II Les conséquences de mesures de politique structurelle sur la situation économique

DOCUMENT 6 *La politique de cohésion européenne*

La politique régionale de l'Union européenne (UE), également appelée « politique de cohésion », cherche à réduire les écarts de développement entre les régions de l'Union. En s'appuyant sur les principes de solidarité et de proximité, elle favorise la cohésion économique, sociale et territoriale de l'Union.

L'aide de l'UE vient uniquement en complément des aides nationales, régionales et locales.

Dans les faits, cette politique s'est construite de façon pragmatique, au rythme des différentes vagues d'adhésion et à partir des instruments financiers dits « structurels ».

La politique régionale vise à réduire les écarts de développement entre les régions de l'Union par un transfert de ressources des régions les plus riches vers celles les plus démunies.

Afin de rattraper le retard économique des régions en difficulté et de renforcer la cohésion de l'Union, la politique régionale repose sur trois objectifs :

- **convergence :** aider les régions en retard de développement (dont le PIB est inférieur à 75 % de la moyenne communautaire) ;
- **compétitivité régionale et emploi :** renforcer la compétitivité et l'attractivité des régions ainsi que l'emploi ;
- **coopération territoriale européenne :** promouvoir un développement harmonieux et équilibré de l'Union.

www.touteleurope.fr

Questions

1. Quels événements ont conduit l'UE à mettre en place une politique de cohésion entre les États membres ?
2. Sur quoi repose la politique de cohésion ? Comment est-elle mise en œuvre ?
3. Que signifie la notion de « solidarité » au niveau européen ?

DOCUMENT 7 *Exemple de gestion régionale des fonds européens*

Gérés par la Région [Languedoc-Roussillon], les fonds européens soutiendront jusqu'en 2020 des projets créateurs d'emplois, ancrés dans l'innovation et le développement durable.

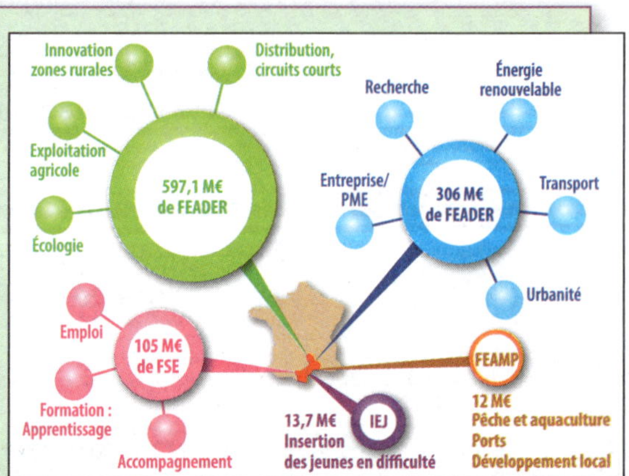

Depuis le feu vert donné fin 2014 par la Commission européenne, « *le temps de l'investissement concret est venu* », souligne le président de la Région. L'Europe a confié à la Région plus de 1 milliard d'euros (sur une enveloppe de 1,2 milliard) à utiliser jusqu'en 2020 [pour les projets qu'elle décidera]. L'impact sera puissant : la génération précédente (900 M€) avait soutenu 56 700 projets de 2007 à 2013.

Pour soutenir la croissance et l'emploi, la Région puisera dans le Fonds [européen] de développement régional (FEDER), le Fonds social européen (FSE), l'Initiative pour l'emploi des jeunes (IEJ), le Fonds [européen] pour l'agriculture et le développement rural (FEADER) et le Fonds [européen] pour [les affaires maritimes et] la pêche (FEAMP). Ils appuieront les priorités partagées par la Région et l'Europe : le soutien aux PME et à l'innovation, les TIC, l'efficacité énergétique, les énergies renouvelables et la prévention des risques naturels, la valorisation du patrimoine, les transports multimodaux, l'emploi, la formation, l'insertion et la revitalisation des quartiers urbains en difficulté, l'installation de jeunes agriculteurs, les exploitations agricoles et la pêche.

L'Accent du Sud, n° 40, www.laregion.fr, juillet-août 2015.

Questions

4. Relevez les différents programmes d'aide européen.
5. Quelles sont les priorités de la politique européenne de soutien à la Région Languedoc-Roussillon ?
6. De quelle autonomie dans l'utilisation des fonds européens la Région dispose-t-elle ?

Document 8 *Le programme européen LEADER 2014-2020*

LEADER, qu'est-ce que c'est ?
LEADER, acronyme pour « Liaisons entre actions de développement de l'économie rurale », est un programme inscrit dans le cadre du Fonds européen agricole pour le développement rural (FEADER). Ainsi, l'Union européenne soutient des territoires ruraux dynamiques, organisés et porteurs d'une stratégie de développement.
Le 1er juillet 2014, le conseil régional du Languedoc-Roussillon a fait paraître un appel à projets LEADER tenant compte des spécificités de notre région.

LEADER, pour quoi faire ?
Par ces fonds, l'Europe souhaite développer le secteur rural en valorisant des initiatives innovantes et structurantes. Ils découlent de la politique agricole commune.
Les secteurs pouvant s'inscrire dans de tels fonds sont la diversification agricole, l'artisanat, les services, le tourisme, la culture, la formation, la protection et la valorisation des milieux naturels...

LEADER, quels montants ?
Les projets pouvant prétendre à ces aides doivent s'inscrire dans la stratégie adoptée par le territoire. Ils peuvent être subventionnés jusqu'à 80 % en financement public (avec au maximum 64 % de fonds LEADER). Les 20 % restants sont à la charge du porteur de projets.
L'enveloppe globale allouée par territoire est *a minima* de 1,5 million d'euros.

LEADER, qui s'engage ?
Le Pays Garrigues et Costières de Nîmes : initiateur du projet, c'est la structure en charge du dépôt de dossier.
Le conseil régional du Gard et le conseil régional du Languedoc-Roussillon : dans leurs rôles d'accompagnement des territoires, ils mettent à disposition des territoires engagés dans LEADER un cabinet de consultant pour élaborer le dossier de candidature.

www.pays-garriguescostieres.org

Questions

7. Quels sont les partenaires d'un programme LEADER ?
8. À quelle composante de la politique européenne appartient le programme LEADER ?
9. Quelles conditions doivent être remplies pour bénéficier d'un programme LEADER ?

Document 9 *La politique agricole commune (PAC)*

Quels sont ses objectifs ?

La **politique agricole commune** (PAC) réglemente la production et la commercialisation des produits agricoles. Elle a pour objectifs d'accroître la productivité de l'agriculture, d'assurer un niveau de vie décent aux agriculteurs européens, de stabiliser les marchés, de garantir la sécurité des approvisionnements et d'assurer des prix raisonnables aux consommateurs.
L'Union européenne s'est ainsi fixé comme objectif de promouvoir une agriculture de qualité, respectueuse de l'environnement et des normes sanitaires. [...]

Comment fonctionne la PAC ?

La PAC est la première dépense d'intervention de l'Union européenne : avec 58 milliards d'euros, elle représente environ 40 % du budget communautaire en 2014 [contre 75 % il y a 30 ans].
Les subventions de la PAC sont distribuées *via* deux fonds : un Fonds européen agricole de garantie (FEAGA) pour les soutiens de marché et un Fonds européen agricole pour le développement rural (FEADER).
La PAC est organisée en trois volets. Le premier est le soutien du marché, qui sert de « filet de sécurité » aux producteurs face aux contraintes liées à la fluctuation de la demande.
Le deuxième volet se constitue des aides au revenu, qui permettent d'assurer un revenu de base pour les agriculteurs et de leur garantir la fourniture de biens publics environnementaux.
Enfin, le dernier volet comprend des mesures en faveur du développement rural, renforçant ainsi le caractère environnemental de la politique agricole et la gestion des zones rurales.

www.touteleurope.eu, 25 février 2015.

Questions

10. Quels agents économiques tirent avantage de la PAC ?
11. Quelle est l'importance de la PAC dans la politique structurelle européenne ?

DOCUMENT 10 *La politique de la concurrence*

La politique de la concurrence pour les entreprises	
La lutte contre les pratiques anticoncurrentielles des entreprises	
Les ententes : accord entre plusieurs entreprises ayant pour objet ou pouvant avoir pour effet d'empêcher, de restreindre ou de fausser le jeu de la concurrence.	En 2015, 11 fabricants de produits laitiers (dont Lactalis Nestlé, Senoble et Yoplait) ont été condamnés par l'Autorité de la concurrence française à des amendes d'un montant total de 192,7 millions d'euros pour s'être entendus sur les prix des produits vendus sous marques de distributeurs entre 2006 et 2012.
Les abus de position dominante : situation d'une entreprise qui, par son poids sur le marché, essaie d'imposer sa loi aux autres.	En 2013, Microsoft est condamné par Bruxelles à une amende de 560 millions d'euros pour avoir favorisé son navigateur Web Internet Explorer au détriment de ceux de ses concurrents.
Le contrôle des concentrations des entreprises	
Les projets de concentration sont examinés par la Commission. Les interdictions totales sont très rares.	En 2013, le rachat d'AER Lingus par Ryanair a été interdit car cela risquait de créer un monopole sur plusieurs lignes au départ de Dublin.
La politique de la concurrence pour les États	
Le contrôle des monopoles d'État : la libéralisation des services publics	**Le transport ferroviaire :** – en 2008 : libre accès à l'ensemble du réseau international de fret ; – 1er janvier 2010 : libéralisation du transport international de passagers. **Les services postaux :** ouverture totale depuis 2012.
Le contrôle des aides d'État (subventions, allègements fiscaux)	Aucune aide ne peut être accordée sans l'approbation de la Commission. En mai 2013, celle-ci a ordonné le remboursement par la Société nationale Corse-Méditerranée de 220 millions d'euros d'aides publiques, jugées incompatibles avec les règles européennes de la concurrence.

Questions

12. Dans quel cas l'UE sanctionne-t-elle la position dominante d'une entreprise ?

13. Quels principes organisent la politique de la concurrence pour les États membres ?

DOCUMENT 11 *La politique européenne de l'environnement*

Les principes

Les principes fondamentaux qui sous-tendent l'action européenne en matière d'environnement sont les suivants :

– le **principe de correction** : il consiste à chercher à remonter le plus en amont possible, en empêchant directement la source de la pollution. Ce traitement à la source est préférable à l'effacement en aval des conséquences de la pollution ;

– le **principe de prévention** (intégré à l'acquis communautaire par l'Acte unique européen). Ce principe vise à protéger des dommages évaluables et prévisibles. Il est à l'origine de la « convention européenne sur la responsabilité civile des dommages suite à activités dangereuses » et donc de la directive de 2004 qui vise la réparation des dommages fondés sur ce principe ;

– le **principe de précaution**, concept né à la conférence de Rio et intégré à l'acquis communautaire par le traité de Maastricht. Il vise à protéger des dommages imprévisibles et incertains. Il est à l'origine des mesures internationales sur la couche d'ozone (1980), d'une directive de 2008 sur les OGM. Il est cependant très peu utilisé dans les domaines qui ne concernent pas une question sanitaire ;

– le **principe du « pollueur-payeur »** (intégré à l'acquis communautaire par l'Acte unique européen) : les pollueurs doivent supporter le coût de la pollution dont ils sont responsables. Ils doivent donc verser une somme d'argent pour remédier aux dommages qu'ils ont causés.

www.touteleurope.eu

Questions

14. En quoi les principes de prévention et de précaution sont-ils complémentaires ?

15. Quel est l'objectif du principe du « pollueur-payeur » ?

Document 12 *La politique sociale*

Malgré l'invocation si fréquente du « modèle social européen », les politiques sociales mises en œuvre au sein des États membres font preuve de profondes différences, et les compétences de l'UE sont fortement limitées dans ce domaine d'action. Le niveau européen influence les politiques sociales nationales, essentiellement au travers de ses actions dans les domaines de la protection sociale, de la santé et la sécurité au travail, de l'égalité de traitement entre hommes et femmes et de l'intégration des groupes défavorisés. Les fonds structurels, mis en place dès 1957, financent également des mesures en faveur de la formation professionnelle et de l'intégration sur le marché du travail.

Dans le domaine de la politique de l'emploi, il convient également de mentionner la liberté de circulation des salariés, qui fait partie des objectifs de l'intégration européenne depuis les années 1950. Depuis son lancement par le Conseil européen en mars 2000, la stratégie de Lisbonne [a fixé] à l'Union un objectif de création d'emplois plus nombreux et de meilleure qualité. L'objectif de départ était d'atteindre un taux d'emploi de 75 % pour l'ensemble de la population active, de 60 % pour les femmes actives et de 50 % pour les actifs âgés [à l'horizon] 2010.

Pour atténuer les conséquences sociales des délocalisations d'emplois vers les pays tiers, un Fonds européen d'ajustement à la mondialisation a été créé, afin de faciliter la réintégration des travailleurs affectés au marché du travail.

www.eurosduvillage.eu

Questions

16. Qu'est-ce que l'Europe sociale ? À quelle difficulté se heurte-t-elle dans sa mise en œuvre ?

17. Quels droits des travailleurs l'Europe doit-elle garantir ?

Document 13 *La politique de l'innovation (ELI)*

La Commission européenne a approuvé […] un plan d'investissement de 111 millions € issus du Fonds européen de développement régional (FEDER) en faveur de la construction de la troisième tranche du pôle paneuropéen de recherche laser de pointe, dénommé « *Extreme Light Infrastructure* (ELI) ». Ce projet renforcera considérablement les capacités de recherche de l'Europe, en attirant en Hongrie des centaines de scientifiques et en forgeant de précieux liens entre le monde de l'entreprise et celui de la science. […]

Le centre de recherche renforcera la position concurrentielle de la Hongrie, ce qui la mettra sur une voie de croissance intelligente et l'aidera à atteindre ses objectifs européens en matière de recherche et développement (R&D). […] On estime que, d'ici à 2020, 250 scientifiques devraient participer au projet. […]

M. Johannes Hahn, commissaire à la politique régionale et signataire de la décision, a déclaré à cet égard : « [Le] pôle paneuropéen de recherche laser s'inscrit parfaitement dans la ligne de l'objectif principal de la politique régionale de l'UE, qui consiste à investir dans des secteurs présentant un fort potentiel de croissance, tels que la recherche et l'innovation. […] Grâce [au projet ELI], la Hongrie, tout comme la Roumanie et la République tchèque, a l'occasion de se positionner résolument dans le paysage de la recherche en Europe, de retenir les travailleurs hautement spécialisés – enrayant ainsi la "fuite des cerveaux", d'attirer de nouvelles entreprises dans la région et d'offrir à ses scientifiques, jeunes ou confirmés, des possibilités aussi novatrices qu'attrayantes. »

Commission européenne, communiqué de presse, http://europa.eu, 8 mai 2014.

Questions

18. Pourquoi l'Union européenne a-t-elle choisi la Hongrie pour ce projet ?

19. Comment la politique d'innovation peut-elle contribuer à la croissance ?

Entraînement

Les compétences attendues

- Interpréter les mécanismes à l'œuvre dans les politiques économiques.
- Analyser les conséquences de mesures de politique économique sur la situation économique.

Mise en situation

Vous êtes en stage à la Maison de l'Europe de votre région qui prépare une série de conférences regroupant des représentants de différentes régions d'Europe. Vous êtes chargé(e) de préparer des éléments d'information pour la plaquette présentant la manifestation. Vous allez préalablement étudier les documents du dossier remis par le président de la Maison de l'Europe. Votre synthèse servira de base pour la présentation à la presse du programme des conférences.

Travail à faire

À l'aide du dossier joint et de vos connaissances, **en veillant à préciser les principaux concepts utilisés** et à exploiter les sources statistiques mises à votre disposition, vous êtes chargé(e) de concevoir une note argumentée et structurée dans laquelle :

1. vous indiquerez la conséquence de la diminution des budgets européens sur les attributions de fonds régionaux européens ;
2. vous rechercherez les objectifs de la politique régionale européenne ;
3. vous préciserez les catégories de régions qui vont bénéficier d'aides afin de compenser leur retard de développement ;
4. vous analyserez les priorités de l'UE pour réduire les écarts de développement entre les régions et favoriser la croissance.

Annexe 1

L'origine de la politique régionale européenne

L'Union européenne se compose de très nombreuses régions au profil et au niveau de développement bien distincts. Sa politique régionale s'applique aujourd'hui à 272 unités régionales dans les 28 États membres de l'Union, selon la nomenclature définie par la Commission européenne.

Objectifs et fonctionnement de la politique régionale européenne

La politique régionale vise à réduire les écarts de développement entre les régions de l'Union par un transfert de ressources des régions les plus riches vers celles les plus démunies. Le traité de Lisbonne définit les régions concernées par la politique de cohésion comme des zones rurales, des zones où s'opère une transition industrielle et des régions souffrant de handicaps naturels ou démographiques graves et permanents. Afin de rattraper le retard économique des régions en difficulté et de renforcer la cohésion de l'Union, la politique régionale concentre son action sur 3 axes principaux : améliorer la compétitivité régionale, soutenir la création d'emplois, équilibrer le développement harmonieux et durable des zones urbaines et rurales.

www.touteleurope.eu

Annexe 2

Les priorités de la politique de cohésion européenne pour 2014-2020

La politique de cohésion a défini **11 objectifs thématiques** générateurs de croissance pour la période 2014-2020. Les **investissements du FEDER** soutiendront les 11 objectifs, mais **les objectifs 1 à 4 sont les priorités** des investissements. Les **priorités du FSE** sont les **objectifs 8 à 11**, même si le Fonds soutient également les objectifs 1 à 4. Le **Fonds de cohésion** soutient les **objectifs 4 à 7 et 11**.

1. Renforcement de la recherche, du développement technologique et de l'innovation
2. Améliorer l'accès, l'utilisation et la qualité des technologies de l'information et de la communication
3. Renforcer la compétitivité des PME
4. Favoriser la transition vers une économie à faibles émissions de CO_2
5. Promouvoir l'adaptation au changement climatique ainsi que la prévention et la gestion des risques
6. Protéger l'environnement et promouvoir l'utilisation rationnelle des ressources
7. Promouvoir le transport durable et améliorer les infrastructures de réseaux
8. Promouvoir des emplois durables et de qualité, et favoriser la mobilité de la main-d'œuvre
9. Promouvoir l'inclusion sociale et lutter contre la pauvreté et contre toute forme de discrimination
10. Investir dans l'éducation, la formation et l'apprentissage tout au long de la vie
11. Renforcer l'efficacité de l'administration publique

http://ec.europa.eu, © Union européenne, 1995-2016.

La politique régionale européenne

Annexe 3

Cure de rigueur pour les fonds européens

Dans une Europe soucieuse de veiller à l'économie budgétaire, l'enveloppe dédiée aux fonds régionaux européens pour la période 2014-2020 a été ramenée à 322 milliards d'euros contre 353 pour la période 2007-2013, mais avec un membre de plus, la Croatie ayant intégré l'Union européenne le 1er juillet [2013].

L'aboutissement des négociations budgétaires pour la période 2014-2020, après deux ans de discussions, a rendu possible un découpage État par État. Plus de la moitié des pays de l'UE (15 sur 28) sont victimes des coupes budgétaires et les pays en crise ne font pas exception : les aides aux régions grecques diminuent de 6,5 milliards d'euros, celles aux régions espagnoles de 11,1 milliards d'euros. Même chose pour l'Allemagne, qui voit son enveloppe réduite de 9,2 milliards d'euros.

À l'opposé, cinq pays voient leur enveloppe augmenter, notamment la Slovaquie, la Roumanie et surtout la Pologne. Ces pays bénéficient de l'application du critère du PIB*, qui a pour effet de réorienter l'essentiel des aides vers les régions pauvres d'Europe de l'Est.

AGAPE, Agence d'urbanisme Lorraine Nord, www.agape-ped.org, 2013

* Régions dont le PIB par habitant entre 2008 et 2010 oscille entre 75 et 90 % de la moyenne européenne.

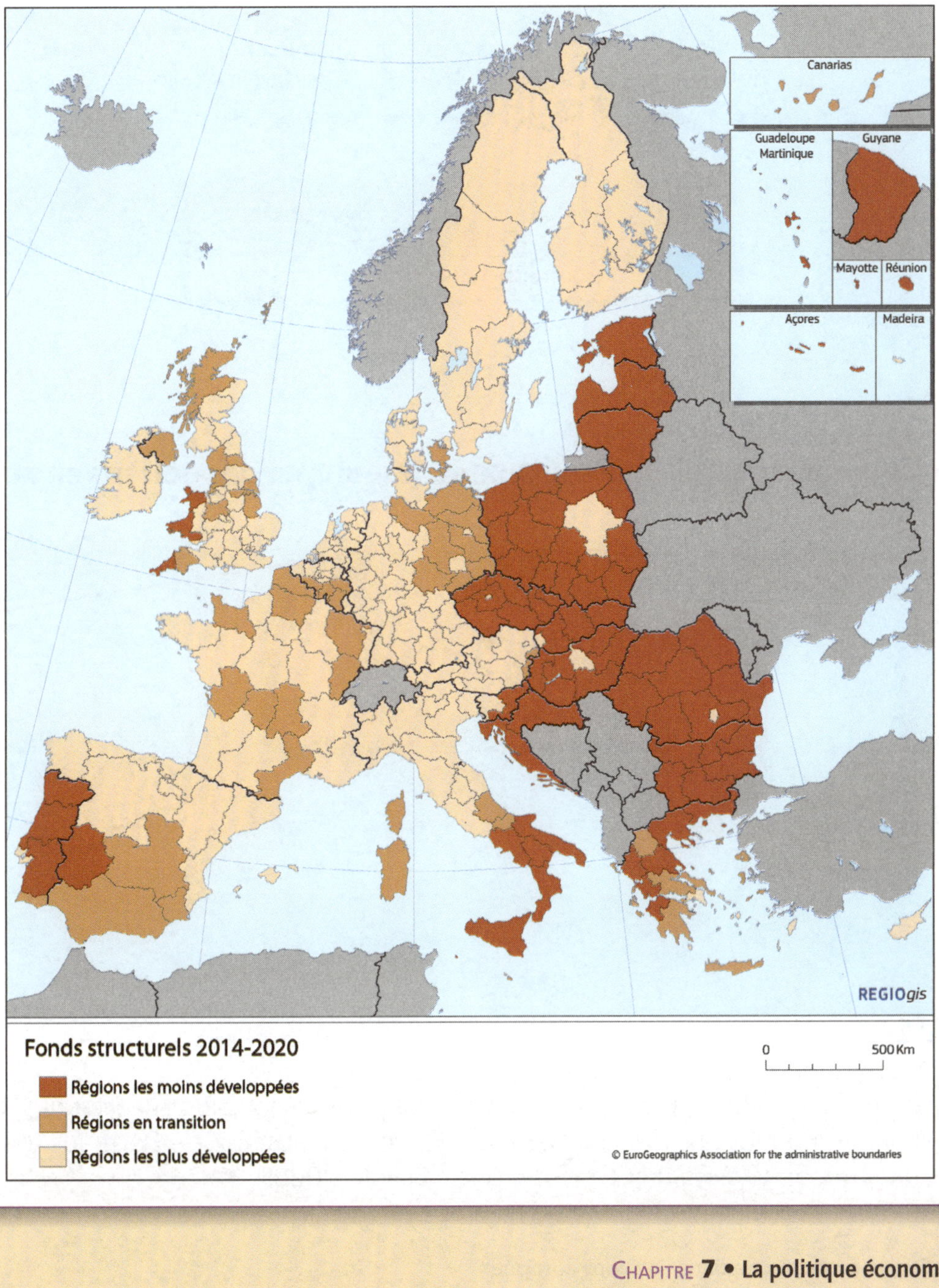

Sens de la leçon

La politique économique structurelle

1 Les mécanismes de la politique structurelle

La politique structurelle a pour objectif d'assurer durablement la croissance et la compétitivité de l'économie nationale.

Elle est définie dans un cadre européen : la stratégie « Europe 2020 ».

- Croissance intelligente
- Croissance durable
- Croissance inclusive

Elle est mise en œuvre par les États membres dans le cadre de PNR (programmes nationaux de réforme).

2 La politique structurelle européenne se traduit par des actions en matière de...

- politique sociale
- politique agricole
- politique de cohésion européenne
- politique de la concurrence
- politique de l'environnement
- politique de l'innovation

Les mots-clés

Compétitivité – Politique agricole commune (PAC) – Politique de cohésion européenne – Politique de la concurrence – Politique de l'environnement – Politique industrielle – Politique sociale – Programme national de réforme (PNR) – Stratégie « Europe 2020 »

8 Les limites des politiques économiques

LE RÉFÉRENTIEL

5. La politique économique dans un cadre européen *(20 heures)*
5.2. La mise en œuvre des politiques économiques *(13 heures)*

La compétence attendue	Le plan du chapitre
• Repérer les limites des politiques économiques nationales	**I. Les limites des politiques budgétaires** **II. Les limites de la politique monétaire**

Mise en situation : les classes moyennes aisées s'expatrient de plus en plus pour des raisons fiscales...

Lorsque l'on parle d'exil fiscal, on pense spontanément à la fuite d'immenses fortunes. Pourtant, les contribuables des classes moyennes supérieures sont de plus en plus nombreux à s'expatrier [...].

Retraités, jeunes entrepreneurs et couples de cadres : voici le visage moins connu de l'exil fiscal. « La pension de retraite est un revenu fixe, que certains retraités cumulent avec des revenus mobiliers (portefeuille d'actions) qui sont davantage imposés », explique l'avocate fiscaliste Marylène Bonny-Grandil [...]. Dans ce contexte, de plus en plus de retraités saisissent l'opportunité de partir à l'étranger pour faire baisser cette pression fiscale. [...]

Les jeunes sont également concernés, notamment « les nouveaux entrepreneurs décident de partir pour domicilier leur société à l'étranger », détaille Marylène Bonny-Grandil. À mi-carrière, les couples cumulant deux sources de revenus qui ont la possibilité de s'expatrier pour des raisons professionnelles sont plus enclins à le faire, note-t-elle également.

La tendance générale de hausse de l'exil fiscal s'est amorcée dès 2011, lorsque le gouvernement a lancé une politique de réduction des déficits.

Laure Cometti, www.20minutes.fr, 7 août 2015.

Questions

1. Qui sont les contribuables qui pratiquent l'exil fiscal ?
2. Quel est le lien entre l'exil fiscal et la réduction des déficits publics ?
3. Quelle est la conséquence de l'exil fiscal sur le budget de l'État ?

I Les limites des politiques budgétaires

A. Les contraintes européennes

DOCUMENT 1 *La nécessaire coordination des politiques économiques*

Dans l'Union européenne, chaque pays est responsable de sa politique budgétaire mais c'est la Banque centrale européenne qui décide de la politique monétaire. Le traité de Maastricht (1993) lui fait seulement, à titre principal, l'obligation de veiller à la stabilité des prix. La BCE est complètement indépendante et peut choisir ses objectifs sans qu'il y ait obligation de rendre des comptes, ne serait-ce que devant le Parlement européen. En l'absence de réel contrepoids, le risque existe de subir les conséquences d'un manque de coordination entre la politique monétaire et les politiques budgétaires des États.
Il y a également un autre risque, celui que les gouvernements agissent de façon séparée en matière budgétaire. Or, la politique budgétaire de chacun des pays a nécessairement des conséquences sur les autres pays. Une politique budgétaire expansionniste qui aboutit à une augmentation des dépenses publiques et/ou à une réduction des impôts et des taxes d'un pays a des répercussions sur les autres. Une telle politique, si elle conduit à emprunter pour combler le déficit public, peut avoir comme conséquence indirecte de faire monter les taux d'intérêt de l'ensemble de la zone.

Questions

1. Comment les politiques monétaires et budgétaires sont-elles coordonnées au niveau européen ?
2. Quels sont les risques de conflit entre les politiques économiques au niveau de l'Union européenne ?

DOCUMENT 2 *La coopération en matière de politique économique dans l'UE*

Une grande puissance économique dotée d'un marché unique comme l'Union européenne se doit de coordonner les politiques économiques de ses États membres. [Dix-neuf] pays ont poussé cette logique encore plus loin en adoptant l'euro comme monnaie unique.
La coopération en matière de politique économique s'effectue au titre de l'Union économique et monétaire (UEM), à laquelle participent tous les pays membres de l'UE. C'est dans ce cadre que sont adoptées les orientations communes sur des questions économiques importantes. La coopération favorise la croissance et l'emploi, et garantit une meilleure protection sociale pour tous. Elle permet à l'UE d'opposer une réponse cohérente en cas de situation économique et financière difficile. [...]Enfin, elle lui permet de mieux absorber les chocs venus de l'extérieur et de résoudre plus efficacement les problèmes économiques et financiers.

http://europa.eu, © Union européenne, 1995-2016.

Questions

3. Qu'est-ce que l'UEM ?
4. Quelles sont les finalités de la coopération économique dans l'UE ?

DOCUMENT 3 *La coordination des politiques économiques dans la zone euro*

La coordination des politiques économiques et budgétaires est particulièrement nécessaire entre des États membres qui partagent la même monnaie.
Les États membres doivent ainsi viser une coordination étroite de leurs politiques économiques dans le cadre du Pacte de stabilité et de croissance (PSC).
L'objectif du Pacte de stabilité et de croissance, qui a été réformé en mars 2005 pour mieux tenir compte de la situation économique des pays, est d'éviter un déficit et des endettements publics excessifs. Ainsi, les déficits des États membres ne doivent-ils pas dépasser 3 % de leur PIB, sauf circonstances exceptionnelles, comme une récession économique grave, par exemple. Cependant, une assistance financière peut être accordée à un État lorsque des circonstances graves ou exceptionnelles échappant à son contrôle engendrent des difficultés sérieuses.

www.touteleurope.fr

Questions

5. Quels sont les avantages de la coordination des politiques économiques dans la zone euro ?
6. Pourquoi le PSC impose-t-il la maîtrise des déficits publics ?
7. De quelle façon les objectifs du PSC prennent-ils en compte la situation économique des pays ?

Document 4 *Plus de flexibilité dans le PSC*

Jean-Claude Juncker* a annoncé [...] « une dose supplémentaire de flexibilité » dans le Pacte de stabilité et de croissance. Celui-ci impose de ne pas dépasser les 3 % de déficit public, mais prévoit une possible flexibilité. [...] « La Commission européenne peut être autre chose qu'une gardienne un peu bornée de l'austérité budgétaire », estiment *Les Échos*. Le site du quotidien parle de « tournant politique » au sujet de la volonté d'accorder de possibles souplesses « concernant les investissements et pour autant que les pays membres fassent des réformes structurelles ». « Les dépenses d'investissement pourront ainsi être exonérées à certaines conditions du calcul du déficit public, et il pourra être donné plus de temps aux pays en infraction avec la règle des 3 %, s'ils en font la demande et s'ils présentent un programme de réformes structurelles jugé sérieux et important », expliquent *Les Échos*.

Pour *Le Monde*, [...] la Commission européenne « acte le fait que la réduction des déficits n'a pas suffi à relancer la croissance [...] ». Les pays qui ne sont pas dans la procédure de déficit excessif pourront bénéficier d'« une lecture accommodante » à leurs investissements nationaux sur des projets de lutte contre le chômage des jeunes, pour des infrastructures de transport... Les pays concernés par une procédure de déficit excessif pourront obtenir davantage de temps pour revenir dans les clous s'ils présentent des réformes structurelles et qu'ils ont fait des efforts suffisant de réduction des déficits.

www.touteleurope.eu, 14 janvier 2015.

* Président de la Commission européenne depuis 2015.

Questions

8. Quelle est la nature de la flexibilité dans le PSC proposée aux États membres de l'UE ?
9. Pourquoi la Commission européenne a-t-elle pris cette décision ?

Document 5 *La contrainte du semestre européen*

Le concept de semestre européen porte sur l'ensemble des processus de surveillance et de coordination des politiques. Cet exercice débute par l'examen annuel de la croissance réalisé en janvier par la Commission européenne. Cette dernière formule un ensemble d'actions prioritaires annuelles qui, une fois approuvées par le Conseil européen en mars, sont prises en compte dans les politiques économiques, sociales et budgétaires mises en œuvre dans les États membres. Leurs engagements sont formalisés dans le programme national de réforme et le programme de stabilité ou de convergence qu'ils doivent soumettre à la Commission pour la mi-avril. Ces documents sont examinés par la Commission, qui formule des recommandations destinées à alimenter les discussions au sein des différentes formations du Conseil et à permettre au Conseil européen d'adopter, en juin, les recommandations prévues par les mécanismes de surveillance.

Le semestre européen s'appuie sur une plus grande coopération entre les institutions de l'UE.

P. Heuse et H. Zimmer, *Revue économique de la Banque nationale de Belgique*, septembre 2011.

Questions

10. Rappelez le rôle des différentes institutions européennes citées dans ce document.
11. En quoi le concept de semestre européen constitue-t-il une contrainte pour les États membres ?

B. Les limites à l'efficacité de la politique budgétaire

Document 6 *La soutenabilité budgétaire*

Tous les États doivent veiller à la solvabilité de leurs finances publiques, c'est-à-dire à leur capacité à honorer leurs engagements financiers. Pour emprunter, l'État doit donner des garanties de solvabilité. La Commission européenne retient comme définition de la soutenabilité d'un État que les surplus budgétaires de demain doivent permettre de financer l'endettement d'aujourd'hui. Il s'agit à court terme de rassurer les marchés financiers qui jouent le rôle de prêteurs. Il importe à plus long terme de réduire le besoin de financement du pays et donc, à terme, la charge de la dette.

Questions

12. Quelle règle budgétaire un État doit-il respecter pour être solvable ?
13. Que signifie la soutenabilité des finances publiques ?

Document 7 *L'effet « boule de neige »*

L'effet « boule de neige » intervient lorsqu'un pays emprunte non seulement pour rembourser le capital de sa dette, mais aussi pour en payer les intérêts ; la croissance exponentielle de la dette qui s'ensuit ne peut aboutir qu'à des catastrophes.
C'est pourquoi, pour les économistes, il est important que le solde primaire du budget, c'est-à-dire le solde avant paiement des intérêts de la dette, soit positif et si possible couvre tous les intérêts à payer.

P. Jurgensen, © Canal Académie, www.canalacademie.com, 7 octobre 2012.

Schéma de l'effet « boule » de neige de la dette publique

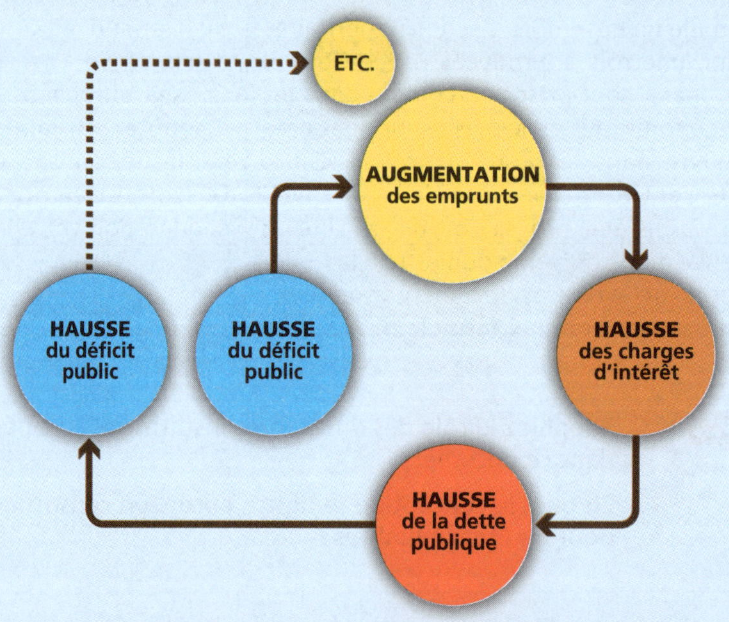

Questions

14. Que peut faire un pays pour combler l'augmentation du déficit public ? Quelles sont les conséquences sur le budget de l'État ?
15. Dans quel cas y a-t-il un effet « boule de neige » de la dette publique ?
16. Pourquoi peut-on dire que l'endettement de l'État agit comme un cercle vicieux ?

Document 8 *Le mécanisme de l'effet d'éviction*

Les entreprises privées se trouvent partiellement évincées du marché financier par les emprunts que l'État lance pour financer le déficit budgétaire : les capitaux drainés par l'État ne sont plus disponibles pour financer les investissements des entreprises privées ; l'augmentation de la demande de capitaux induite par l'intervention de l'État provoque une hausse du taux d'intérêt qui renchérit le coût des ressources financières des entreprises et les dissuade d'investir.

C.-D. Échaudemaison, *Dictionnaire d'économie et de sciences sociales*, Nathan.

Questions

17. Quel type d'investissement est victime de l'effet d'éviction ?

18. Quelle est la raison de l'éviction des entreprises privées du marché financier ?

Document 9 *Les anticipations rationnelles*

Les individus savent tirer parti des informations qu'ils reçoivent. Or les décisions de politique monétaire et budgétaire sont des signaux auxquels les décideurs vont réagir, et la plupart du temps à l'inverse des objectifs visés par les politiques en question ; celles-ci deviennent donc vaines et contreproductives. […]
Ainsi par exemple, lorsque le gouvernement augmente la masse monétaire, accroît les dépenses publiques et le déficit pour relancer l'économie, les gens anticipent l'inflation et font pression pour des augmentations de salaire qui viennent contrecarrer les effets des mesures de relance et contribuent elles-mêmes à soutenir l'inflation.

J.-P. Delsol, IREF, http://fr.irefeurope.org, 27 octobre 2011.

Questions

19. Quelle situation économique les agents cherchent-ils à anticiper ?

20. Quelle est la conséquence possible de ces anticipations ?

Document 10 *Pression fiscale et désincitation au travail et à l'épargne*

Laffer, ou pourquoi l'État français doit modérer la pression fiscale

« Trop d'impôt tue l'impôt. » Cet adage est simple et tout contribuable comprend parfaitement ce qu'il signifie, car à chaque augmentation de la fiscalité, ces derniers adaptent leurs comportements pour limiter leur exposition aux taxes.
Plus la pression fiscale est forte, plus celle-ci étouffe l'activité économique car les sommes prélevées par l'État auraient pu soutenir la consommation des ménages, l'investissement des entreprises et l'emploi.
En outre, plus la pression fiscale est forte, plus les contribuables s'efforceront de se soustraire à l'impôt. De manière légale, cela passe par l'utilisation de niches fiscales, voire, dans les cas extrêmes, par une expatriation. […] De manière illégale, le contournement de l'impôt passe par la fraude.

Courbe de Laffer

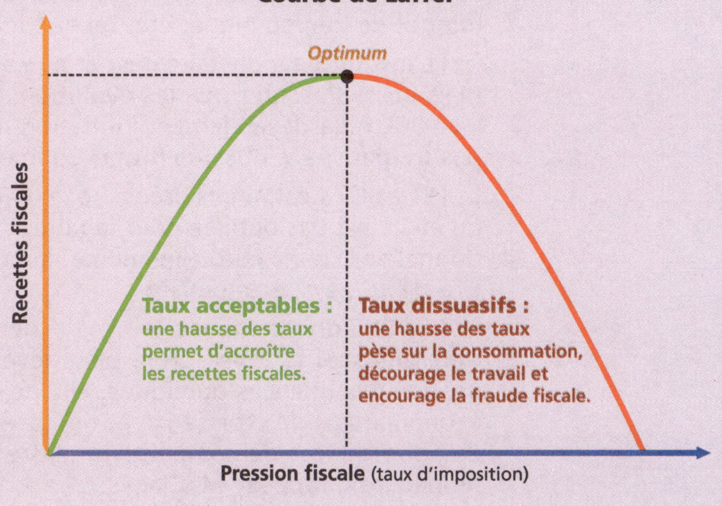

C. Marques, http://lescourbesdeleconomie.fr, 18 avril 2013.

Questions

21. Quelle est la conséquence d'une forte augmentation des impôts sur l'activité ?

22. Comment les contribuables cherchent-ils à échapper à l'impôt ?

23. Que signifie l'optimum de la courbe de Laffer ?

II Les limites de la politique monétaire

Document 11 *Le risque du cavalier seul*

La politique économique de l'Europe est complexe du fait que la stratégie monétaire de la Banque centrale doit composer avec les politiques budgétaires nationales au sein de la zone euro. Il peut arriver que l'un des pays de la zone euro décide de faire cavalier seul, indépendamment de la politique définie par la BCE, par exemple s'il décide de mener une politique conjoncturelle pour relancer son économie sans tenir compte de la situation des autres pays et des règles qui limitent les déficits publics et les dettes publiques inscrites dans les textes européens.

Question 1. Que signifie, pour un pays, faire « cavalier seul » ?

Document 12 *L'Espagne plaide pour une modification du mandat de la BCE*

Le gouvernement espagnol a écrit aux institutions européennes pour réclamer une ambitieuse révision de la politique économique de l'union monétaire. Avec en ligne de mire la création d'un budget commun, l'émission d'euro-obligations ou encore une liberté de circulation renforcée des travailleurs.

[...] « Dans certains pays, la politique monétaire fut trop expansive et a créé les conditions financières qui ont conduit à un endettement excessif et à l'accumulation de déséquilibres », peut-on y lire, d'après le journal [*El País* du 27 mai 2015].

Pour y remédier, Madrid suggère de revoir le mandat de l'institution. Aujourd'hui, celui-ci consiste en premier lieu à veiller à la stabilité des prix, avec un taux d'inflation convergeant vers l'objectif de 2 % dans la zone euro. En théorie, la mission secondaire de l'institut monétaire est d'apporter son soutien aux objectifs économiques de l'union monétaire, tel que le maintien d'un niveau d'emploi élevé.

[...] L'institution monétaire devrait non seulement veiller un peu plus à la croissance, mais aussi s'assurer que les évolutions des prix entre États ne divergent pas trop. « La BCE regarde seulement l'inflation moyenne : cela a peu de sens et n'empêche pas les dérives », observe Bruno Colmant, économiste [...].

[...] Si la BCE s'est moins préoccupée d'emploi et de croissance [...], c'est aussi parce qu'elle n'est pas outillée pour le faire. « En vérité, il s'agit là d'un problème institutionnel de la zone euro elle-même, qui dépasse le seul cadre de la BCE », commente Grégory Claeys, économiste.

[...] La BCE doit composer avec dix-neuf États menant des politiques budgétaires différentes. Si la zone euro a bien développé des règles communes en matière de gestion des finances publiques, elle peine en revanche à coordonner les politiques économiques, de croissance et de lutte contre le chômage. « De plus, le problème des divergences de compétitivité entre les membres ne relève pas de la politique monétaire », rappelle M. Claeys.

Marie Charrel, www.lemonde.fr, 27 juillet 2015.

Questions 2. Quel est le principal reproche fait par le gouvernement espagnol à la BCE ?

3. Quelles sont les limites à l'action de la BCE ?

DOCUMENT 13 *Les taux d'intérêt dans l'économie d'aujourd'hui*

De longue date, les Banques centrales tentent de combattre les crises économiques et financières par une politique monétaire à taux bas, accordant ainsi davantage de liberté aux États pour accroître leurs dépenses publiques. Durant les prochaines années, si les taux d'intérêt demeurent inférieurs aux taux de croissance, alors l'augmentation de l'investissement public n'impliquera pas une augmentation du ratio « dette public sur PIB ». En effet, le nouvel endettement serait financé par la croissance économique.
Les déficits ont continué d'augmenter même si le poids de la dette a pu diminuer grâce aux taux bas ou négatifs. De nombreux pays comme la France en ont bénéficié et en bénéficient encore. [...]
La politique de taux d'intérêt zéro [a] permis d'injecter d'énormes liquidités vers les marchés financiers et bancaires. Ces taux compétitifs ont permis aux États de financer leur propre déficit. Sans les réformes budgétaires et sociales nécessaires, la masse monétaire créée n'est pas suffisante pour réduire les déficits, le chômage et relancer l'investissement. La BCE a été persuadée que la baisse des taux favoriserait la relance de la consommation qui est un moteur de la croissance. Mais ce poids est différent d'un pays à l'autre. La consommation représente 55 % du PIB en France contre 70 % aux États-Unis.

Nicolas Tarnaud, www.journaldunet.com, 2 juillet 2015.

Questions

4. Quelles sont les conséquences possibles de taux d'intérêt bas ?
5. À quelle limite l'action par les taux d'intérêt se heurte-t-elle ?

DOCUMENT 14 *La BCE a recours à des mesures non conventionnelles*

Qu'est-ce que le « *quantitative easing* » ?
Le « *quantitative easing* » (QE, ou assouplissement monétaire, en français) est un instrument de politique monétaire. Il consiste, pour une Banque centrale, à créer de la monnaie – d'où l'expression, plus ancienne, de « planche à billets » – en rachetant massivement des titres de dette (émis par les États et les entreprises).
Rendu plus abondant, l'argent devient moins cher, ce qui réduit le coût de financement de l'économie. Objectif : soutenir l'investissement, la consommation, et donc la croissance. Cette technique du QE fait partie des mesures dites « non conventionnelles » car en temps normal, une Banque centrale utilise avant tout les taux d'intérêt pour piloter l'économie.

Pourquoi la BCE prépare-t-elle la planche à billets ?
[...] Parce que tous les autres moyens ont été épuisés. Les taux d'intérêt ont déjà été ramenés à zéro, et même en négatif pour certains. Et les précédentes injections de liquidités, à destination des banques, n'ont pas atteint leur objectif.
« L'activité ne repart pas vraiment en zone euro et le risque de déflation se rapproche », relève Philippe Waechter, chez Natixis Asset management. En décembre, l'inflation en zone euro est devenue négative – pour la première fois depuis 2009 – alors que l'objectif d'inflation est défini comme « proche mais inférieur à 2 % ».
En actionnant la planche à billets, explique Philippe Waechter, « la BCE va faire baisser plus encore les taux d'intérêt, et indiquer qu'ils resteront durablement bas. Cela bénéficiera aux États en déficit qui se financeront moins cher, aux entreprises qui pourront investir plus facilement, et aux banques qui pourront prêter davantage, et moins cher. Enfin, cette abondance de liquidités va faire baisser le niveau de l'euro, ce qui profitera aux entreprises exportatrices. Les prix devraient repartir à la hausse, stimulés par ce regain d'activité. »

Marie Dancer, www.la-croix.com, 21 janvier 2015.

Questions

6. Définissez le système du « *quantitative easing* » ?
7. Quel en est l'intérêt pour les États bénéficiaires ?

Entraînement

Les compétences attendues

- Repérer les limites des politiques économiques nationales.
- Analyser les conséquences de mesures de politique économique sur la situation économique.

Mise en situation

Vous travaillez en tant que stagiaire pour une entreprise de gestion de sites Internet d'informations économiques. Le responsable du site souhaite que vous mettiez en ligne une série d'articles sur la situation économique de l'Europe et, en particulier, sur le rôle joué par la Banque centrale européenne dans la mise en œuvre de la politique économique.

Travail à faire

À l'aide du dossier joint et de vos connaissances, **en veillant à préciser les principaux concepts utilisés** et à exploiter les sources statistiques mises à votre disposition, vous êtes chargé(e) de concevoir une note argumentée et structurée dans laquelle :

1. vous préciserez la principale mission de la BCE depuis sa création ;
2. vous indiquerez la raison pour laquelle le rôle de la BCE évolue ;
3. vous rechercherez qui va profiter du nouveau rôle de la BCE.

Annexe 1

L'arme anticrise de la BCE

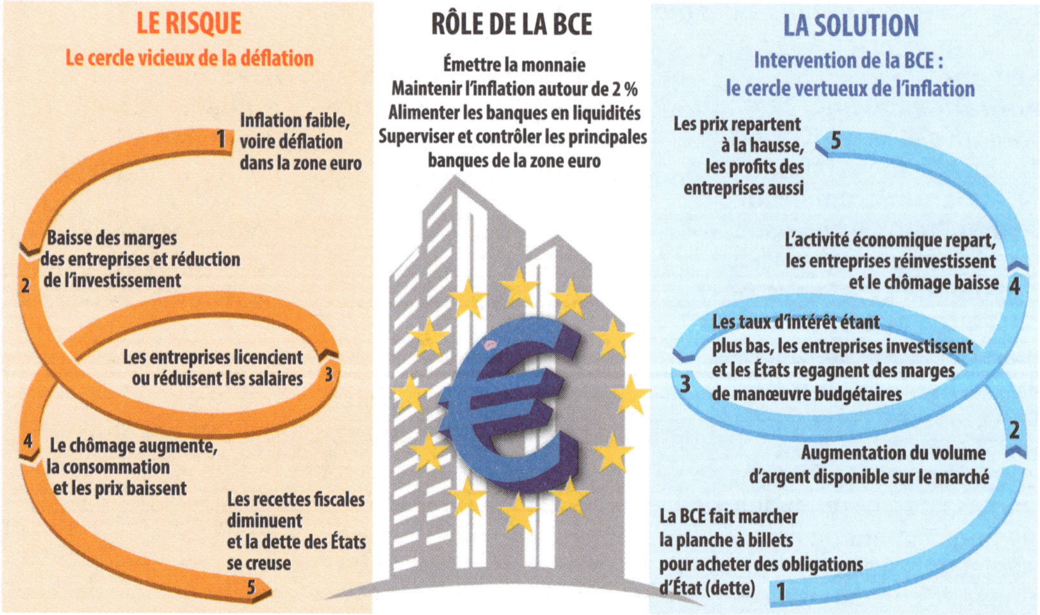

www.leparisien.fr, 22 janvier 2015.

Annexe 2

BCE : quand Mario Draghi sort sa planche à billets

Jeudi 22 janvier [2015]. Cette date devrait rester gravée dans l'histoire de la zone euro comme le jour où la Banque centrale européenne [...] a enfin annoncé que l'Eurosystème allait racheter massivement de la dette publique sur les marchés pour inonder l'économie de ses euros et tenter ainsi de lutter contre la déflation qui menace de briser la fragile reprise européenne.

« Nous nous trouvons dans une situation où nous devrions abaisser encore plus le taux directeur [le coût pour emprunter de l'argent, NDLR], mais ce n'est plus possible », a expliqué Mario Draghi dans

...

L'évolution du rôle de la BCE avec la crise

Suite

un entretien à l'hebdomadaire allemand *Die Zeit* […]. À zéro, les taux ne peuvent effectivement pas devenir négatifs. « À ce moment-là, nous devons avoir recours à des mesures non conventionnelles, c'est-à-dire modifier la taille et la composition du bilan de la BCE. » Ce que les spécialistes appellent « *quantitative easing* » (QE). En clair, Mario Draghi fait marcher la planche à billets, en prenant de la dette publique en pension dans ses comptes en garantie.

[…] Méconnue du grand public, l'action de la BCE a été décisive depuis le début de la crise. […] En cas de demande d'un pays en difficulté, et sous de strictes conditions de réformes, la BCE rachèterait sa dette publique sur les marchés, pour un montant *a priori* illimité. Jamais déclenchée, l'arme n'en a pas moins fonctionné : les investisseurs ont été convaincus qu'aucun État ne ferait faillite puisque la BCE était prête à avaler une grande partie des obligations qu'il émettrait sur le marché en la rachetant aux investisseurs.

Marc Vignaud, www.lepoint.fr, 20 janvier 2015.

Annexe 3

La BCE, comment ça marche ?

Les instruments de la Banque centrale européenne

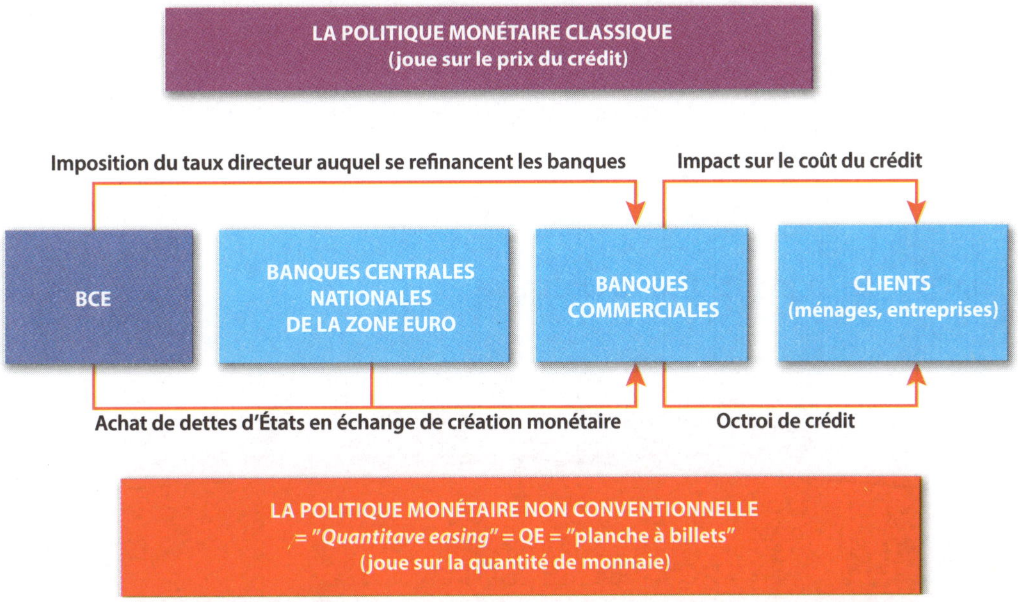

Le Figaro, 21 janvier 2015.

Annexe 4

Les bénéficiaires

Qui va en profiter ? En premier lieu, les États qui verront leurs charges d'intérêt baisser. Le financement des entreprises devrait aussi être facilité. C'est, en tout cas, l'effet recherché. « La BCE va assécher le marché des dettes souveraines. Les investisseurs et les banques vont donc se tourner vers des actifs jugés plus risqués mais aussi plus rémunérateurs, à savoir le financement des entreprises et des particuliers », explique Philippe Gudin, économiste en chef de la banque Barclays. Selon lui, « cela ne fonctionnera que si les ménages et les entreprises veulent emprunter, donc s'ils ont confiance en l'avenir ». C'est pour cette raison, selon Philippe Gudin, que cela doit s'articuler avec des politiques de sérieux budgétaire – contenir les déficits publics – et de relance. À l'instar du plan Juncker d'investissement alliant public et privé.

www.leparisien.fr, 22 janvier 2015.

Sens de la leçon

Les limites des politiques économiques

1 Les limites de la politique budgétaire

Au niveau de la politique de l'UE, les politiques budgétaires sont coordonnées dans le cadre…

- … du Pacte de stabilité et de croissance (PSC).
- … de l'Union économique et monétaire (UEM).
- … du fonctionnement du semestre européen.

Les politiques budgétaires ne produisent pas les effets attendus en raison…

- … de l'effet d'éviction.
- …des réactions des agents économiques.
- …de l'effet « boule de neige ».

2 Les limites de la politique monétaire

La politique monétaire dépend de…

- … la décision d'un pays de faire « cavalier seul ».
- … l'évolution du rôle de la BCE.
- … l'impact des taux d'intérêt.

Les mots-clés

Anticipations rationnelles – Effet d'éviction – Pacte de stabilité et de croissance (PSC) – Politique conjoncturelle – Politique économique – Politique structurelle – Semestre européen – Soutenabilité budgétaire

préparation à l'épreuve

S'entraîner au BTS n° 2

La politique énergétique de l'Union européenne

Les compétences attendues

- Analyser une situation économique donnée en distinguant les éléments conjoncturels des éléments structurels.
- Interpréter les mécanismes à l'œuvre dans les politiques économiques.
- Repérer les limites des politiques économiques nationales.

Mise en situation

Vous faites un stage auprès de l'attaché(e) parlementaire du député européen de votre région. Ce député, rapporteur de la Commission de l'industrie, de la recherche et de l'énergie, vous demande de réaliser la synthèse de la documentation rassemblée par son cabinet pour identifier les enjeux économiques et sociaux de la politique énergétique européenne.

Travail à faire

À l'aide du dossier joint et de vos connaissances, **en veillant à préciser les principaux concepts utilisés** et à exploiter les sources statistiques mises à votre disposition, vous êtes chargé(e) de concevoir une note argumentée et structurée dans laquelle :

1. **vous montrerez l'importance et les enjeux de l'énergie pour l'économie européenne et les différents pays de l'Union européenne ;**
2. **vous évaluerez la place des énergies renouvelables dans la politique énergétique ;**
3. **vous analyserez les priorités de l'Union européenne en matière de politique énergétique ;**
4. **vous mettrez en évidence les difficultés de l'Union européenne à mettre en place une politique énergétique commune.**

Ressources documentaires

Annexe 1 Objectifs de l'UE dans le domaine de l'énergie et du climat
Annexe 2 L'énergie dans l'UE en chiffres
Annexe 3 Les sources d'énergie dans un monde en transition
Annexe 4 La consommation et la dépendance énergétiques européennes
Annexe 5 Enjeux et défis de la politique énergétique en Europe
Annexe 6 Qu'est-ce que l'Union de l'énergie ?
Annexe 7 Les énergies renouvelables dans l'UE
Annexe 8 COP21 : l'Europe, bon élève dans un marché prometteur

ANNEXE 1 *Objectifs de l'UE dans le domaine de l'énergie et du climat*

Objectifs pour 2020

- Réduire les émissions de gaz à effet de serre d'au moins **20 %** par rapport aux niveaux de 1990.
- Faire passer à **20 %** la part de l'énergie issue de sources renouvelables.
- Améliorer de **20 %** l'efficacité énergétique.

Objectifs pour 2030

- Réduire de **40 %** les émissions de gaz à effet de serre.
- Faire passer à **27 %** au moins la part de l'énergie issue de sources renouvelables.
- Améliorer de **27 à 30 %** l'efficacité énergétique.
- Atteindre **15 %** d'interconnexion électrique (autrement dit, 15 % de l'électricité générée dans un pays de l'UE pourront être transférés ailleurs dans l'UE).

Objectif pour 2050

Réduire de **80 à 95 %** les émissions de gaz à effet de serre par rapport aux niveaux de 1990. [...]

Où en est-on?

L'UE est sur la bonne voie pour atteindre les objectifs fixés pour 2020 :
– **les émissions de gaz à effet de serre ont reculé de 18 %** de 1990 à 2012 ;
– la **part des sources renouvelables** est passée de 8,5 % en 2005 à **14,1 %** en 2012 ;
– l'**efficacité énergétique** devrait augmenter de **18 à 19 %** d'ici à 2020. L'objectif de 20 % est donc presque atteint. Il est encore réalisable si les pays membres mettent en œuvre toutes les dispositions législatives adoptées par l'Union.

http://europa.eu, © Union européenne, 1995-2016.

ANNEXE 2 *L'énergie dans l'UE en chiffres*

L'UE est, à l'heure actuelle, le **principal importateur d'énergie au monde** puisqu'elle importe 53 % de toute l'énergie qu'elle consomme, pour un coût annuel d'environ 400 milliards d'euros.

- 6 États membres dépendent d'un seul fournisseur extérieur pour toutes leurs importations de gaz.
- L'UE importe 90 % de son pétrole brut et 66 % de son gaz naturel.
- 75 % des logements de l'UE présentent un faible rendement énergétique.
- 94 % des transports sont tributaires des produits pétroliers, dont 90 % sont importés.
- Les prix de gros de l'électricité sont supérieurs de 30 % à ceux des États-Unis et les prix de gros du gaz de 100 %.

www.consilium.europa.eu, © Union européenne, 1995-2016.

ANNEXE 3 *Les sources d'énergie dans un monde en transition*

Sources énergétiques utilisées dans l'UE en 2013
(en %)

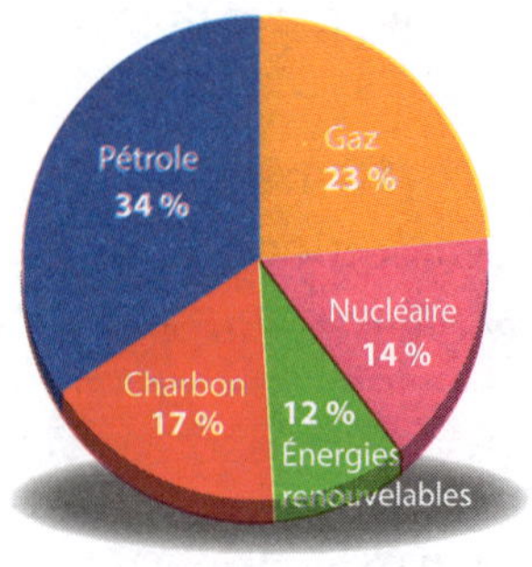

Part des importations de l'extérieur de l'UE par source d'énergie en 2013
(en %)

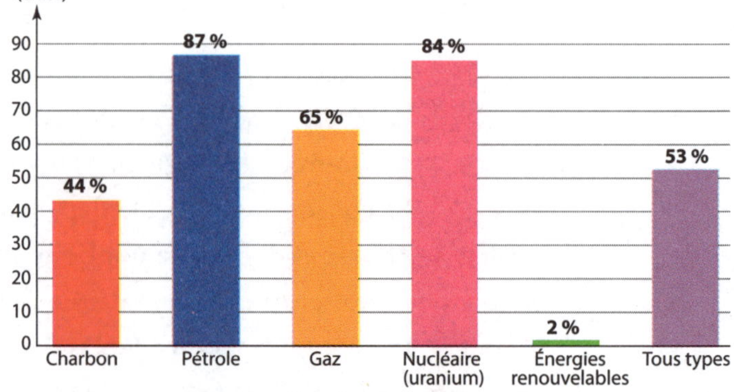

http://europa.eu, © Union européenne, 1995-2016.

ANNEXE 4 *La consommation et la dépendance énergétiques européennes*

	Consommation intérieure brute d'énergie, en millions de TEP[1]			Taux de dépendance énérgétique[2] en 2013 (%)
	2013	Objectif Europe 2020	Évolution 2013/2005	
UE28	**1 566,5**	**1 483,0**	**– 8,3 %**	**53,2**
Belgique	47,4	43,7	– 8,0 %	77,5
Bulgarie	16,3	15,8	– 13,8 %	37,8
République tchèque	39,6	39,6	– 6,2 %	27,9
Danemark	17,8	17,8	– 7,8 %	12,3
Allemagne	302,5	276,6	– 4,6 %	62,7
Grèce	23,7	27,1	– 22,6 %	62,1
Espagne	113,6	122,6	– 16,4 %	70,5
France	245,8	263,3	– 5,5 %	47,9
Italie	153,7	158,0	– 14,1 %	76,9
Luxembourg	4,3	4,5	– 10,4 %	96,9
Hongrie	21,0	26,6	– 17,3%	52,3
Malte	0,8	0,8	– 20,0 %	104,1
Pays-Bas	65,9	60,7	– 3,8 %	26,0
Pologne	93,2	96,4	+ 6,3 %	25,8
Portugal	21,3	22,5	– 14,5 %	73,5
Roumanie	30,9	43,0	– 15,8 %	18,6
Slovénie	6,7	7,3	– 4,3 %	47,1
Slovaquie	17,4	16,2	– 9,0 %	59,6
Finlande	32,8	35,9	– 1,8 %	48,7
Suède	47,1	43,4	– 3,3 %	31,8
Royaume-Uni	194,6	177,6	– 12,7 %	46,4

1. TEP : tonne d'équivalent pétrole. Unité de mesure de l'énergie utilisée pour comparer des formes d'énergie différentes. C'est l'énergie produite par la combustion d'une tonne de pétrole (environ 11 600 kWh).

2. La dépendance énergétique montre le degré jusqu'auquel une économie dépend des importations pour faire face à ses besoins énergétiques. L'indicateur est défini comme le ratio entre les importations nettes et la somme de la consommation intérieure brute d'énergie et les réservoirs.

http://ec.europa.eu, © Union européenne, 1995-2016.

Les États membres indiqués en bleu sont ceux qui ont déjà atteint leur objectif national Europe 2020.

ANNEXE 5 *Enjeux et défis de la politique énergétique en Europe*

L'énergie est partout dans notre vie quotidienne et nous comptons sur sa disponibilité jour et nuit. L'énergie est également un élément clé pour la compétitivité de nos économies. [...]
La sécurité d'approvisionnement en énergie est au cœur des préoccupations européennes. Aujourd'hui, l'UE intensifie les efforts vers une politique énergétique ambitieuse avec des objectifs communs clairs : compétitivité, sécurité d'approvisionnement et durabilité en sont les éléments clés. L'adoption de la Stratégie européenne de sécurité énergétique prévoit notamment des mesures d'urgence ainsi que des actions de moyen et long terme en vue d'améliorer la sécurité d'approvisionnement de l'UE. Tous les acteurs – l'UE, les États membres, les régions, les citoyens et les entreprises – doivent plus que jamais conjuguer leurs efforts.

D. Ristori, *Géoéconomie 2015/1*, n° 73, www.cairn.info

ANNEXE 6 *Qu'est-ce que l'Union de l'énergie ?*

[Le projet d'Union de l'énergie a été lancé par la Commission européenne le 25 février 2015.]
La construction d'une Union de l'énergie contribuera à stimuler la croissance économique de l'UE, à renforcer la sécurité énergétique de l'Europe et à lutter contre le changement climatique. [...]
De nombreux États membres de l'UE sont largement tributaires d'un nombre limité de fournisseurs, notamment pour le gaz. Ils sont de ce fait **à la merci d'une rupture d'approvisionnement énergétique**.
En outre, les infrastructures énergétiques vieillissantes de l'Europe, la faible intégration des marchés de l'énergie – notamment au niveau transfrontière – et l'absence de coordination des politiques énergétiques nationales ont pour conséquence que, souvent, les consommateurs et les entreprises de l'UE **ne bénéficient pas d'un plus grand choix** ou de prix énergétiques moins élevés. [...]
Conformément aux objectifs qu'elle s'est fixés dans le cadre d'action en matière de climat et d'énergie à l'horizon 2030, l'UE doit également réduire sa dépendance globale à l'égard des combustibles fossiles et ses émissions de gaz à effet de serre.

www.consilium.europa.eu, © Union européenne, 1995-2016.

ANNEXE 7 *Les énergies renouvelables dans l'UE*

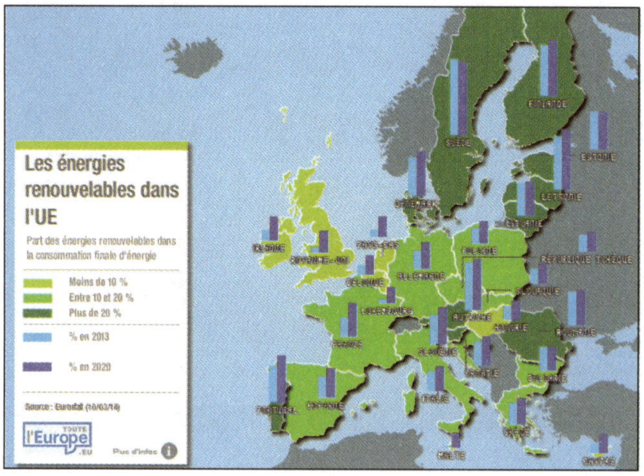

D'ici à 2020, l'Union européenne s'est fixé comme objectif d'atteindre 20 % d'énergie renouvelable dans la consommation totale d'énergie. En 2012, cette part s'élevait à environ 14,1 % pour l'UE 27.
Chaque pays de l'Union s'est fixé un objectif à atteindre. La France devrait compter **23 %** de ces énergies dans sa consommation totale d'ici 2020. Cette part, en 2013, [ne représentait] que 13,4 %.

www.touteleurope.eu

ANNEXE 8 *COP21 : l'Europe, bon élève dans un marché prometteur*

L'Europe a commencé avant tout le monde et 4 pays, la Suède, la Lettonie, l'Estonie et la Bulgarie, ont déjà atteint les objectifs fixés par le précédent sommet de Kyoto, soit 20 % de renouvelables dans la consommation d'énergie.
Le marché des renouvelables représente plus de 130 milliards d'euros en Europe, avec au total 40 % des brevets dans le monde et un million d'emplois. L'objectif d'atteindre 40 % de renouvelables en 2050 demandera à l'Union d'investir 2 000 milliards d'euros sur 10 ans.
L'Europe veut être leader et surtout indépendante car elle importe pour l'instant plus de la moitié de son énergie, dont un tiers de gaz russe. Mais attention, la Chine, numéro 1 du photovoltaïque, emploie aujourd'hui près de trois millions et demi de personnes, soit la moitié des salariés mondiaux du secteur, et rattrape son retard à toutes jambes, tout comme le Brésil et les États-Unis.
Et l'enjeu de la COP [n'est] pas seulement climatique, il [est] aussi un colossal enjeu économique. Aujourd'hui, dans le monde, on investit quelque 270 milliards dans le secteur des renouvelables, il en faudra beaucoup plus pour répondre à la demande mondiale.

Lise Jolly, www.franceinfo.fr

9 La régulation du commerce mondial

LE RÉFÉRENTIEL

6. La gouvernance de l'économie mondiale *(20 heures)*
6.1. La régulation du marché mondial des biens et services *(11 heures)*

Les compétences attendues	Le plan du chapitre
• Identifier les instruments de régulation du commerce mondial	**I. Les effets attendus d'une libéralisation des échanges** **II. L'OMC, instrument de la régulation du commerce mondial**
• Analyser un litige commercial et son règlement par l'ORD	**III. Le règlement des litiges par l'ORD**

Mise en situation : l'Organisation mondiale du commerce dénonce les restrictions qu'impose la Chine sur l'exportation de ses terres rares.

L'enjeu économique est de taille. L'Organisation mondiale du commerce (OMC) a statué le 26 mars [2014] contre la Chine et ses restrictions sur l'export des métaux rares, essentiels à la production d'appareils numériques comme les smartphones. Une victoire pour les États-Unis, l'Union européenne et le Japon [...].

Tous ces pays avaient déposé plainte auprès de l'OMC en mars 2012, estimant que ces quotas donnaient un avantage déloyal aux compagnies chinoises. [...]

Le panel d'experts de l'OMC considère que Pékin a utilisé pendant des années cette politique commerciale pour garder le contrôle sur les matières premières stratégiques des marchés clés mondiaux, et encourager les industriels étrangers à s'installer en Chine. De son côté, Pékin soutient que l'objectif était avant tout de conserver ses ressources naturelles et de protéger l'environnement. Argument rejeté par l'organisation mondiale.

www.courrierinternational.com, « La fin des quotas chinois », 1er avril 2014.

Questions

1. Quel organisme est chargé de régler les litiges commerciaux au niveau mondial ?
2. Que reproche cet organisme à la Chine ?
3. Quel argument la Chine avance-t-elle pour défendre sa position ?

I Les effets attendus d'une libéralisation des échanges

A. Les gains de la libéralisation

Document 1 *Les bénéfices économiques résultant de la participation au commerce international*

Une des raisons qui fait que le commerce international peut augmenter le volume des biens et services disponibles dans un pays donné et à un moment donné est que celui-ci permet d'acheter des biens et services dans les lieux où leurs coûts de production sont comparativement moindres. Les ressources locales qui, en l'absence de commerce, étaient employées à la production de certains biens sont dès lors libérées, ce qui permet que d'autres biens soient produits en une proportion plus importante. [...]
Une autre raison pour laquelle le commerce extérieur peut améliorer l'efficacité, c'est qu'il permet à une industrie d'étendre son marché au-delà des limites de l'économie nationale. Grâce aux exportations, une industrie peut produire plus et, s'il existe des économies d'échelle, le coût moyen de ses produits tendra alors à diminuer. [...]
Une autre façon par le biais de laquelle le commerce extérieur contribue à améliorer l'efficacité de la production est qu'il suscite la concurrence. En ouvrant leurs frontières aux transactions commerciales, les pays forcent leurs entreprises à être concurrentielles avec les biens et services produits à l'étranger, et donc à rester compétitives en répercutant la baisse des coûts de production dans leurs prix de vente au consommateur [...].
Une autre raison pour laquelle le commerce extérieur a un impact bénéfique est qu'il offre aux consommateurs et aux producteurs nationaux un choix de biens et de services qui ne seraient pas disponibles autrement.

FAO, département de la Coopération technique, www.fao.org

Questions

1. Comment le commerce extérieur améliore-t-il l'efficacité de l'économie d'un pays ?
2. Quel est l'avantage de la libéralisation pour les entreprises exportatrices ?
3. Quel bénéfice les consommateurs retirent-ils du commerce international ?

Document 2 *La convergence des rémunérations entre les pays*

L'avantage comparatif de la Chine, basé sur le faible coût de sa main-d'œuvre, est [...] en train de s'estomper, et la hausse du coût du travail est devenue l'une des principales préoccupations des investisseurs. [...] Entre 2000 et 2011, le salaire annuel moyen a été multiplié par près de 4,5. Or cette progression salariale n'est compensée que partiellement par des gains de productivité très laborieux. Cette hausse des salaires provoque déjà une délocalisation des provinces côtières riches vers celles moins développées de l'intérieur. Voire une relocalisation de certaines industries – notamment dans le textile – vers d'autres pays d'Asie où la main-d'œuvre est moins chère, comme le Bangladesh, le Cambodge ou le Vietnam. En 2010, le salaire minimum annuel en Chine était 6,5 fois supérieur à celui de l'Inde, 4,2 fois supérieur à celui du Vietnam et plus de 2 fois supérieur à celui de la Thaïlande.

A. de La Grange, www.lefigaro.fr, 17 mai 2013.

Questions

4. Quel était l'avantage comparatif de la Chine ?
5. Que signifie « la convergence des rémunérations » ?
6. Quelles en sont les conséquences sur l'économie chinoise ?

Document 3 *Le rattrapage des pays en développement*

L'intégration dans l'économie mondiale s'est avérée un moyen puissant de promouvoir la croissance économique, le développement et la réduction de la pauvreté. [...] Ces progrès sont très impressionnants dans plusieurs pays d'Asie et, dans une moindre mesure, d'Amérique latine. Ces pays ont réussi parce qu'ils ont décidé de participer au commerce mondial, ce qui les a aidés à attirer l'essentiel des investissements directs étrangers dans les pays en développement. C'est vrai de la Chine et de l'Inde [...], ainsi que des pays d'Asie à haut revenu comme la Corée et Singapour [...].
Mais pour beaucoup d'autres pays, les progrès ont été moins rapides, en particulier en Afrique et au Moyen-Orient. Les pays les plus pauvres ont vu leur part du commerce mondial décliner substantiellement, et s'ils n'abaissent pas leurs propres barrières commerciales, ils risquent d'être marginalisés encore davantage. [...]
L'ouverture de leur économie sur le marché mondial est le facteur essentiel qui a permis à de nombreux pays en développement de se doter d'avantages comparés dans la fabrication de certains produits.

http://www.imf.org

Questions

7. Quels sont les effets attendus de la participation au commerce mondial ?
8. Quel est le risque, pour les pays en développement, de ne pas participer au commerce mondial ?

B. Les problèmes liés au protectionnisme

Document 4 *Le protectionnisme, un secteur en plein boom !*

Protectionnisme tarifaire

La forme habituelle du protectionnisme […], c'est d'enchérir artificiellement les prix des produits importés par des droits de douane. […]

Nous sommes pour le libre-échange, certes, mais pas partout. La France a convaincu ses partenaires de la nécessité d'une exception culturelle, qui n'aura pour effet que d'affaiblir encore plus ce secteur, déjà rendu fragile par les subventions. Chacun veut son exception. […] Lors du salon Vinexpo, le ministre de l'Agriculture […] a expliqué que « le vin n'est pas un produit comme les autres ».

Le problème n'est pas spécifiquement français, et chacun est tenté de voir dans ses « spécialités » une exception qui doit échapper au libre-échange. D'exception en exception, on entre dans une logique de sanctions successives : on met un embargo contre les importations de panneaux solaires fabriqués en Chine, les Chinois ripostent à propos du vin français ou des voitures allemandes. […] Le protectionnisme est contagieux, il se répand comme un virus.

Les obstacles non tarifaires

Mais il y a aussi la multiplication des normes, mises en place officiellement pour des raisons sociales ou environnementales. Le but affiché est toujours « social » : protéger les enfants, la santé, les salariés, etc. La réalité est moins avouable : ces normes servent juste à écarter les produits étrangers, car elles correspondent, heureux hasard, aux habitudes nationales !

J.-Y. Naudet, *La Nouvelle Lettre*/Contrepoints.org, 3 juillet 2013.

Question 9. Quelle est la différence entre une barrière (ou un obstacle) tarifaire et une barrière non tarifaire ?

Document 5 *Panneaux solaires : le contentieux Chine / Union européenne*

La Commission européenne a infligé des droits de douane punitifs immédiats aux exportations chinoises de panneaux solaires. [Elle] a confirmé une décision prise à l'unanimité et justifié des accusations de vente à 47 % en dessous du prix de revient (*dumping*). […]

Le contentieux sur les panneaux solaires est le plus lourd à ce jour entre Bruxelles et Pékin : les livraisons chinoises atteignent 20 milliards d'euros. La République populaire est de loin le numéro un mondial et exporte 80 % de sa production vers l'UE, premier marché de la planète lui-même dopé par la vague « verte ». Mais les sanctions risquent d'arriver trop tard : l'industrie européenne, à l'origine de la plainte déposée l'an dernier, est déjà laminée. Quelque 25 000 emplois seraient en jeu.

J.-J. Mevel, www.lefigaro.fr, 4 juin 2013.

Questions

10. Quelle est la nature du contentieux entre la Chine et l'Union européenne ?
11. Quelles sont les conséquences pour l'économie européenne ?
12. Quelles mesures la Commission européenne a-t-elle prises ? Que veut-elle obtenir ?

Document 6 *Le comportement de « passager clandestin »*

L'attitude du « passager clandestin » consiste, pour un pays, à bénéficier d'un accord sans en respecter les règles. Une nation – à titre individuel – peut chercher à profiter des avantages que représente l'ouverture des marchés pour ses exportations, tout en protégeant son économie en érigeant des barrières pour limiter ses importations.

Question 13. En quoi le comportement de « passager clandestin » est-il en contradiction avec le libre-échange ?

II L'OMC, instrument de la régulation du commerce mondial

A. Rôle et fonctionnement de l'OMC

Document 7 *Qu'est-ce que l'OMC ?*

WTO OMC

Il y a plusieurs manières de considérer l'Organisation mondiale du commerce. C'est une organisation qui s'occupe de l'ouverture commerciale. C'est une enceinte où les gouvernements négocient des accords commerciaux. C'est un lieu où ils règlent leurs différends commerciaux. C'est une organisation qui administre un ensemble de règles commerciales. L'OMC est essentiellement un lieu où les gouvernements membres tentent de régler les problèmes commerciaux qui les opposent.

www.wto.org

Document 8 *Les pays membres de l'OMC (162 membres au 30 novembre 2015)*

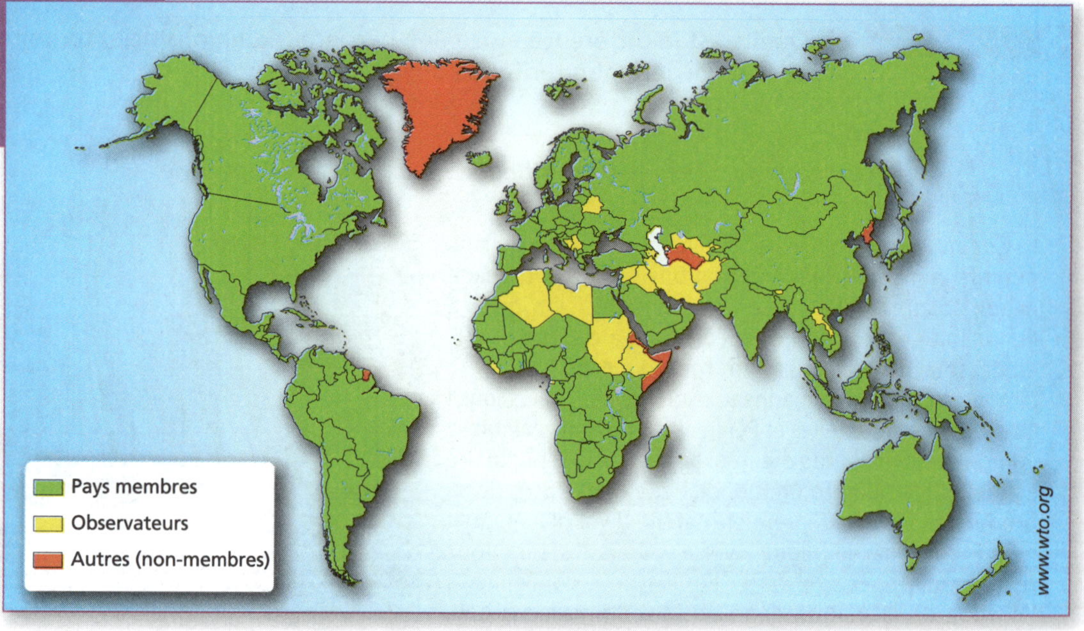

Questions

1. Tous les pays du monde ont-ils le même statut à l'OMC ?
2. Définissez le rôle de l'OMC dans le fonctionnement du commerce mondial.

Document 9 *La notion d'équité*

Selon Stiglitz et Charlton, «tous les accords devraient être sujets à une "contrainte d'équité" acceptée par tous. Dans un cycle pour le développement, il devrait être établi que tout accord doit être "progressif", dans le sens où la plus grande partie des bénéfices devrait être perçue par les pays en développement. Ainsi, tout accord qui pénaliserait plus les pays en développement ou qui bénéficierait plus aux pays développés, mesuré par les gains nets en pourcentage du PIB, devrait être considéré comme inéquitable». [...]
Les propositions récentes des négociations du cycle de Doha [...] sont plus équitables que celles des accords du cycle d'Uruguay. En effet, selon Stiglitz, les accords de l'Uruguay ne contenaient aucun principe explicite d'équité. [...] Dans le contexte actuel de blocage des négociations agricoles du cycle de Doha pour le développement à l'OMC lancé en 2001, la communauté internationale doit se mobiliser pour identifier des règles agricoles plus équitables que celles des cycles précédents. Les négociations de Doha doivent enfin déboucher sur des accords qui prennent en compte les priorités de développement des pays en développement, et en particulier la relance de la filière cotonnière ouest-africaine.

S. Koné, «OMC, coton et équité : analyse de divers scénarios de conclusion du cycle de Doha», INRA-SFER-CIRAD, www.sfer.asso.fr, décembre 2010.

Questions

3. Comment l'équité d'un accord est-elle définie par Stiglitz et Charlton ?
4. Que recherche le cycle de Doha en matière d'équité ?

B. Les règles de l'OMC

Document 10 *La clause de la nation la plus favorisée (NPF)*

Pourquoi parle-t-on de « nation la plus favorisée » ? Cela donne à penser qu'il s'agit d'appliquer un traitement spécial, mais à l'OMC, cela signifie en réalité non-discrimination, c'est-à-dire égalité de traitement pour presque tout le monde.
Chaque membre [de l'OMC] traite tous les autres membres de manière égale, comme des partenaires commerciaux « les plus favorisés ». Si un pays accroît les avantages qu'il accorde à un partenaire commercial, il doit appliquer le même « meilleur » traitement à tous les autres membres de l'OMC pour que tous restent « les plus favorisés ». [...]
D'une manière générale, la clause NPF signifie que, toutes les fois qu'un pays réduit un obstacle tarifaire ou ouvre un marché, il doit le faire pour les mêmes biens ou services provenant de tous ses partenaires commerciaux, que ceux-ci soient riches ou pauvres, faibles ou puissants.

www.wto.org

Questions

5. Quel est l'impact de la clause de la nation la plus favorisée sur la liberté du commerce ?
6. Pourquoi les traités bilatéraux ne répondent-ils pas au principe de la NPF ?

Document 11 *Le traitement national*

Les produits importés et les produits de fabrication locale doivent être traités de manière égale, du moins une fois que le produit importé a été admis sur le marché. Il doit en aller de même pour les services, les marques de commerce, les droits d'auteur et les brevets étrangers et nationaux. [...] Le traitement national s'applique uniquement une fois qu'un produit, service ou élément de propriété intellectuelle a été admis sur le marché. Par conséquent, le prélèvement de droits de douane à l'importation n'est pas contraire à ce principe, même lorsque aucune taxe équivalente n'est perçue sur les produits de fabrication locale.

www.wto.org

Questions

7. Quel est l'impact du principe du traitement national sur la liberté du commerce ?
8. Pourquoi les droits de douane ne sont-ils pas considérés comme un obstacle à l'égalité de traitement entre produits nationaux et produits importés ?

Document 12 *Le principe de concurrence loyale*

Fondamentalement, il s'agit de créer les conditions d'un « commerce loyal » (le *fair trade*, très fréquemment invoqué à l'encontre des pratiques qui aboutissent à un *unfair trade*, c'est-à-dire un commerce déloyal). [...]
Les principales obligations des parties contractantes sont les suivantes [...] :
– **ne pas pratiquer le dumping**, c'est-à-dire ne pas vendre un bien exporté à un prix inférieur à celui pratiqué sur le marché domestique ;
– **prohiber les mesures de restriction quantitative** aux échanges, avec toutefois des exceptions (déficit grave de la balance des paiements, mesure d'urgence pour remédier à un préjudice grave causé par une augmentation des importations, cas particulier des marchés agricoles dans le contexte d'une politique de résorption des excédents) ;
– **réglementer les subventions**. Ainsi, les subventions à l'exportation des produits industriels sont interdites, celles à l'exportation de produits de base sont tolérées, sauf si elles conduisent l'État à occuper une part non équitable dans le commerce du produit concerné, alors que celles à la production sont autorisées, sous réserve qu'elles ne créent pas de préjudice aux autres nations (auquel cas un pays lésé peut instaurer des droits compensateurs). [...]
Si l'ensemble des nations respectait les obligations exposées ci-dessus, les échanges entre les parties contractantes tendraient effectivement à une libéralisation parfaite de leur commerce international.

Michel Rainelli, *Le commerce international*, La Découverte, coll. « Repères ».

Questions

9. Montrez que la pratique des subventions porte atteinte à la loyauté des échanges.
10. Pourquoi l'auteur affirme-t-il que le respect des obligations citées conduirait à une libéralisation parfaite du commerce international ?

C. Les exceptions aux règles

Document 13 *Les mesures d'exception et de sauvegarde*

L'OMC prévoit que les États disposent de deux types de mesures, utilisables dans des conditions particulières.

• Les **mesures d'exception** permettent à un pays de limiter, voire de supprimer, pour une durée indéterminée, un flux d'échanges de marchandises dans les cas suivants :
- protection de la santé ou de la sécurité des personnes, protection de la vie ou de la santé animale, préservation des végétaux et de l'environnement ;
- protection des consommateurs et de l'environnement ;
- adoption d'une mesure répondant à un objectif de sécurité nationale.

• Les **mesures de sauvegarde** donnent la possibilité à un État de restreindre temporairement les importations d'un produit pour protéger une branche de production nationale donnée. Pour prendre ce type de mesure, le pays doit prouver que l'accroissement des importations du produit cause ou menace de causer un dommage grave à la branche de production concernée.

Question

11. Quelle est la différence entre une mesure d'exception et une mesure de sauvegarde ?

12. À quelles préoccupations d'un État répondent les mesures d'exception ?

13. Quel est l'avantage attendu d'une mesure de sauvegarde pour le pays qui la met en place ?

Document 14 *L'affaire de l'amiante*

Dans l'affaire CE-Amiante, l'Organisation mondiale du commerce (OMC) a rendu un jugement à bien des égards historique pour conclure le différend opposant le Canada à la France et la Communauté européenne. Le gouvernement canadien avait en effet contesté à la France le droit de protéger sa population en interdisant l'amiante et prétendu qu'il s'agissait là d'une entrave au libre commerce. [...]

L'OMC a toutefois reconnu que ***l'interdiction de l'amiante est une mesure de santé publique nécessaire à la protection de la santé et de la vie des personnes*** et donc parfaitement justifiée. L'OMC a donc rejeté la plainte du Canada en 2000, puis confirmé cette décision en 2001, après que le Canada a fait appel.

http://andeva.fr

Question

14. À quelles préoccupations la mesure d'exception de la France répond-elle ?

III Le règlement des litiges par l'ORD

Document 15 *L'ORD, tribunal de l'OMC*

En prenant la succession du GATT (Accord général sur les tarifs et le commerce) en 1994, l'OMC a introduit une innovation majeure : l'Organe de règlement des différends (ORD), sorte de tribunal de l'OMC.
Le différend est examiné par un groupe spécial (panel) composé de trois experts et, en cas d'appel, par des spécialistes du droit du commerce international appartenant à l'organe d'appel. L'ORD peut juger qu'il y a eu manquement à une règle de l'OMC et, dès lors, demander à l'État n'ayant pas respecté ses obligations de se mettre en conformité. S'il s'y refuse, l'OMC autorise la partie lésée à prendre des mesures de rétorsion commerciale (comme le relèvement des tarifs douaniers) à son encontre.
Sans déroger au principe de souveraineté de l'État, l'OMC offre ainsi un rare exemple de mécanisme de sanction en droit international.

Alternatives économiques, hors-série n° 6.

Document 16 *Le différend Chine – États-Unis sur les pneus chinois*

1er épisode : septembre 2009, la Chine attaque les États-Unis devant l'OMC
En septembre 2009, les États-Unis prennent des mesures de sauvegarde contre les importations chinoises de pneus qui, selon les estimations, auraient provoqué la perte de 5 000 emplois dans le pays.
La Chine dépose une plainte contre les États-Unis car elle estime que l'augmentation des droits de douane sur les importations de pneus chinois est une « pratique abusive » allant à l'encontre des règles du commerce international.
Cette plainte marque le début de la période de consultations entre les deux parties qui conduit l'ORD, en cas d'échec dans les 60 jours, à créer un groupe spécial chargé de statuer.

2e épisode : 13 décembre 2010
L'ORD adopte le rapport du groupe spécial qui estime « qu'en imposant des mesures de protection de transition le 26 septembre 2009 sur les importations de pneus chinois, les États-Unis n'ont pas manqué de se conformer » aux règles du commerce international.

3e épisode : 24 mai 2011, la Chine fait appel de la décision de l'OMC
La Chine fait appel du rapport du groupe spécial de l'ORD.
Les États-Unis disposent alors de 10 jours pour déposer un contre-appel. Ce qui est fait.

4e épisode : 5 septembre 2011, rejet en appel, par l'ORD, de la plainte chinoise
L'ORD rend son verdict en adoptant le rapport de l'organe d'appel qui confirme la première décision.

Questions

1. Quel est le rôle de l'Organe de règlement des différends ?
2. Quelle est la position défendue par la Chine dans le différend qui l'oppose aux États-Unis ?
3. Retrouvez les étapes de la procédure de règlement des différends par l'ORD.

Entraînement

Les compétences attendues

- Identifier les instruments de régulation du commerce international.
- Analyser un litige commercial et son règlement par l'ORD.

Mise en situation

L'organisme de protection de la nature dans lequel vous suivez votre stage vous demande d'effectuer une recherche d'informations économiques. Le projet de cet organisme est de mettre en place une campagne de sensibilisation des populations au sort des phoques. Il vous demande en particulier d'étudier le rôle joué par l'OMC sur ce sujet.

Vous disposez d'un dossier documentaire fourni par votre responsable de stage à partir duquel vous allez préparer une synthèse sur le conflit entre le Canada et l'Union européenne au sujet de l'embargo sur les produits dérivés du phoque.

Travail à faire

À l'aide du dossier joint et de vos connaissances, **en veillant à préciser les principaux concepts utilisés** et à exploiter les sources statistiques mises à votre disposition, vous êtes chargé(e) de concevoir une note argumentée et structurée dans laquelle :

1. vous rechercherez les institutions qui ont successivement été saisies par le Canada pour contester l'embargo européen ;
2. vous présenterez le rôle de l'OMC et décrirez son action dans ce conflit ;
3. vous préciserez les enjeux du conflit sur les produits dérivés du phoque et expliquerez la solution qui a été retenue.

Annexe 1

Le commerce de phoques : le combat continue entre le Canada et l'UE

La Cour de justice européenne vient de rejeter le recours de chasseurs du Canada, du Groenland et de la Norvège contre l'embargo de l'Union européenne sur le commerce des produits dérivés du phoque provenant de toutes les chasses commerciales. Le Canada estime toujours que « l'Union européenne viole les lois du commerce international. » [...] Le gouvernement d'Ottawa [place] tous ses espoirs dans les consultations que doit tenir en novembre [2010] l'OMC *via* un groupe de règlement des différends. Ce sera la deuxième fois que cette institution basée à Genève mène des consultations sur ce sujet en moins d'un an à la demande du Canada, après l'échec des premières, tenues en décembre [2009].
Le gouvernement canadien, qui a toujours soutenu les chasseurs et condamné cet embargo européen, avait en effet demandé à l'OMC de mettre en place un groupe spécial pour régler ce différend. Rappelons que la part des échanges entre le Canada et l'UE provenant des produits dérivés du phoque représente 6,6 millions de dollars, alors que le montant global des échanges est de 39 milliards de dollars.

V. Mboungou, *Afrique Expansion Magazine*, 29 octobre 2010.

Annexe 2

La chasse au phoque divise à l'OMC

Le Canada et la Norvège ont traîné l'UE devant l'OMC, en raison de cette interdiction prononcée en 2010, à cause du caractère inhumain et cruel, selon Bruxelles, de l'abattage des phoques. [...] Les preuves scientifiques démontrent que les méthodes d'abattage sont inhumaines, comme l'usage de l'hakapik, une sorte de massue équipée d'un pic en métal utilisée pour assommer les phoques avant qu'ils ne soient dépecés. L'UE a aussi souligné que l'opinion publique en Europe soutient très largement cette interdiction.
Le Canada et la Norvège ont cependant réfuté ces arguments. Les deux pays ont insisté sur le fait que l'interdiction était une discrimination commerciale, car elle ne touchait pas les produits à base de phoque émanant de pays membres de l'UE comme la Suède et la Finlande. L'UE a balayé cet argument en indiquant que ces pays n'utilisaient pas les mêmes méthodes d'abattage.

...

L'embargo sur les produits dérivés du phoque

Suite

Les 159 pays membres de l'OMC [162 en 2015] rédigent les règles commerciales entre eux, dans le but de créer un espace unique réglementé, qui s'impose à tous. Les États membres de l'OMC peuvent porter leurs conflits commerciaux devant l'organisation, en espérant qu'elle va trancher en leur faveur, et obliger leurs concurrents à respecter les règles du jeu.
Le Canada et la Norvège abattent des dizaines de milliers de phoques chaque année, et déclarent que la chasse est une méthode très ancienne qui permet à certaines communautés vivant de la pêche de gagner leur vie. Les groupes de défense des droits des animaux, de leur côté, déclarent que la chasse aux phoques est un rituel barbare, et ont lancé de grandes campagnes pour y mettre fin. Les communautés inuites du Canada, qui vivent de la chasse aux phoques, ne sont pas concernées par cette interdiction.

AFP, 29 avril 2013.

Annexe 3

Décision historique à l'OMC : le bien-être des animaux prime sur les intérêts commerciaux

Le groupe d'experts de l'OMC a conclu que l'essentiel du règlement européen était conforme à la législation de l'OMC et que l'Union européenne était donc en droit d'interdire le commerce des produits dérivés du phoque en vertu des préoccupations morales de ses citoyens. Il a également reconnu que la chasse au phoque était intrinsèquement préjudiciable au bien-être animal, compte tenu des circonstances et des difficultés inhérentes à cette pratique. [...]
Toutes les conclusions du rapport du groupe spécial peuvent faire l'objet d'un appel par le Canada, la Norvège ou l'Union européenne. Les parties disposent d'un délai de 60 jours pour constituer leur appel. L'ensemble de la procédure d'appel dure 90 jours.

www.ifaw.org, 25 novembre 2013.

Annexe 4

L'OMC se prononce en faveur de l'embargo de l'UE

Depuis l'instauration de l'embargo européen, la chasse commerciale du Canada a connu une diminution spectaculaire : environ 40 400 phoques ont été tués en 2011, contre quelque 365 000 en 2004.
Avant même que l'embargo ne soit appliqué, le Canada et la Norvège ont tenté de le contester devant l'Organisation mondiale du commerce, qui établit et fait appliquer les réglementations régissant le commerce international entre ses membres.
Il s'agissait là d'une première dans l'histoire de l'OMC, qui n'avait jusqu'alors jamais traité de différend en lien avec la protection des animaux.
18-20 février 2013 : l'OMC examine les plaidoyers du Canada, de la Norvège et de l'UE.
25 novembre 2013 : l'OMC maintient l'embargo de l'UE, reconnaissant sa justification éthique.
24 janvier 2014 : le Canada et la Norvège annoncent qu'ils vont faire appel de la décision de l'OMC. L'UE répond en interjetant un pourvoi incident.
17-19 mars 2014 : l'Organe d'appel de l'OMC entend les arguments du Canada, de la Norvège et de l'UE.
22 mai 2014 : l'Organe d'appel de l'OMC rend sa décision finale, affirmant que des considérations indépendantes du commerce telles que le bien-être des animaux, véritable pierre angulaire de l'embargo sur les produits dérivés du phoque, peuvent justifier des restrictions commerciales tout en se conformant aux lois du commerce international.
Les critères d'exception de l'UE encadrant les produits issus de la chasse des communautés indigènes ont cependant été considérés comme ambigus, et devront faire l'objet d'une révision. L'embargo de l'UE reste donc en place, mais les exceptions relatives à la gestion des ressources inuites et marines devront être légèrement modifiées ou supprimées.

www.ifaw.org, reproduit avec la permission de IFAW, le Fonds international pour la protection des animaux, © 2012.

Sens de la leçon

La régulation du commerce mondial

1 La libéralisation des échanges...

... procure des bénéfices économiques.

- Croissance des économies
- Convergence des rémunérations
- Rattrapage de l'économie des pays en développement

... lutte contre le protectionnisme.

- Protectionnisme tarifaire
- Obstacles non tarifaires

2 L'OMC, instrument de la régulation du commerce mondial

Les règles de l'OMC

- Clause de la nation la plus favorisée (NPF)
- Traitement national
- Concurrence loyale

Les exceptions aux règles de l'OMC

- Mesures d'exception
- Mesures de sauvegarde

3 Le règlement des litiges par l'Organe de règlement des différends (ORD)

L'ORD juge les manquements aux règles de l'OMC.

Les mots-clés

Barrières non tarifaires – Barrières tarifaires – Convergence des rémunérations – Libre-échange – Normes – OMC – Protectionnisme – Clause de la nation la plus favorisée – Sauvegarde – Dumping – Organe de règlement des différents

10 Les limites de l'OMC

LE RÉFÉRENTIEL

6. La gouvernance de l'économie mondiale *(20 heures)*
6.1. La régulation du marché mondial des biens et services *(11 heures)*

La compétence attendue	Le plan du chapitre
• Identifier et analyser les limites de l'OMC dans la gouvernance de l'économie mondiale	I. Les obstacles à la gouvernance mondiale du commerce II. La multiplication des accords bilatéraux et régionaux

Mise en situation : l'accord « tripartite »

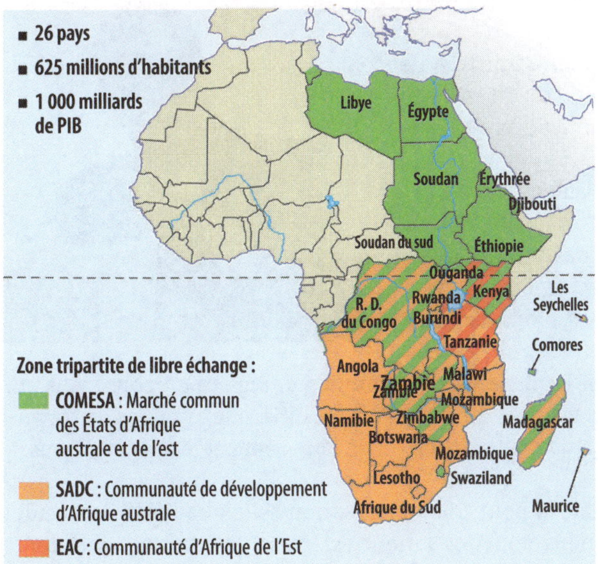

Vingt-six pays africains ont signé, le 10 juin 2015, un accord de libre-échange qui intéresse 625 millions d'habitants du Caire au Cap. Quelle est la portée de cet accord «tripartite»?

La *Tripartite Free Trade Area* (TFTA) englobera les pays membres de trois organisations régionales déjà existantes : le Marché commun d'Afrique orientale et australe (Comesa), la Communauté de développement d'Afrique australe (SADC) et la Communauté d'Afrique de l'Est (EAC). L'objectif est de supprimer les barrières douanières et non tarifaires. L'approche régionale est donc privilégiée comme partout dans le monde, confirmant ainsi l'échec de la démarche globale préconisée par l'Organisation mondiale du commerce (OMC) depuis quinze ans.

L'accord intéresse un ensemble qui regroupe plus de 600 millions d'habitants et plus de 1 000 milliards de dollars de PIB, associant près de la moitié des pays africains. On y retrouve des économies qui, par leur taille et leur potentiel, peuvent jouer un rôle dynamique dans l'intégration économique, avec au nord, l'Égypte, à l'est, le Kenya, et au sud, l'Afrique du Sud. Sans oublier des économies qui affichent des taux de croissance très élevés, comme l'Angola, l'Éthiopie et le Mozambique, et qui attirent d'importants investissements étrangers. Seul manque au tableau le Nigeria, premier PIB d'Afrique, mais qui appartient à l'espace occidental.

Pierre Jacquemot, www.iris-france.org

Questions

1. Relevez les informations qui montrent l'importance de la zone de libre-échange.
2. Quel est l'objectif principal du TFTA ?
3. Pourquoi un tel accord va-t-il à l'encontre des objectifs de l'OMC ?

I Les obstacles à la gouvernance mondiale du commerce

A. Les difficultés à faire émerger de nouvelles règles

Document 1 *Des principes de négociation de moins en moins adaptés*

Campé derrière de larges baies vitrées qui donnent sur les berges du lac Léman, couvertes d'une première neige, le porte-parole de l'Organisation mondiale du commerce (OMC), Keith Rockwell, manie l'ironie : « Avec [162] pays membres, qui négocient une quinzaine de sujets commerciaux majeurs, chacun divisé en une dizaine de sous-dossiers, les chances statistiques de parvenir à un accord international sont tout simplement... nulles. » [...] Depuis l'échec de la conférence de Seattle, en 1999, l'organisation internationale est devenue le symbole de la mondialisation économique et la cible de tous ses détracteurs. [Elle est accusée] de ne servir à rien faute de lutter efficacement contre les distorsions de concurrence. [...]

Dans ce flou général, les principes de négociation de l'OMC paraissent de moins en moins adaptés. Le lancement de grands cycles où tout se joue sur des concessions réciproques et l'engagement unique – personne n'est d'accord sur rien, tant que tout le monde n'est pas d'accord sur tout –, favorise *in fine* les traditionnels rapports de force.

A. Bauer et L. Tovi, *Les Échos*, n° 19559.

Document 2 *« L'OMC a besoin de se moderniser pour survivre. » (Roberto Azevêdo)*

Interview de Roberto Azevêdo, directeur général de l'OMC

Isabel Marques da Silva, Euronews : « La réunion ministérielle de Bali, en Indonésie, en décembre [2013] constitue votre premier test. Vous allez essayer de relancer le cycle de Doha qui stagne depuis 2008 ? [...] »

Roberto Azevêdo : « Le résultat mettra probablement l'accent sur des questions telles que l'agriculture, la facilitation du commerce, la sécurité alimentaire, les questions de développement. Comment, de quelle manière, avec quelle portée et quelle profondeur ? Voilà ce que nous allons négocier. [...] »

I. M. S. : « Certaines voix affirment qu'à la place d'un compromis unique, d'un consensus sur tous les sujets, on pourrait avancer à des vitesses différentes, avec différents groupes de travail. [...] Considérez-vous que le consensus est la meilleure façon de faire avancer les négociations... malgré l'impasse ? »

R. A. : « Je ne vois pas la moindre possibilité pour une organisation telle que l'OMC de décider autrement que par consensus. Ce que nous pouvons faire, c'est créer des rythmes différents pour certaines négociations, nous devons faire preuve de souplesse dans le processus. Je pense qu'il n'est pas viable que l'organisation poursuive son rôle disciplinaire du commerce international si nous ne pouvons pas mettre à jour les domaines de travail. »

I. M. S. : « Pouvez-vous spécifier quels sont ces domaines de travail et quelle nouvelle dynamique vous souhaitez donner ? »

R. A. : « Par exemple, dans le domaine agricole : la législation agricole, les subventions, les barrières phytosanitaires d'aujourd'hui ne sont pas celles qui existaient dans les années 1980, lors de l'Uruguay Round. En matière de propriété intellectuelle, il y a une quantité énorme de mécanismes qui ont été développés au cours des 30 dernières années, la même chose s'applique dans les domaines des services ou de l'économie numérique. »

Euronews, http://fr.euronews.com, 6 août 2013.

Questions

1. Pourquoi un accord à l'OMC est-il difficile à atteindre ?
2. Quelle est la priorité d'action du directeur général de l'OMC ?
3. Quels sont les nouveaux domaines de négociation de l'OMC ?

B. Des désaccords profonds

Document 3 *Le désaccord Nord/Sud, des intérêts divergents*

Les pays non industrialisés tirent une part importante de leurs ressources de productions agricoles ; or, sur les différents marchés, ils sont confrontés à la concurrence des exportations américaines et européennes fortement subventionnées. Leur revendication est donc simplement qu'il soit mis fin à ces pratiques [...]. L'exemple du coton a été mis en avant par quatre pays africains qui se voient évincés du marché international par des producteurs issus de pays développés dont le coût de production est supérieur au prix mondial, mais qui surcompensent ce désavantage grâce aux fonds publics qu'ils perçoivent.

Par ailleurs, les États-Unis comme l'Union européenne souhaitaient que soient levées des barrières aux échanges liées notamment à des pratiques anticoncurrentielles ou à un accès difficile aux marchés publics. Les pays en développement et moins avancés avaient fait connaître leur opposition à une négociation sur ces thèmes qui ne les concernent pas en tant qu'exportateurs. La conférence de Cancún a été la révélation publique de l'ampleur des oppositions entre les membres de l'OMC. Pour la première fois, les pays en développement et moins avancés, sous l'impulsion principalement du Brésil, de la Chine, de l'Argentine, de l'Inde et de l'Afrique du Sud, ont présenté un front uni et ont fait échouer l'adoption d'une déclaration relative aux avancées des négociations. [...]

L'attitude des pays en développement et moins avancés s'explique par une perte de confiance dans les bienfaits de l'ouverture des économies. L'idée que cette ouverture garantirait un taux de croissance plus élevé est remise en cause par des analyses économétriques convaincantes, tout particulièrement pour les pays du Sud. De surcroît, ces nations considèrent que, alors qu'elles ont appliqué loyalement les décisions du cycle de l'Uruguay en ouvrant de nouveaux secteurs à la concurrence étrangère, les pays les plus développés continuent d'ériger des barrières à leurs exportations, principalement dans les secteurs de l'habillement et agricole.

M. Rainelli, *Sciences humaines*, hors-série n° 44.

Questions

4. Montrez comment les mécanismes de concurrence au niveau mondial nuisent à l'économie des pays en développement.
5. Pourquoi ces sujets cristallisent-ils les tensions ?

Document 4 *La contestation de la doctrine du libre-échange*

Parmi les principales critiques émises à l'encontre de l'OMC, on relève que la mondialisation qui résulte du libre-échange constitue la raison d'être de l'OMC. Si l'organisation encourage l'ouverture croissante des économies, les pays du Sud n'observent pas une croissance de leurs économies à la hauteur de l'ouverture aux échanges internationaux prônée par l'OMC.
Malgré les discours annoncés d'aide aux pays les moins avancés, les pratiques protectionnistes des pays riches perdurent (exportations subventionnées qui concurrencent celles de pays pauvres). L'écart est grand entre les bienfaits annoncés du libre-échange et les résultats économiques de la mondialisation.

Document 5 *L'OMC ne préconise pas le libre-échange à tout prix*

Tout dépend véritablement de ce que les pays sont disposés à négocier les uns avec les autres, des concessions mutuelles qu'ils sont prêts à faire, de ce qu'ils veulent demander et offrir. Il est vrai que l'un des principes qui sous-tend le système de l'OMC est d'amener les pays à réduire leurs obstacles au commerce et à libéraliser les échanges. Après tout, ils bénéficient du développement des échanges qui résultent de la réduction des obstacles au commerce. [...]
Le rôle de l'OMC est de servir de cadre à la négociation de la libéralisation. Elle fixe également les règles régissant le déroulement de la libéralisation. Il est d'autres principes dans le système de l'OMC qui sont tout aussi importants, voire plus importants, que la libéralisation des échanges : par exemple, la non-discrimination et la mise en place pour le commerce de conditions stables, prévisibles et transparentes.

www.wto.org

Questions

6. Rappelez la finalité première de l'OMC.
7. Quelles critiques sont faites à l'OMC sur le plan économique ?
8. Pourquoi les écarts entre les bienfaits annoncés du libre-échange et les résultats de la mondialisation persistent-ils ?

II La multiplication des accords bilatéraux et régionaux

A. Les unions régionales

DOCUMENT 6 *Les unions régionales sont-elles contraires à l'esprit de l'OMC ?*

L'ouverture des frontières aux marchandises et aux capitaux étrangers rendant les économies plus vulnérables aux chocs externes, les États cherchent à recréer un marché protégé plus vaste que le marché national, avec des pays partenaires voisins. Ce régionalisme apparaît de prime abord comme contraire à l'esprit de l'OMC, dont un des principes fondateurs est la non-discrimination. Or, au sein d'une union, les obstacles sont moindres que ceux dressés à l'encontre des marchandises et des capitaux échangés avec les pays situés hors de l'Union [...].

La période contemporaine est marquée par une montée du régionalisme, sur le plan des institutions et sur le plan commercial [...]. Sur le plan commercial, on observe une croissance des échanges intra-zone en général plus rapide que celle des échanges inter-zones. Cette intensification des courants infra-régionaux, à moyen terme, se mesure par l'augmentation de la part de ces flux dans le commerce mondial, liée, notamment, à l'accroissement des flux internes à l'Amérique du Nord et à l'Asie.

La doctrine de l'OMC revient à considérer que la création d'unions régionales constitue une avancée vers le multilatéralisme total, plutôt qu'un retour vers un protectionnisme, qui n'est plus un protectionnisme de pays mais de zone [...]. Néanmoins, le risque lié à la formation de ces vastes espaces, comme l'Union européenne, l'ALENA[1], le Mercosur[2] ou l'ASEAN[3], est que le monde soit constitué de blocs qui s'affrontent dans des guerres commerciales, d'autant plus dures que le poids économique de chacun est élevé.

B. Guillochon, *La Mondialisation*, Larousse.

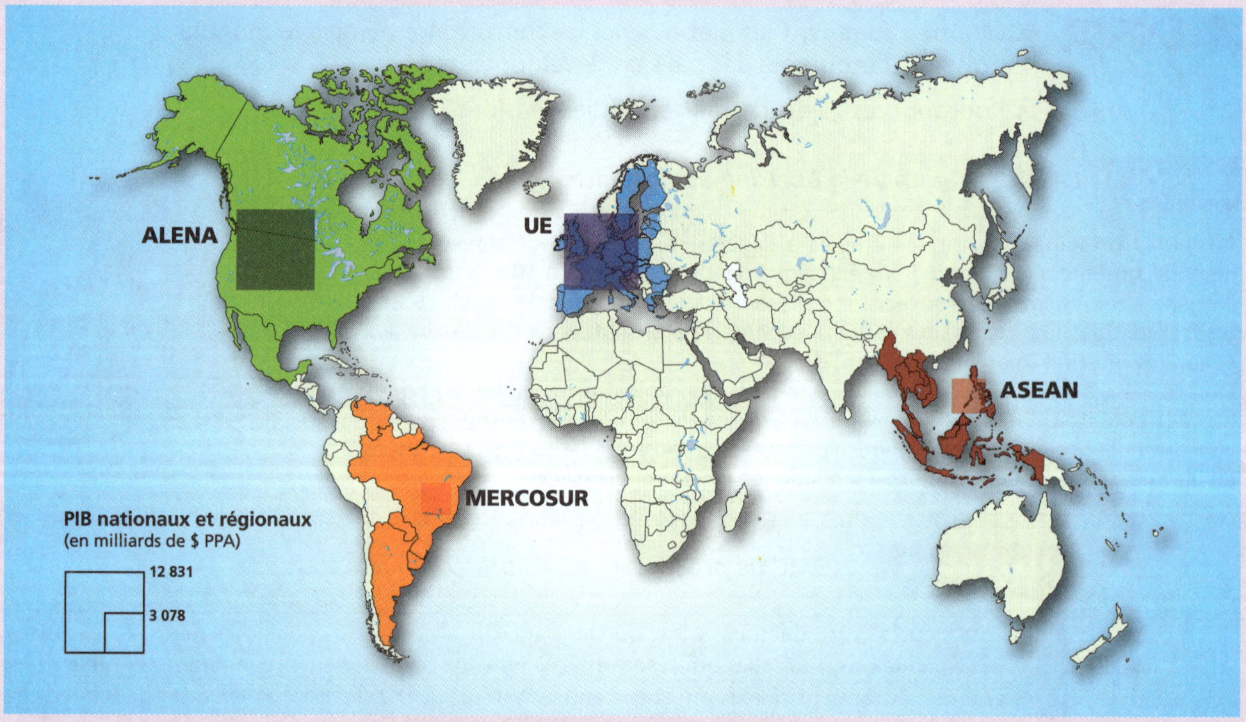

1. ALENA : Accord de libre-échange nord-américain (Canada, États-Unis, Mexique).
2. Mercosur : Marché commun du Sud (Argentine, Brésil, Paraguay, Uruguay, Venezuela ; pays associés : Bolivie, Chili, Colombie, Équateur et Pérou).
3. ASEAN : Association des nations du Sud-Est asiatique (Brunei, Birmanie, Cambodge, Indonésie, Laos, Malaisie, Philippines, Singapour, Thaïlande, Vietnam).

Questions

1. Quelle est la principale conséquence des accords régionaux sur l'évolution des échanges ?
2. Les unions régionales sont-elles contraires à l'esprit de l'OMC ?
3. Précisez le risque que ces accords font peser sur les pays qui ne font pas partie d'une union régionale.

B. La multiplication des accords régionaux

DOCUMENT 7 *L'OMC patine face aux accords bilatéraux*

Après 20 ans d'existence, l'OMC n'est pas au mieux de sa forme. L'organisation a du mal à conclure des accords entre ses [162 membres]. Le cycle de Doha, entamé en 2001 et qui prévoit une plus grande libéralisation des échanges des biens et des services, devait durer trois ans. Quatorze ans plus tard, on n'en voit toujours pas la fin. Alors les Européens, mais aussi les Américains, impatients, s'organisent autrement et court-circuitent l'OMC pour négocier des accords commerciaux avec leurs principaux partenaires.

C'est comme ça qu'est apparu le fameux TTIP [*Transatlantic Trade and Investment Partnership*, ou TAFTA, *Transatlantic Free Trade Area*], le traité de libre-échange transatlantique en cours de négociation entre États-Unis et Union européenne. Mais l'Europe négocie aussi de tels accords avec le Japon ou encore le Canada. Pour André Sapir [professeur d'économie à l'Université libre de Bruxelles], ce type d'accord bilatéral est sans doute plus facile à obtenir qu'avec [162] partenaires. De plus, les investissements réalisés par les parties laissent peut-être moins de marge aux négociations au sein de l'OMC : « *L'Union européenne et les États-Unis ont mis beaucoup de ressources dans ces accords bilatéraux et peut-être en mettent-ils un peu moins dans les négociations à Genève.* »

Négocier des accords bilatéraux plutôt que de le faire au sein de l'OMC, ce n'est pas forcément une bonne chose pour le commerce mondial. Mais certains pensent tout de même que le développement de ces accords bilatéraux pourrait à terme débloquer les négociations au sein de l'OMC en servant de base à des accords à plus grande échelle, entre les [162] pays de l'OMC.

www.rtbf.be, 18 février 2015.

Questions

4. À quelle difficulté principale se heurtent les négociations commerciales dans le cadre de l'OMC ?
5. Le développement des accords bilatéraux est-il positif pour le commerce mondial ?

DOCUMENT 8 *Les accords régionaux*

Par définition, les accords commerciaux régionaux créent un environnement discriminatoire pour les non-parties. Celles-ci peuvent voir leurs exportations chuter du fait que les approvisionnements sont de plus en plus assurés auprès de pays appartenant à l'accord commercial préférentiel, et perdre des IDE* du fait que les flux d'investissement sont redirigés vers les membres disposant d'un accès préférentiel à un plus grand marché. Mais les accords commerciaux préférentiels peuvent également détourner les courants d'échanges de leurs partenaires si les importations en provenance d'un partenaire d'un accord commercial régional qui est inefficient sur le plan économique entraînent un déplacement des importations plus compétitives produites ailleurs. [...]

La conclusion d'accords commerciaux régionaux peut également inciter à encore plus de discrimination lorsque des pays qui ne font pas partie de l'accord essaient vite de conclure des accords avec d'autres pays qui en font partie afin de ne pas être exclus – phénomène que l'on a appelé « effet domino » ou « effet d'imitation », et qui explique largement l'activité observée [...] en Asie en matière d'accords commerciaux régionaux. [...]

La multiplication des accords commerciaux régionaux peut compliquer grandement l'environnement commercial en créant un dédale de règles incohérentes et des règles d'origine complexes. Un nombre croissant de membres de l'OMC sont parties à plus de dix accords commerciaux, dont la plupart contiennent des règles d'origine spécifiques pour un membre donné.

Allocution de P. Lamy, « Accords commerciaux multilatéraux et bilatéraux : amis ou ennemis ? », Université de Columbia, New York, www.wto.org

* IDE : investissement direct à l'étranger.

Questions

6. À quel principe fondamental de l'OMC les accords régionaux portent-ils atteinte ?
7. Quelles sont les conséquences de la multiplication des accords régionaux ?

Entraînement

LA COMPÉTENCE ATTENDUE

- Identifier et analyser les limites de l'OMC dans la gouvernance de l'économie mondiale.

Mise en situation

Vous travaillez en tant que pigiste dans le service économique de votre journal régional. À la suite d'une manifestation dans votre ville des opposants au grand marché transatlantique (TAFTA, *Transatlantic Free Trade Area*), vous devez rédiger un article consacré à ce projet de traité commercial entre l'Europe et l'Amérique du Nord, sur lequel le grand public est bien peu informé.

Vous allez préalablement étudier les documents du dossier remis par votre rédacteur en chef.

Travail à faire

À l'aide du dossier joint et de vos connaissances, **en veillant à préciser les principaux concepts utilisés** et à exploiter les sources statistiques mises à votre disposition, vous êtes chargé(e) de concevoir une note argumentée et structurée dans laquelle :

1. vous présenterez le TAFTA (son importance, les principaux sujets de négociation) ;
2. vous expliquerez ce que craignent les opposants au traité ;
3. vous exposerez en quoi cet accord constitue une limite à la gouvernance de l'OMC.

ANNEXE 1 Un nouveau traité transatlantique

Le TAFTA vise à établir une zone de libre-échange entre l'Union européenne et les États-Unis, créant un gigantesque marché de plus de 800 millions de consommateurs.

ANNEXE 2 Les zones géographiques

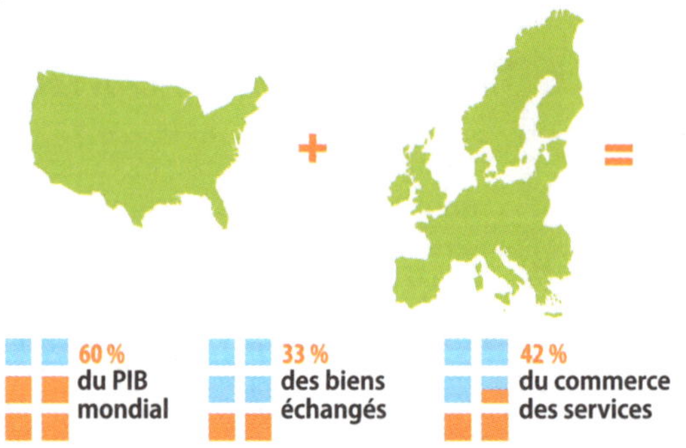

www.touteleurope.eu

ANNEXE 3 La libéralisation des échanges

Comme dans d'autres accords bilatéraux en cours de négociations, les discussions ne se bornent pas à la question des barrières douanières aux échanges, mais s'étendront aussi aux « barrières non tarifaires ». Toute norme, même décidée démocratiquement, pourrait être considérée comme un obstacle au commerce.

L'objectif consiste à atteindre par ces accords « le plus haut niveau de libéralisation possible ». La concurrence serait alors le seul principe régissant toutes les activités humaines (seuls les services régaliens de l'État sont explicitement exclus des négociations TAFTA, et pour l'instant les services audiovisuels).

Après 30 ans de libéralisations ininterrompues dans l'Union européenne, ces accords viendraient parachever l'exercice en le rendant irréversible.

[...] Alors que l'Organisation mondiale du commerce (OMC) apparaît assez largement bloquée actuellement, ces accords serviraient de modèle pour tous les autres accords de libéralisation dans le monde.

Frédéric Viale, www.natura-sciences.com, 4 décembre 2014.

Le grand marché transatlantique

Annexe 4

L'harmonisation des réglementations

Permettre à deux territoires d'échanger librement leurs biens et services implique tout d'abord de supprimer les droits de douane. Entre l'UE et les États-Unis, ils oscillent entre 2 % et 4 % pour la majorité des produits. Ce n'est pas leur disparition qui inquiète les détracteurs du traité mais plutôt tout ce qui va autour : les obstacles non tarifaires. […] Le cœur des négociations porte donc sur l'harmonisation des réglementations en vigueur […].
À titre d'exemple, les Américains autorisent le lavage au chlore de leurs volailles pour éradiquer les salmonelles alors que l'UE interdit un tel traitement. *Idem* pour le bœuf aux hormones que les anti-TAFTA craignent de retrouver sur les étals européens. À l'opposé, les Américains sont réticents face aux lait cru et fromages non pasteurisés, et plus exigeants que les Européens en ce qui concerne les émissions de particules fines par les véhicules. Si les normes doivent converger, quelles seront les options choisies ? Les opposants à la zone de libre-échange craignent un nivellement par le bas des règles sanitaires et environnementales.

Claire Le Nestour, www.terraeco.net, 11 juin 2015.

Annexe 5

Les points de blocage

Le tribunal investisseurs-États
Il s'agit d'un mécanisme de règlement des différends que pourrait utiliser tout investisseur pour attaquer un État s'il estime qu'une législation vient porter préjudice à ses intérêts.

Le manque de transparence des négociations
Certaines critiques soulignent le peu de documents qui est mis à disposition des citoyens et le fait que les négociations se passent en grande partie à huis clos.

La question des normes sanitaires et sociales
De nombreuses craintes sont liées à la préservation des règles et des normes sociales, environnementales et sanitaires. Il s'agit notamment de la protection élevée des consommateurs que le modèle européen garantit (OGM, protection des données personnelles, etc.).

Les marchés publics
L'UE réclame une réciprocité dans l'accès aux marchés publics américains alors que ceux-ci sont ouverts à environ 30 % contre plus de 90 % dans les États membres.

www.touteleurope.eu

Annexe 6

Une réponse à l'OMC

Les impasses dans lesquelles se trouve l'Organisation mondiale du commerce (OMC) depuis le lancement du cycle de Doha en novembre 2001 illustrent la crise du multilatéralisme. L'institution de Genève n'a pas à ce jour été en mesure de conduire les États membres sur la voie d'un accord commercial multilatéral, l'esprit de la coopération ayant laissé place à la fragmentation des intérêts commerciaux. […]
L'économie mondiale, vue au travers de la crise institutionnelle que traverse l'OMC, est en réalité un vaste espace de rivalités économiques. L'issue se trouve-t-elle du côté des accords régionaux ou bilatéraux ? Au regard du nombre d'accords régionaux/bilatéraux notifiés à l'OMC depuis 1995, le lancement en juillet 2013 des négociations transatlantiques ne constitue pas véritablement une surprise.

Thierry Pouch, www.diploweb.com, 2 novembre 2014.

Sens de la leçon

Les limites de l'OMC

1 La gouvernance mondiale du commerce rencontre des obstacles.

Difficultés à faire émerger de nouvelles règles :

- Nécessité de consensus pour toute prise de décision
- Difficultés d'extension à de nouveaux domaines

Désaccords profonds :

- Contestation de la doctrine de l'OMC
- Divergence d'intérêts des pays du Nord et des pays du Sud

2 La multiplication des accords bilatéraux et régionaux freine la libération du commerce international…

- … par la mise en place de pratiques discriminatoires.
- … par la création d'entraves aux échanges commerciaux.

Les mots-clés

Accords bilatéraux – Accords multilatéraux – Accords régionaux – Consensus – Union régionale

11 Les enjeux des biens publics mondiaux

LE RÉFÉRENTIEL

6. La gouvernance de l'économie mondiale *(20 heures)*
6.2. La coopération internationale, une offre de biens publics mondiaux *(10 heures)*

La compétence attendue	Le plan du chapitre
• Caractériser un bien public mondial	**I. Des biens publics aux biens publics mondiaux** **II. Les enjeux des biens publics mondiaux**

Mise en situation: lutte contre le réchauffement climatique, il y a urgence !

+ 2 % : c'est l'ampleur maximale du réchauffement climatique que pourrait tolérer la planète.

Selon le dernier rapport du Groupe d'experts intergouvernemental sur l'évolution du climat (GIEC) publié fin 2014, le changement climatique est « sans équivoque ». Et il est « extrêmement probable » qu'il soit dû à l'émission de gaz à effet de serre liée aux activités humaines. Au rythme actuel, le réchauffement de l'atmosphère pourrait aller jusqu'à 4,8 °C d'ici à la fin du siècle, selon les hypothèses retenues par le GIEC.

Or, on sait qu'au-delà de 2 °C, les conséquences du réchauffement risquent d'être dramatiques : montée des eaux, multiplication d'épisodes extrêmes (tsunamis, ouragans, canicules, etc.), accélération de la désertification de régions fertiles.

Or, ce qui est complexe pour endiguer le phénomène, c'est que la lutte contre le changement climatique ne peut être que globale : il ne sert à rien, par exemple, que les Européens fassent des efforts pour réduire leurs émissions de gaz à effet de serre si les Chinois ne le font pas.

Questions

1. Quelles sont les causes du réchauffement climatique ?
2. Pourquoi est-ce préoccupant ?
3. Pourquoi est-il nécessaire qu'une solution émerge au niveau mondial ?

I Des biens publics aux biens publics mondiaux

A. La notion de bien public

Document 1 *Les caractéristiques des biens publics*

En microéconomie, deux grands types de biens sont distingués : les biens privatifs et les biens publics.

Les **biens privatifs** (comme un vêtement ou une voiture) sont des biens ou des services faisant l'objet d'une consommation privée et leurs détenteurs peuvent empêcher les autres individus de les utiliser.

En revanche, les **biens publics** sont des biens, services ou ressources qui bénéficient à tous.
Ils se caractérisent par deux critères mis en évidence par Samuelson en 1954 :
- la **non-rivalité** : la consommation du bien par un individu n'empêche pas la consommation de ce même bien par un autre individu. On parle d'indivisibilité de consommation. Ex. : l'éclairage public permet d'éclairer tous les usagers simultanément ;
- la **non-exclusion** : personne ne peut être exclu de la consommation de ce bien, faute de pouvoir en tarifer l'usage. Ex. : il est impossible de faire payer sa part d'éclairage public à chaque utilisateur en fonction de sa consommation. De même, il est impossible de priver un utilisateur de l'éclairage public car on ne peut mesurer sa consommation.

Document 2 *La Défense nationale : un bien public*

Le rôle du ministère de la Défense est d'assurer la protection du territoire, de la population et des intérêts français.

Questions

1. Identifiez et expliquez les deux critères permettant de caractériser un bien public.
2. À partir du document 2, donnez un autre exemple de bien public. Justifiez.

Document 3 *La typologie des biens publics*

Au sens strict, les biens publics « purs » satisfont aux deux conditions de non-exclusion et de non-rivalité. Mais, dans la réalité, la plupart des biens correspondent à l'un ou à l'autre des critères ; rares sont les biens qui respectent ces deux conditions à la fois.

Lorsqu'une des deux caractéristiques fait défaut, on parle de bien public « impur ». On distingue alors :
– les biens de club : non-rivalité et exclusion (ex. : la télévision cryptée est utilisable par tous sans rivalité, mais son accès est limité par le prix à payer) ;
– les biens communs : non-exclusion et rivalité (ex. : les pâturages de montagne sont à la disposition de tous – non-exclusion – mais l'herbe s'épuise au fur et à mesure de sa consommation, empêchant certains bergers d'en profiter – rivalité).
Au sens large, un bien est dit « public » s'il ne possède pas toutes les propriétés d'un bien privé.

Questions

3. Quand peut-on parler de bien public « impur » ?
4. Quelle caractéristique des biens publics est remise en cause dans les cas suivants :
   – en cas de saturation d'une ressource ?
   – lorsqu'un droit d'accès empêche certains acteurs d'accéder à la ressource ?
5. Qualifiez la nature des biens suivants : un fleuve, une autoroute à péage, la sécurité intérieure.

B. L'émergence de la notion de bien public mondial

Document 4 *Une définition des biens publics mondiaux*

Les biens publics mondiaux se distinguent des biens publics nationaux dans la mesure où ils profitent à tous les pays et prennent en considération le bien-être des générations futures.
En 1986, Charles Kindleberger étend ainsi la notion de bien public défini par Paul Samuelson. Il reprend les deux caractéristiques des biens publics purs, auxquelles il en ajoute deux autres.

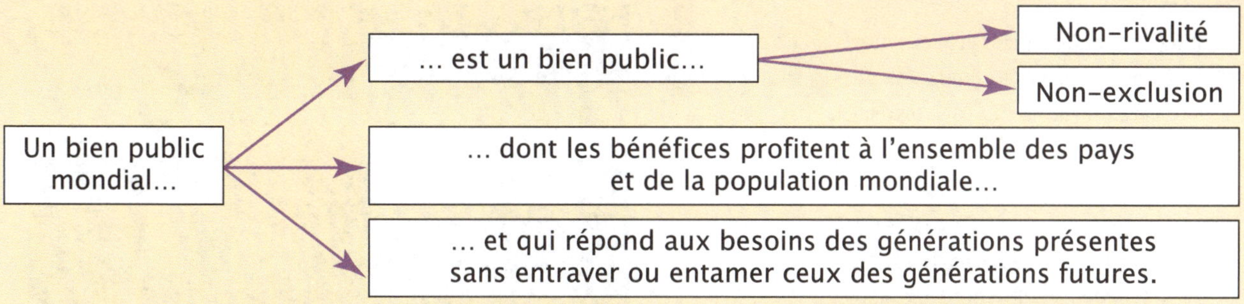

Document 5 *L'air pur, un bien public mondial*

Pour les économistes, les rejets de gaz à effet de serre dans l'atmosphère constituent ce qu'on appelle une « externalité négative ». Rejeter en masse du CO_2, notamment *via* la combustion de carburants fossiles (gaz, pétrole et charbon), dégrade progressivement l'équilibre climatique en augmentant la teneur de l'atmosphère en carbone (effet négatif), sans que les responsables aient eu à payer le coût social (les coûts du changement climatique) induit par leur comportement.

G. Robert et Y. Le Rolland, *Alternatives Economiques*, n° 350, octobre 2015.

Document 6 *L'eau, bien commun de l'humanité*

Y aura-t-il demain assez d'eau pour tous sur notre planète ? Théoriquement oui, mais il est urgent de changer « radicalement » la façon de l'utiliser et de la partager, prévient l'Organisation des Nations unies (ONU) dans son rapport annuel 2015 sur l'or bleu, qu'elle a rendu public [le] 20 mars, à l'avant-veille de la Journée mondiale de l'eau. Sinon, au rythme actuel, « le monde devra faire face à un déficit hydrique global de 40 % » dès 2030, écrivent les experts du Programme mondial des Nations unies pour l'évaluation des ressources en eau. Dans le monde, 748 millions de personnes restent privées d'eau potable. [...] 36 % de la population africaine ne dispose toujours pas d'un point d'eau accessible.

M. Valo, www.lemonde.fr, 20 mars 2015.

En 2010, les Nations unies ont reconnu le droit universel à l'eau et à l'assainissement essentiel à la réalisation de tous les droits de l'Homme.

Questions

6. Quelles sont les deux dimensions qui permettent de qualifier un bien public mondial ?
7. Rappelez le sens de la notion d'externalité et donnez un exemple.
8. De quel bien public mondial est-il fait mention dans le document 5 ? Ce bien respecte-t-il toutes les caractéristiques d'un bien public mondial ?
9. En quoi l'eau peut-elle être considérée comme un bien public mondial ?

II Les enjeux des biens publics mondiaux

A. Au service de l'intérêt général des nations

Document 7 *Des problématiques diverses selon la nature des biens publics*

▶ Il y a de nombreux **biens publics naturels**. Ainsi, les fonds marins ont été proclamés « patrimoine commun de l'humanité » par la convention sur le droit de la mer du 10 décembre 1982. [...]

Les biens publics naturels comme la couche d'ozone, la nappe phréatique ou la stabilité climatique posent essentiellement le problème de leur pérennité à long terme, sous l'effet de l'activité des hommes. Comme ils sont non renouvelables et que l'activité de l'homme tend à les détériorer ou à les consommer sans retour, la question politique principale est de réguler leur sur-utilisation.

▶ Les **biens publics créés par l'homme**. [...] Pour ce type de biens publics, le défi politique principal est en fait leur sous-utilisation, surtout par les plus défavorisés*. [...]

▶ Il y a enfin les **biens publics créés de façon immanente par la société**, par exemple la paix internationale, la stabilité financière mondiale, les normes culturelles universelles encourageant la coopération sociale et internationale.

Ces biens publics sont bien réels mais ils sont « immanents », intangibles, et donc toujours tenus en quelque sorte pour acquis, pour allant de soi, ou alors comme étant hors de portée de l'action des personnes ou même des États. [...]

Tout le monde a un intérêt objectif à les développer, et pourtant on est bien obligé de constater qu'ils ne sont pas fournis à hauteur de la demande latente.

P. Quéau, Table ronde sur le bien public commun et l'UNESCO, http://webworld.unesco.org

* Par exemple, les connaissances scientifiques et pratiques ou l'héritage culturel.

Document 8 *Biodiversité : des espèces de poissons menacées par la surpêche*

La face sombre d'une industrie qui met en péril à la fois l'écosystème marin et une bonne partie de l'humanité [...]

Depuis des dizaines d'années, une armada de bateaux sillonne sans interruption les mers du globe. La pêche toujours plus intensive des poissons nuit à la biodiversité. Selon les spécialistes, cette surpêche se pratique sur 90 % de la Méditerranée, tandis que 40 % des espèces de poissons du Nord-Est de l'Atlantique sont menacées. [...]

Sur la côte ouest de l'Afrique, la pêche illégale fait rage, privant les petits exploitants de leurs moyens de subsistance, tandis que de nombreuses entreprises imposent à leurs employés des conditions de quasi-esclavage.

www.humanite-biodiversite.fr, 8 février 2015.

Questions

1. Quel problème particulier pose chacune des catégories de biens publics ? Donnez un exemple pour chaque bien.
2. De quel bien public est-il fait mention dans le document 8 ?
3. À quel risque est-il confronté ?

B. La nécessité d'une coopération internationale

Document 9 *Les biens publics mondiaux : une réponse aux défaillances des marchés et des États*

Les biens publics : le comportement de « passager clandestin »

De nombreux biens publics relèvent de l'intérêt général car ils sont nécessaires au bon fonctionnement de l'économie nationale et à la cohésion sociale (par exemple, des infrastructures performantes ou un système éducatif efficace).
Or, le marché ne peut produire une quantité optimale de biens publics car les acteurs privés ne sont pas incités à les produire. Prenons l'exemple d'un phare : tous les marins l'utilisent sans qu'il soit possible de les faire payer. Aucun acteur privé n'a donc intérêt à le construire, et à en supporter le coût, car la plupart des agents se comporteront comme des « passagers clandestins » (« *free riders* ») : ils utiliseront le bien sans en payer le prix.

Les États, des « passagers clandestins »

Au niveau international, ce dilemme renvoie ainsi à la défaillance des États pour produire des biens publics mondiaux.
Le marché ne permet pas une production optimale de ces biens et les États ont intérêt à se comporter comme des « passagers clandestins » en laissant aux autres pays le soin de les financer et de les produire.
Les biens publics mondiaux nécessitent dès lors une action commune et concertée entre les États pour leur production et leur gestion.

Document 10 *Lutte contre le réchauffement climatique : un défi mondial*

© UNFCCC

Sans réduction drastique des émissions de gaz à effet de serre [GES], les coûts économiques, sociaux et environnementaux du changement climatique seront conséquents. Il est donc impératif d'agir pour limiter au maximum le changement climatique. […]
Au plan économique, la mondialisation complexifie la démarche de réduction. L'effort requis pour faire diminuer les émissions en France est susceptible de pénaliser à court terme l'économie française, particulièrement certains secteurs émetteurs soumis à la concurrence mondiale si des dispositifs d'accompagnement ne sont pas mis en œuvre. Un cadre normatif et économique qui permettrait de réduire les émissions de GES en entraînant la délocalisation des activités émettrices de GES n'a pas d'intérêt. […]
La réduction des émissions de gaz à effet de serre est un très large défi mondial.

G. Virlouvet, *Les avis du Conseil économique, social et environnemental (CESE)*, avril 2015.

Questions

4. Pourquoi une entreprise privée n'a-t-elle pas intérêt à produire un bien public ?
5. Pourquoi un État n'est-il pas incité à produire seul des biens publics mondiaux ?
6. Quel est le bien public dont il est fait mention dans le document 10 ?
7. Expliquez la phrase soulignée. Quelle solution paraît alors indispensable pour lutter contre le réchauffement climatique ?

Entraînement

LA COMPÉTENCE ATTENDUE

• Caractériser un bien public mondial.

Mise en situation

Une ONG vous demande de réaliser une étude sur les principaux fléaux sanitaires et écologiques touchant l'ensemble des nations. En vous appuyant sur vos connaissances personnelles et sur les documents fournis en annexes, vous appréhenderez les problématiques soulevées par ces maux publics mondiaux et l'état d'avancement de leur gestion au niveau mondial.

Travail à faire

À l'aide du dossier joint et de vos connaissances, **en veillant à préciser les principaux concepts utilisés** et à exploiter les sources statistiques mises à votre disposition, vous êtes chargé(e) de concevoir une note argumentée et structurée dans laquelle :

1. vous identifierez les différents « maux publics » mondiaux dont il est fait référence dans les documents;
2. vous caractériserez les biens publics mondiaux qui correspondent à chacun de ces « maux » en vous référant à la définition de ces types de biens (critères, dimensions);
3. vous présenterez les problématiques auxquelles sont associés ces biens publics ainsi que les diverses réponses apportées par la communauté internationale.

ANNEXE 1

Les biens publics en réponse aux « maux publics »

Les maux publics sont des nuisances visibles et palpables. Les biens publics, quant à eux, comme une réaction aux maux publics, sont des objectifs tendant à remédier à ceux-ci ou à produire un résultat bénéfique pour la collectivité. Alors qu'il est facile de décrire un mal parce qu'il est concret et présent, il est plus difficile de définir un bien parce que, en tant qu'objectif, il n'est pas encore réalisé. Par exemple, la bonne santé est une situation de bénéfice générale, alors que la maladie est un fait concret qui est plus connaissable par la raison humaine. Et parce que le bien n'a pas d'existence palpable, il est un concept immatériel, une représentation intellectuelle de ce que devrait être le monde pour que tout fonctionne bien. Le concept de biens publics mondiaux a pour vocation de faire face aux défis mondiaux contemporains. […] Le seul critère déterminant est que le bien public mondial renvoie à une situation bénéfique qui participe à la protection de l'intérêt collectif. […]

La lutte contre la pauvreté dans le monde

Les institutions internationales de Bretton Woods (FMI, Banque mondiale), l'OMC et l'OCDE considèrent désormais que la pauvreté doit être combattue par la communauté internationale. […] Dans cet esprit, les grandes organisations internationales cherchent à renforcer leur coopération avec la société civile, soucieuse également de combattre ce mal public. C'est ainsi que la Banque mondiale, prêteur international de fonds, intervient dans la lutte contre la pauvreté des États emprunteurs, en cherchant à moderniser et à rendre efficaces leurs institutions et leur droit.

A. Suy, *La Théorie des biens publics mondiaux*, Éd. L'Harmattan.

ANNEXE 2

Biodiversité : attention, danger !

« *Imaginez la pêche sans poissons, l'exploitation forestière sans arbres, les cultures sans pollinisateurs.* » Coordonnateur du dernier rapport de l'Union internationale pour la conservation de la nature (UICN) sur la biodiversité mondiale, Jean-Christophe Vié* rappelle combien la diversité des espèces est essentielle pour la survie des humains. Ce rapport, publié tous les quatre ans, analyse la situation de 44 800 espèces animales et végétales (2,7 % de l'ensemble des espèces recensées). Dernier bilan : parmi les espèces suivies, 1 159 sont éteintes et 16 228 menacées de l'être, dont un tiers des amphibiens, un huitième des oiseaux et près du quart des mammifères. En Europe, c'est le cas de 38 % des poissons. Pire, des espèces qui ne sont pas en danger aujourd'hui pourraient l'être demain en raison du changement climatique. C'est notamment le cas de 30 % des oiseaux non menacés pour l'instant.

Alternatives Économiques, n° 283.

* Jean-Christophe Vié : vétérinaire et écologiste français.

Les « maux publics » mondiaux

Annexe 3

JOURNÉE MONDIALE DE LUTTE CONTRE LE SIDA 1ER DÉCEMBRE 2015

En 1988, l'Assemblée générale avait exprimé sa vive préoccupation devant la pandémie de sida. Notant que l'Organisation mondiale de la santé (OMS) avait choisi la date du 1er décembre 1988 comme Journée mondiale du sida, l'Assemblée a souligné l'importance de cette manifestation (résolution 43/15). Aujourd'hui, plus de 41 millions de personnes sont séropositives et sidéennes. La Journée mondiale de lutte contre le sida n'est pas la seule occasion de revenir sur ce dossier brûlant, mais en insistant sur le fait que nous devons être tous ensemble contre le sida, elle a toute sa place dans le calendrier des journées internationales. [...]

À l'occasion de la Journée 2015, l'OMS se fixe un objectif ambitieux : combler l'écart en matière de prévention et de traitement. L'OMS publiera de nouvelles recommandations pour aider les pays à combler les importantes disparités des services disponibles pour prévenir et traiter le VIH.

www.journee-mondiale.com

Annexe 4

Les conséquences de la déforestation sur le climat

L'expansion agricole est la principale cause de déboisement dans le monde : les plantations de palmiers à huile, le développement des cultures pour l'élevage industriel, l'exploitation minière de métaux et de minéraux précieux constituent des causes majeures de déboisement. [...]

La disparition massive de la forêt tropicale humide au profit des prairies et des cultures diminue d'autant l'évapotranspiration (évaporation + transpiration des végétaux) et donc l'humidité de l'air et le climat régional. [...]

La déforestation participe fortement aux émissions de gaz à effet de serre, responsable du réchauffement climatique en cours. Ainsi, 17 % des émissions mondiales de dioxyde de carbone résultent de la déforestation et des changements apportés à l'occupation des sols : c'est le troisième poste émetteur après l'approvisionnement énergétique et l'industrie. 70 % de ces émissions proviennent du Brésil et 80 % de l'Indonésie.

© Christophe Magdelaine, www.notre-planete.info, 24 mars 2015.

Au niveau international, les Nations unies ont engagé les programmes *Reducing Emissions from Deforestation and Forest Degradation* (REDD).

Surtout, la lutte contre la déforestation est aujourd'hui intégrée dans les négociations internationales sur le climat.

Sens de la leçon

Les enjeux des biens publics mondiaux

1 Des biens publics aux biens publics mondiaux

La définition des biens publics mondiaux retient…

- … deux critères pour qualifier les biens publics purs :
  - La non-exclusion
  - La non-rivalité
- … deux dimensions (selon Kindleberger) :
  - Une dimension internationale
  - Une dimension intergénérationnelle

2 Les enjeux des biens publics mondiaux

Les enjeux sont tels qu'une coopération internationale est nécessaire du fait :

- de l'intérêt général des nations dans un contexte de mondialisation.
  Exemple : la préservation de la biodiversité mondiale
- de la défaillance des marchés et des États pour produire des biens publics mondiaux, qui adoptent un comportement de « passager clandestin »
- de l'extension des « maux publics » mondiaux.
  Exemples : les pandémies, le réchauffement climatique, la pauvreté.

Les mots-clés

Bien public – Bien public mondial – Biens communs – Biens de club – Comportement de « passager clandestin »

12 La gestion des biens publics mondiaux

LE RÉFÉRENTIEL

6. La gouvernance de l'économie mondiale *(20 heures)*
6.2. La coopération internationale, une offre de biens publics mondiaux *(10 heures)*

Les compétences attendues	Le plan du chapitre
• Analyser les modes de gestion associés à ces biens et leurs impacts sur l'activité économique	**I. Les modes de gestion institués par la coopération internationale**
• Analyser les actions mises en œuvre par les organisations économiques internationales	**II. Les difficultés de la gouvernance mondiale**

Mise en situation : la COP21, une conférence climatique cruciale

PARIS2015
CONFÉRENCE DES NATIONS UNIES
SUR LES CHANGEMENTS CLIMATIQUES
COP21·CMP11

Du 30 novembre au 11 décembre 2015, la France a présidé et accueilli la 21e Conférence des parties à la Convention-cadre des Nations unies sur les changements climatiques (CCNUCC) : la COP21/CMP11.

Pour préparer cette échéance cruciale, les délégués des 195 pays parties à la CCNUCC se sont régulièrement réunis pendant un an. Objectif : avancer sur un nouvel accord international sur le climat pour maintenir le réchauffement climatique en dessous de 2 °C. Le dernier rendez-vous avant la COP21 avait ainsi eu lieu à Paris du 8 au 10 novembre pour explorer des compromis possibles et donner l'impulsion politique dans cette dernière ligne droite.

Tous les principaux pays émetteurs de gaz à effet de serre ont été représentés (États-Unis, Canada, Australie, Union européenne, Chine, Inde, Afrique du Sud, Brésil, Arabie Saoudite, etc.). De nombreux pays particulièrement vulnérables au changement climatique – comme le Bangladesh, les petits États insulaires en développement ou encore le Niger – ont répondu à l'invitation. Au total, 70 pays sont représentés.

Questions

1. Qu'est-ce que la COP21 ? Quels sont ses enjeux ?
2. Quels sont les pays participants ?
3. Pourquoi des réunions préparatoires à cette conférence sont-elles nécessaires ?

I Les modes de gestion institués par la coopération internationale

A. La signature d'accords internationaux

Document 1 *La nécessité d'une gouvernance mondiale*

Il y a bien longtemps déjà que l'on a reconnu à la stabilité économique mondiale la caractéristique d'externalité internationale : un ralentissement économique dans un pays peut avoir des effets sur l'économie des pays voisins. À l'inverse, de nombreux pays profiteront d'une économie mondiale dynamique. Les institutions créées dans l'après-coup de la Seconde Guerre mondiale visaient justement à accroître la stabilité de l'économie mondiale, et donc à hâter la prise de conscience que celle-ci est un bien public mondial. [...]

Ainsi, alors que nous manquons à l'évidence d'un système complet de gouvernement global, semblable à celui que l'on peut observer au plan national ou local dans un pays, il existe cependant un réseau complexe d'arrangements internationaux, qui, pris ensemble, forment la gouvernance mondiale. Ce réseau comprend de nombreux traités internationaux (par exemple, ceux de Montréal et de Kyoto) et un ensemble de lois internationales, plusieurs traités comprenant en outre des mécanismes de prise de décision.

J. Stiglitz, « La gouvernance mondiale est-elle au service de l'intérêt général global ? », trad. É. Laurent, *in* J.-P. Fitoussi, É. Laurent (dir.), France 2012. *E-book de campagne à l'usage des citoyens*, OFCE.

Document 2 *Le G20 uni pour lutter contre l'évasion fiscale*

Les ministres des Finances du G20 ont adopté comme prévu, [...] à Lima, en marge des assemblées annuelles du Fonds monétaire international et de la Banque mondiale, le vaste plan de lutte contre l'évasion et l'optimisation fiscale des multinationales, élaboré par l'OCDE (Organisation de coopération et de développement économiques). Baptisé BEPS pour «*Base Erosion and Profit Shifting*» (NDLR : érosion de la base fiscale et transfert des bénéfices), ce plan de 15 actions redéfinit les règles et refond, en partie, tout le système de la fiscalité internationale. [...]

R. Hiault, www.lesechos.fr, 9 octobre 2015.

Questions

1. Expliquez le rôle et les modalités d'action de la coopération internationale.
2. Qu'est-ce que le G20 ? Exposez la décision prise ainsi que son intérêt.

Document 3 *La lutte contre le changement climatique avant la COP21*

- **16 septembre 1987 – Protocole de Montréal (Canada)**
Les États parties prennent la décision d'interdire l'utilisation des chlorofluorocarbones (CFC) responsables de l'amincissement de la couche d'ozone d'ici à l'an 2000.
- **3-14 juin 1992 – Sommet de la Terre à Rio de Janeiro (Brésil)**
131 chefs d'État et de gouvernement adoptent l'Agenda 21, une liste de 2 500 recommandations d'action pour le XXIe siècle. La Convention-cadre des Nations unies sur les changements climatiques est ouverte à la signature pour stabiliser les concentrations de gaz à effet de serre.
- **1er-12 décembre 1997 – 3e Conférence des Nations unies sur les changements climatiques à Kyoto (Japon)**
Adoption du protocole de Kyoto engageant les 38 pays industrialisés signataires à réduire les émissions de gaz à effet de serre de 5,2 % en moyenne d'ici 2012, par rapport au niveau de 1990. Le protocole de Kyoto entre en vigueur en 2005.
- **10 décembre 2010 – Sommet de Cancún sur le changement climatique (Brésil)**
192 pays adoptent un texte mettant en place une série de mécanismes financiers pour lutter contre le réchauffement climatique. Un «Fonds vert» («*Green Climate» Fund*) est créé pour soutenir les projets, programmes et politiques d'adaptation des pays en développement.
- **7 décembre 2012 – Conférence de Doha (Qatar)**
Accord sur le prolongement du protocole de Kyoto jusqu'en 2020 et le développement d'une aide financière destinée aux pays du Sud pour faire face au changement climatique.
- **2015 – Plusieurs sessions de négociations à Genève (Suisse) et à Bonn (Allemagne)**
Travaux préparatoires avant la conclusion d'un accord international pour la période post-2020 lors de la conférence Paris Climat 2015.

D'après *La Documentation française*.

Questions

3. Exposez les objectifs généraux des accords mentionnés dans le document 3.
4. Quels mécanismes mis en œuvre par la coopération internationale permettent d'orienter le comportement des acteurs dans le sens du bien commun ?

B. La délégation à des institutions internationales

Document 4 *À la recherche de la stabilité financière*

À la fin de la Seconde Guerre mondiale, le problème international auquel on accordait le plus d'importance était le fait qu'un ralentissement dans un pays était susceptible de nuire à un autre pays. Pour comprendre la raison de la création du FMI, il faut ainsi se replacer dans le contexte de la crise de 1929 et de la première moitié des années 1930.

Constatant que l'économie mondiale n'était sortie de la crise de 1929 que pour rentrer dans la Seconde Guerre mondiale, de nombreux observateurs craignaient en 1945 qu'elle ne retombe dans la récession et le sous-emploi. Les institutions économiques internationales furent créées pour empêcher que cela ne se produise, au nom du fait que ce risque n'était ni local ni national, mais bien global. Mais comment permettre à des pays dont l'instrument monétaire pouvait ne pas être disponible ou ne pas bien fonctionner d'utiliser l'outil budgétaire pour sortir de la récession ? Il fallait leur permettre d'emprunter au plan international.

Le FMI fut ainsi initialement créé pour prêter des fonds à des pays en difficulté économique afin qu'ils puissent stimuler leur activité à l'aide de leurs finances publiques. La « pression des pairs » d'alors visait à s'assurer que chaque pays se tienne le plus près possible du plein emploi, dès lors que cette situation individuelle profitait en fait à tous.

J. Stiglitz, « La gouvernance mondiale est-elle au service de l'intérêt général global ? », trad. É. Laurent, *in* J.-P. Fitoussi, É. Laurent (dir.), France 2012. *E-book de campagne à l'usage des citoyens*, OFCE.

Document 5 *Le rôle de l'Organisation mondiale de la santé (OMS)*

Les crises sanitaires mondiales, telles que le sida, les épidémies humaines et animales, peuvent entraîner de nombreux décès et être à l'origine de maux publics mondiaux. Aussi, l'OMS travaille à modifier ces maux.

A. Suy, *La Théorie des biens publics mondiaux – Une solution à la crise*, Éd. L'Harmattan.

Journée mondiale sans tabac : l'OMS appelle à lutter contre le commerce illicite du tabac

Chaque année, le 31 mai, l'OMS et ses partenaires célèbrent la Journée mondiale sans tabac, dans le but de souligner les risques pour la santé liés à la consommation de tabac et de plaider en faveur de politiques efficaces pour réduire cette consommation.

Site de l'OMS, www.who.int © 2015, reproduit avec l'accord des Nations Unies.

Questions

5. À partir des exemples cités, expliquez la raison du recours à des institutions supranationales en mettant en évidence chaque bien public mondial et le rôle de chaque institution dont il est fait mention.

6. Quel instrument l'OMS utilise-t-elle pour produire un bien public mondial. Expliquez son objectif.

C. Des modalités d'action contraignantes ou incitatives

Document 6 *Les instruments de la lutte contre le réchauffement climatique*

Le premier mode classique d'intervention publique est l'usage de la contrainte, sous la forme de **réglementations et/ou de normes techniques**. Celles-ci peuvent aller de l'interdiction pure et simple d'utiliser certains produits à des normes limitant les émissions, comme pour les automobiles, en passant par des normes thermiques plus strictes dans le secteur du bâtiment. [...]

Des instruments économiques sont aussi utilisés. Ils reposent cette fois sur une incitation monétaire pour modifier les comportements. Les principaux outils de ce type sont, d'une part, la **taxation** et, de l'autre, la **création de marchés de quotas d'émission**. Les deux ont en commun de permettre d'internaliser l'externalité produite par l'agent pollueur, selon le jargon des économistes. Autrement dit, de lui faire payer le coût social de son comportement. C'est l'application du principe du pollueur-payeur : une taxe sur les émissions ou sur les produits polluants tente de réguler le niveau de pollution en créant un « prix à payer ». Si la taxe a été bien calibrée, elle doit conduire les acteurs économiques à moins consommer de produits polluants et à investir pour émettre moins de rejets nocifs.

G. Robert et Y. Le Rolland, *Alternatives Economiques*, n° 350, octobre 2015.

Document 7 *Le marché européen du carbone*

Le marché européen du carbone, instauré en 2005, fut le premier système d'échange de quotas de CO_2 au monde en vue d'atteindre l'objectif, d'ici 2020, de réduire les émissions de gaz à effet de serre de l'Union européenne de 20 % par rapport au niveau de 1990. Fin 2014, on décomptait 17 systèmes d'échange de quotas actifs au niveau mondial.

Fonctionnement : acheter ou vendre des droits à polluer

Chaque année, un quota d'émission de CO_2 est alloué à chaque installation. Si une entreprise émet davantage de carbone que la limite imposée, elle doit alors acheter un « droit à polluer » à une entreprise qui, au contraire, a consommé moins que son quota. Sur ce marché, le prix de la tonne de CO_2 est déterminé par la loi de l'offre et de la demande. L'objectif est d'inciter les entreprises à diminuer leurs émissions de CO_2.

Ministère de l'Environnement, de l'Énergie et de la Mer, www.developpement-durable.gouv.fr/Echange-de-quotas-d-emission-bilan

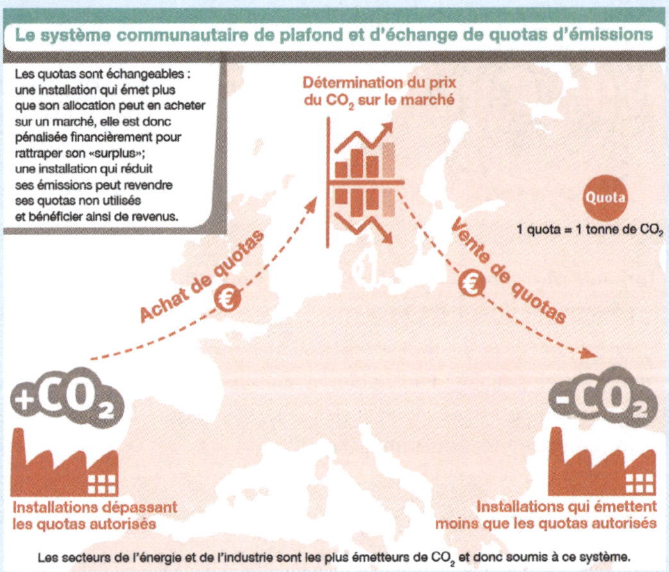

Questions

7. Parmi les mécanismes permettant de lutter contre le réchauffement climatique, indiquez ceux qui sont contraignants et ceux qui sont incitatifs. Justifiez.
8. Quel bien public est préservé grâce à la mise en place du marché européen du carbone ?
9. Pourquoi peut-on dire que la gestion de ce bien public est transférée aux mécanismes de marché ?
10. En quoi le marché du carbone vise-t-il à orienter le comportement des agents économiques dans le sens du bien commun ?

DOCUMENT 8 *Le marché du carbone à la peine*

Prix de la tonne de CO_2 sur le marché du carbone européen, en euros

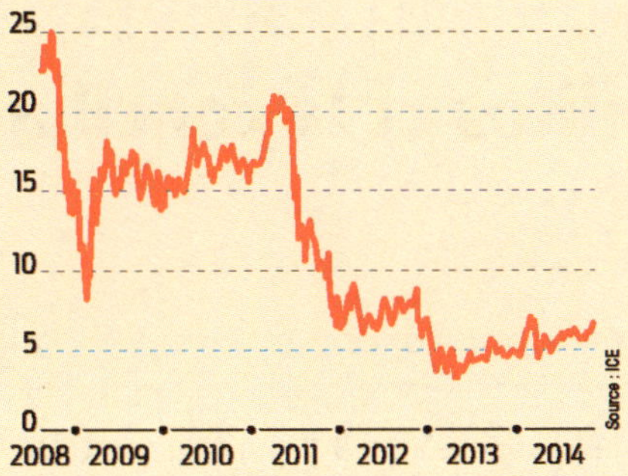

Pour l'essentiel, la délivrance de quotas excessifs, combinée au ralentissement de la croissance dû à la crise de 2008-2009, qui a réduit la consommation de combustibles fossiles, a conduit le prix du carbone à des niveaux souvent inférieurs à 15 euros la tonne d'équivalent carbone. Dans ces conditions, les entreprises n'ont guère intérêt à investir pour réduire leurs émissions et pouvoir ainsi revendre des « droits à polluer ».

G. Robert et Y. Le Rolland, *Alternatives Economiques*, n° 350, octobre 2015.

Question

11. Pourquoi les entreprises ne sont-elles plus réellement incitées à réduire leurs émissions de CO_2 dans le cadre du marché européen du carbone ?

DOCUMENT 9 *La fiscalité entre contrainte et mode de financement des biens publics mondiaux*

Le projet de taxe sur les transactions financières (TTF) de la Commission européenne

Le président de la République s'est déclaré favorable [...] à une taxe sur les transactions financières portant sur « *tous les produits de la finance* ». [...]

Cet instrument, dont le projet est soutenu par onze États européens, poursuit trois objectifs : pénaliser les opérations financières purement spéculatives, substituer à la logique court-termiste l'investissement de long terme répondant aux besoins de l'économie réelle et enfin dégager des ressources indispensables en ces temps de contrainte budgétaire. [...]

Si certains agents économiques ont légitimement recours [au marché des produits dérivés] pour couvrir un risque spécifique, comme le risque de change entre deux monnaies lors d'un contrat d'exportation, l'explosion du nombre d'opérations relève de pratiques spéculatives pariant sur une variation minime des cours. La taille gigantesque de ce marché forme désormais une bulle dont l'éclatement emporterait l'économie mondiale.

35 milliards d'euros par an

Près de 75 % des transactions réalisées sur les produits dérivés disparaîtraient si un taux minime de 0,01 % était appliqué à ces flux. Cette taxe serait ainsi un instrument de lutte contre la spéculation. Elle permettrait malgré tout de dégager 35 milliards d'euros par an pour financer la lutte contre les pandémies comme le sida et le combat contre le dérèglement climatique.

P. Canfin et G. Balas, www.lemonde.fr, 20 janvier 2015.

Questions

12. De quels biens publics est-il fait mention dans le document 9 ?

13. En quoi la TTF permettrait-elle à la fois de préserver et de gérer des biens publics mondiaux ?

II Les difficultés de la gouvernance mondiale

A. Le partage des responsabilités et la conciliation des intérêts particuliers

Document 10 *Les difficultés d'une action collective*

Les problèmes systémiques globaux, les « maux communs », ont un caractère tellement transnational que l'on ne peut guère les analyser en termes nationaux. Les critères employés pour évaluer les coûts et les bénéfices locaux perdent rapidement de leur sens et de leur pertinence s'ils sont employés à l'échelle globale. La « gouvernance globale » pose ainsi de redoutables problèmes d'équilibre entre les revendications des situations locales les plus diverses et l'exigence d'une stratégie commune à l'ensemble de l'humanité.

P. Quéau, *Introduction à la table ronde sur le bien public mondial*, http://webworld.unesco.org

Document 11 *Des conflits d'intérêts*

Les pays émergents comme la Chine et l'Inde sont de très grands pollueurs. Pour eux, l'intérêt public premier réside davantage dans le droit au développement, qui implique d'engendrer beaucoup de pollutions, alors que pour les pays déjà bien développés qui ont dépassé le stade de la production industrielle, la préservation de l'environnement est primordiale.

A. Suy, *La Théorie des biens publics mondiaux*, éd. L'Harmattan.

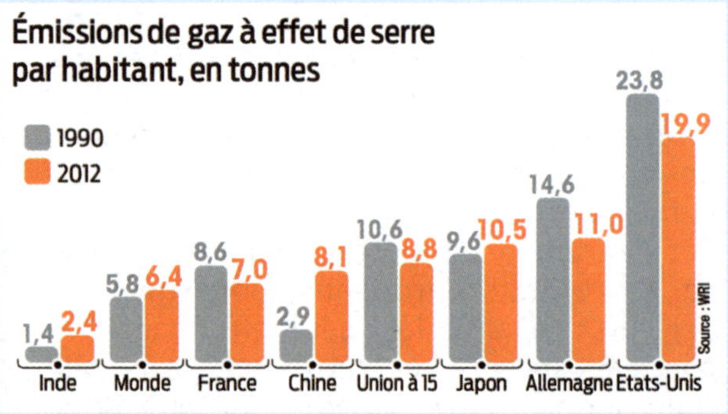

É. Vidalenc, *Alternatives Economiques*, hors-série n° 106, octobre 2015.

Document 12 *Comment répartir les efforts pour le changement climatique ?*

Une fois établie la liste des instruments à disposition, reste à déterminer la contribution que doivent fournir les différents pays à la lutte contre le changement climatique. [...]

Ce qui rend le débat si compliqué, c'est en particulier ce qu'on appelle la responsabilité historique des pays industrialisés. Le changement climatique résulte de la modification de la composition de l'atmosphère. Mais celle-ci n'est pas simplement le fait des émissions constatées aujourd'hui : le CO_2 émis dans le passé reste durant plusieurs dizaines d'années dans l'atmosphère. Les pays émergents, Chine en tête, rappellent donc la responsabilité historique des nations développées dans la dégradation du climat. [...]

Mais comment chiffrer cette responsabilité historique ? Et dans quelle mesure sommes-nous vraiment responsables du comportement de nos ancêtres qui, de plus, n'agissaient pas à l'époque en connaissance de cause ?

G. Robert et Y. Le Rolland, *Alternatives Economiques*, n° 350, octobre 2015.

Questions

1. Expliquez les causes des difficultés de la coopération internationale concernant la gestion et la production des biens publics mondiaux.
2. Pourquoi les pays en développement sont-ils au cœur de la problématique de la préservation des biens publics mondiaux ?

B. La nécessité d'un financement

DOCUMENT 13 *Des ressources limitées face à d'importants besoins de financement*

Les États n'ont pas d'incitation à [...] financer [les biens publics mondiaux] car les bénéfices ne seront pas réservés aux seuls contribuables nationaux. [...] Certes, les organisations internationales disposent de ressources, mais celles-ci sont très limitées et souvent préaffectées. Si le FMI dispose de liquidités abondantes, il ne peut les consacrer qu'aux pays en situation financière délicate, et non à la lutte contre les épidémies.

J.-M. Siroën, *Vers une gouvernance mondiale*, Cahiers français, La Documentation française, n° 335.

DOCUMENT 14 *COP21 : l'épineuse question du financement climatique*

La «*finance climat est un levier majeur*» de la COP21 et un accord sur le sujet «*fera la différence entre un succès et un grand succès à la COP21*», a déclaré le commissaire européen en charge des Affaires économiques, Pierre Moscovici. [...]

Le Fonds vert pour le climat

À travers lui, les pays développés ont annoncé l'objectif de mobiliser 100 milliards de dollars (environ 92 milliards d'euros) par an d'ici à 2020 pour aider les pays du Sud à lutter contre le réchauffement du climat. En septembre 2014, des dirigeants ont lancé un appel en faveur d'une capitalisation initiale à hauteur de 10 milliards de dollars (7,8 milliards d'euros) alors que les pays les moins avancés (PMA) économiquement attendaient 15 milliards.

Sur les 10 milliards promis, seuls 5,8 milliards avaient fait l'objet d'accords signés début octobre [2015]. Manque notamment la contribution des États-Unis, qui se sont engagés sur 3 milliards mais n'ont toujours rien versé. [...]

J.-M. Gradt, www.lesechos.fr, 10 novembre 2015.

Questions

3. Pourquoi peut-on parler de sous-production des biens publics mondiaux ?
4. Quelle difficulté supplémentaire est soulevée par les pays en développement ?
5. Exposez le projet de financement prévu par le Fonds vert pour le climat et ses difficultés.

C. La contestation des organisations internationales

DOCUMENT 15 *Un défaut de démocratie et de transparence*

Les institutions internationales sont non démocratiques. Bien entendu, la plupart d'entre elles réfuteraient cette accusation en invoquant l'existence de mécanismes de vote contrôlés par des règles rigoureuses. Certes, mais au FMI, dont les décisions affectent des millions de personnes de par le monde, un seul pays possède le droit de veto : les États-Unis. Les droits de vote sont déterminés par l'étendue du pouvoir économique, telle que fixée à la fin de la Seconde Guerre mondiale, à quelques ajustements près faits depuis. Ceci explique pourquoi les pays qui font aujourd'hui, et plus encore demain, la croissance mondiale, y sont sous-représentés.

J. Stiglitz, « La gouvernance mondiale est-elle au service de l'intérêt général global ? », trad. É. Laurent, *in* J.-P. Fitoussi, É. Laurent (dir.), France 2012. *E-book de campagne à l'usage des citoyens*, OFCE.

Questions

6. Pourquoi la légitimité des organisations supranationales est-elle remise en cause ?
7. En quoi est-ce problématique pour la production et la gestion des biens publics mondiaux ?

Entraînement

Les compétences attendues

- Analyser les modes de gestion associés à ces biens et leurs impacts sur l'activité économique.
- Analyser les actions mises en œuvre par les organisations économiques internationales.

Mise en situation

Vous êtes pigiste pour un quotidien local qui prépare, pour son édition du week-end, un article sur la politique mondiale en matière climatique, au lendemain de la COP21 qui s'est tenue à Paris en décembre 2015.

Vous êtes chargé(e) de préparer un dossier sur les enjeux et les avancées face au défi que présente le réchauffement climatique.

Travail à faire

À l'aide du dossier joint et de vos connaissances, **en veillant à préciser les principaux concepts utilisés** et à exploiter les sources statistiques mises à votre disposition, vous êtes chargé(e) de concevoir une note argumentée et structurée dans laquelle :

1. vous caractériserez le bien public mondial dont il est fait mention dans les annexes et expliquerez la problématique de sa gestion au niveau mondial ;
2. vous exposerez les décisions déjà prises (acteurs, modes de gestion) ;
3. vous présenterez les principales difficultés de sa gestion au niveau mondial puis caractériserez les nouvelles propositions dans le cadre de la COP21.

Annexe 1

Climat : le compte n'y est pas

Le protocole de Kyoto est le premier accord international comportant des objectifs individuels, légalement contraignants, de réduction ou de limitation des émissions de gaz à effet de serre. [...]

La COP15, qui s'est déroulée à Copenhague en 2009, avait pour ambition de trouver un instrument juridique, contraignant et universel, pour succéder au protocole de Kyoto. Cet objectif n'a, alors, pas été atteint. La conférence a marqué un recul, dans la mesure où elle a vu s'imposer une logique d'engagements volontaires individuels non juridiquement contraignants. [...]

La conférence de Doha (COP18) a, par la suite, validé le principe d'une deuxième période d'engagement. L'amendement dit « de Doha » au protocole de Kyoto, adopté le 8 décembre 2012, engage les pays qui l'ont ratifié pour la période qui court du 1er janvier 2013 au 31 décembre 2020. [...] La deuxième période d'engagement du protocole, qui a débuté en 2013, ne couvre qu'un peu plus de 15 % des émissions mondiales de GES.

Rapport du Sénat n° 586, 1er juillet 2015.

Annexe 2

Les enjeux politiques de la conférence de Paris : vers un accord universel sur le climat

La COP21 [s'est tenue] en décembre 2015 à Paris. Dans les mois précédant cette conférence, la plupart des États ont fait connaître leurs intentions en matière de réduction ou de limitation de leurs émissions de gaz à effet de serre. Ce processus traduit une réorientation majeure des discussions internationales sur le climat : le passage d'une logique de répartition négociée et juridiquement contraignante des efforts à mener par chaque État pour limiter le réchauffement global à 2 degrés à une logique d'engagements volontaires. [...]

Les États-Unis se sont engagés sur une réduction de 26 % à 28 % de leurs émissions en 2025 par rapport à 2005, les Chinois à baisser les leurs à partir de 2030 et l'Union européenne à réduire les siennes de 40 % en 2030 par rapport à 1990. Or, ces engagements et ceux qui avaient déjà été posés à cent jours de la conférence de Paris représentaient à peine le tiers de l'effort à accomplir. Après la COP21, il sera non seulement crucial de veiller au respect des promesses, mais également d'en renforcer l'ambition.

Éric Vidalenc, *Alternatives Economiques*, hors-série n° 106, octobre 2015.

Climat : où en est-on ?

ANNEXE 3

De Kyoto 1997 (27 % des émissions mondiales couvertes)...

Adopté à l'unanimité en 1997, le protocole de Kyoto est entré en vigueur en 2005.
Les pays riches signataires s'engagèrent sur un objectif global moyen de réduction des émissions de 5 % par rapport à 1990 à l'horizon 2008-2012. Mais entre les États-Unis (dont le Congrès n'a jamais voulu ratifier ce texte) et les pays qui ne l'ont pas reconduit en 2013 (Japon, Russie, Canada...), ses résultats sont plus que limités.

... à Paris 2015

Pays ayant soumis un engagement volontaire sur leurs émissions de gaz à effet de serre (au 1er octobre 2015) et part dans les émissions mondiales de gaz à effet de serre en 2012, en %

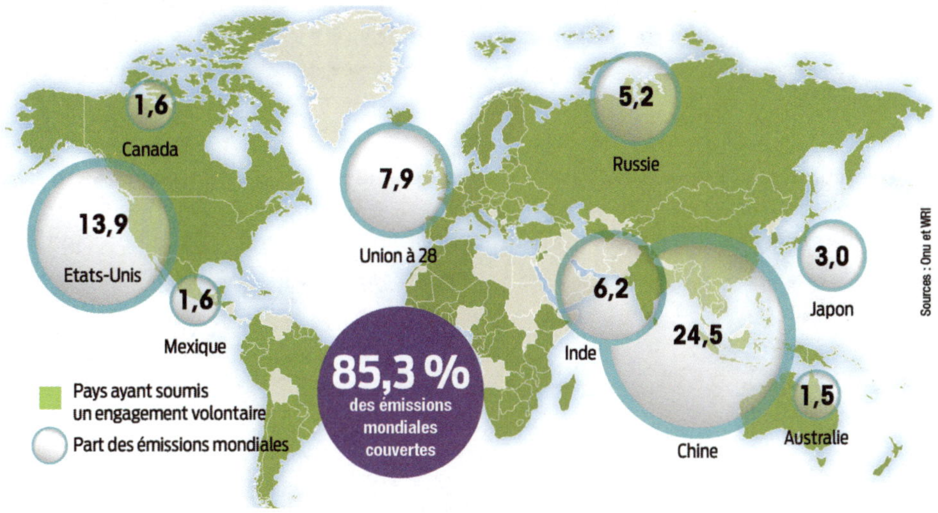

Au 1er octobre 2015, 147 pays avaient notifié leur engagement sur leurs émissions. Il est difficile de mesurer ce que représentent globalement ces promesses, chaque pays étant libre de définir la nature de l'effort envisagé (réduction absolue ou par rapport à la tendance actuelle). Mais selon les estimations, la somme des engagements n'atteignait, début octobre (2015), que le tiers de ce qui serait nécessaire pour rester dans la limite des 2 °C.

Alternatives Economiques, hors-série n° 106, octobre 2015.

ANNEXE 4

Les engagements financiers de l'accord de Paris

L'accord :
- reconnaît que les engagements des pays industrialisés devront augmenter par rapport aux objectifs précédents, qui sont, eux, rappelés dans la décision 1CP21 – les 100 milliards de dollars. Cela confirme que les 100 milliards de financements publics et privés sont un minimum ;
- confirme que ces financements devront augmenter ;
- mentionne que certains pays en développement, sur une base volontaire, pourront aussi devenir des donateurs pour aider les pays les plus pauvres. C'est une nouveauté ;
- fixe un premier rendez-vous en 2025 pour prendre de nouveaux engagements chiffrés pour l'aide aux pays les plus pauvres ;
- fixe sur les financements une obligation aux pays industrialisés de financer l'aide aux pays pauvres sur le climat, tandis que les pays en développement sont invités à contribuer sur une base volontaire ;
- fixe des obligations pour les pays développés de prendre des engagements quantifiés et précis de réduction des émissions.

www.gouvernement.fr

Sens de la leçon

La gestion des biens publics mondiaux

1 Les modes de gestion institués par la coopération internationale

Les modes de gestion des biens publics mondiaux institués par la coopération internationale nécessitent :

- la signature de protocoles internationaux porteurs d'obligations juridiques pour les États.
- la délégation à des institutions internationales pour leur préservation et leur gestion (stabilité financière, préservation du climat...) ou leur production (connaissance).
- l'instauration de marchés *ad hoc* (exemple : le marché des droits à polluer).

Les réponses apportées modifient le comportement des agents économiques :
– par des mesures contraignantes : la réglementation et la fiscalité ;
– par des mesures incitatives : le marché des droits à polluer, les campagnes d'information.

2 Les difficultés de la gouvernance mondiale

La gouvernance mondiale rencontre des difficultés pour assurer la production, la préservation et la gestion des biens publics mondiaux.

- Le partage des responsabilités entre tous les États et la conciliation de leurs intérêts particuliers
- L'importance des besoins de financement
- La nécessité de nouvelles régulations face à la contestation des organisations internationales (FMI, OMC)

Les mots-clés

Bien public mondial – Gouvernance mondiale

préparation à l'épreuve

S'entraîner au BTS n° 3

Une gouvernance mondiale pour promouvoir la prospérité dans le monde

Les compétences attendues

- Identifier les instruments de régulation du commerce mondial.
- Identifier et analyser les limites de l'OMC dans la gouvernance de l'économie mondiale.
- Caractériser un bien public mondial.
- Analyser les modes de gestion associés à ces biens et leurs impacts sur l'activité économique.
- Analyser les actions mises en œuvre par les organisations économiques internationales.
- Identifier les risques financiers au niveau mondial.

Mise en situation

Dans un contexte de mondialisation, le débat politique pose, aujourd'hui plus que jamais, la problématique de la gouvernance mondiale pour promouvoir la croissance et le développement de tous les pays du monde. En effet, les inégalités de richesses au niveau mondial, l'interdépendance croissante entre les pays, la multiplication des crises financières et économiques posent avec plus d'acuité la réflexion sur l'état de la gouvernance mondiale actuelle, les objectifs à poursuivre et les nouveaux moyens à mettre en œuvre.

Une commission « Économie et gouvernance » est diligentée par le gouvernement français pour réfléchir aux enjeux de la gouvernance mondiale aux niveaux commercial et financier, et dresser un état des lieux de la gouvernance mondiale actuelle.

Vous participez à cette commission et êtes chargé(e) de réaliser une étude sur ces questions en vous appuyant sur vos connaissances personnelles et sur le dossier documentaire fourni en annexes.

Travail à faire

Présentez les travaux suivants dans le cadre d'une note structurée et argumentée.

1. **Montrez en quoi, dans le contexte actuel, la stabilité financière et la promotion du commerce international peuvent être qualifiées de « biens publics mondiaux ».**
2. **Pourquoi une gouvernance mondiale s'avère-t-elle nécessaire ?**
3. **Quelles sont les modalités et les difficultés de cette gouvernance ?**

Ressources documentaires

Annexe 1 Promouvoir la prospérité mondiale

Annexe 2 La participation des pays aux négociations commerciales multilatérales

Annexe 3 Pour un commerce mondial plus juste

Annexe 4 Commerce international : la montée des tensions

Annexe 5 Un bien public mondial (BPM) en voie d'émergence : la stabilité financière

Annexe 6 Le G20 Finances appelle à une meilleure coopération

Annexe 1 *Promouvoir la prospérité mondiale*

Une plus grande prospérité contribuerait et aurait tout à gagner au succès de la lutte contre les maladies infectieuses et le changement climatique. Elle contribuerait à la paix et à la sécurité internationale, dont elle dépend également. Les biens publics mondiaux sont d'un intérêt évident pour la stabilité financière, condition du développement et de la croissance économique, et pour le commerce international, l'un des principaux moteurs de cette croissance. [...]

Renforcement du système commercial international

Depuis l'élaboration, en 1947, de l'Accord général sur les tarifs douaniers et le commerce (GATT), un système commercial multilatéral fondé sur le respect des règles s'est mis en place progressivement.

Ce processus, qui a avancé parfois à grandes enjambées, parfois à petits pas, a, dans l'ensemble, été une réalisation impressionnante. Les obstacles considérables au commerce qui existaient dans les pays industrialisés à la fin de la Seconde Guerre mondiale, et ceux qui ont été élevés depuis dans de nombreux pays en développement sous l'effet de leurs politiques de substitution des importations, ont été considérablement réduits, sinon totalement éliminés. Grâce à sa libéralisation progressive, tâche qui a sans aucun doute été facilitée par l'existence du système multilatéral, le commerce international est devenu l'un des principaux moteurs de la croissance économique dans le monde au cours des 50 dernières années.

Principalement en vertu de la clause de la nation la plus favorisée et du traitement national, qui sont consignés respectivement aux articles I et III de l'Accord général, le système commercial multilatéral tend à être un bien public mondial. Formellement, le fait qu'il soit à la disposition d'un membre quelconque n'entame pas sa disponibilité pour un autre membre quel qu'il soit. Le résultat final le plus remarquable du système, la prévention ou la réduction du protectionnisme, peut profiter à tous ses membres. Ces mêmes caractéristiques entraînent le problème de la consommation sans contrepartie (ou du passager clandestin) inhérent à la fourniture de tout bien public. En fait, le système commercial multilatéral, qui s'est doté d'un instrument d'application obligatoire, le Mécanisme de règlement des différends de l'Organisation mondiale du commerce (OMC), est peut-être plus près que tout autre régime international d'être un bien public mondial.

Groupe de travail international sur les biens publics mondiaux, *Résoudre les problèmes mondiaux : la coopération internationale dans l'intérêt national.*

Annexe 2 *La participation des pays aux négociations commerciales multilatérales*

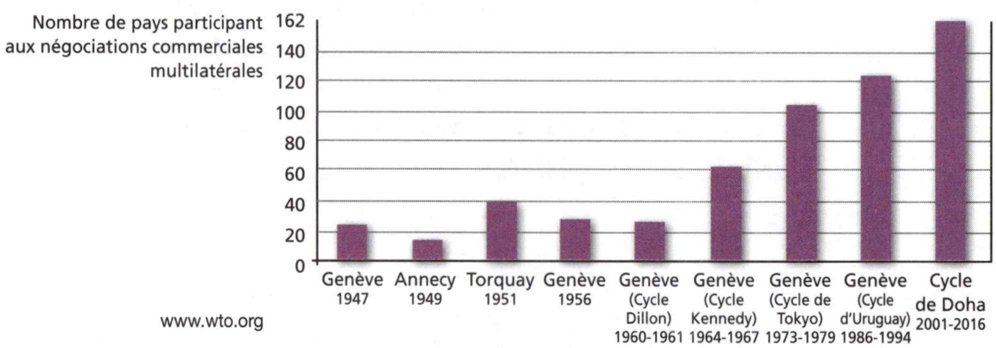

www.wto.org

ANNEXE 3 Pour un commerce mondial plus juste

Oui, la libéralisation commerciale internationale peut être une force positive pour le développement des pays du Sud, affirment d'emblée Joseph Stiglitz[1] et Andrew Charlton[2]. Mais aux libéraux béats qui parient sur les vertus innées de la liberté des échanges, [ils] montrent qu'il ne suffit pas d'ouvrir ses frontières pour que cela soit. La chose est bien plus complexe et réclame des politiques adaptées, en particulier de la part des pays riches, que le cycle actuel de négociations commerciales ne semble pas promouvoir.

Christian Chavagneux, *Alternatives Économiques*, n° 257.

1. Joseph Stiglitz est un économiste américain, professeur et prix Nobel en 2001.
2. Andrew Charlton est chercheur en économie au Center for Economic Performance à la London Schools of Economics.

ANNEXE 4 Commerce international : la montée des tensions

Les négociations commerciales du Cycle de Doha se sont soldées par un nouvel échec […], malgré sept ans de diplomatie. Bien que les exportations mondiales continuent de progresser à un rythme soutenu, pays riches, pays émergents et pays pauvres ont de plus en plus de mal à s'entendre sur des règles commerciales communes. Pourquoi ? Parce que le commerce international est devenu un enjeu politique de plus en plus sensible pour les gouvernements. Le consensus en faveur de la libéralisation commerciale est défunt. Et l'Organisation mondiale du commerce (OMC) est en train d'être marginalisée. […]

Un changement de rapport de force

Les pays de vieille industrialisation ont dominé les échanges mondiaux de l'après-Seconde Guerre mondiale jusqu'au début des années 1970. La situation a commencé à changer au cours des années 1970 avec l'arrivée de ce que l'on appelait alors les « dragons asiatiques » (Corée du Sud, Hong Kong, Singapour, Taiwan). Depuis, les pays du Sud pris dans leur ensemble n'ont cessé de prendre de l'importance, Chine en tête. […] Cette évolution pousse les États du Sud à revendiquer des règles du commerce international qui leur soient plus favorables. De leur côté, les pays riches, dont la puissance s'érode, deviennent plus réticents à lâcher du lest. […]

L'OMC en danger

L'Organisation mondiale du commerce (OMC) a été dotée, lors de sa création, d'un Organe de règlement des différends (ORD) : celui-ci permet aux pays en conflits commerciaux d'obtenir un arbitrage juridique international. Après avoir largement recouru à cette institution les toutes premières années, les pays membres y ont de moins en moins fait appel. Parallèlement, le nombre de traités bilatéraux et régionaux de commerce a explosé, beaucoup d'entre eux contenant des procédures spécifiques de résolution des conflits. On ne peut encore en faire le bilan car nombre de ces traités sont récents, mais ils contribuent à une marginalisation de l'OMC et de ses procédures multilatérales de règlement des conflits commerciaux.

Christian Chavagneux, *Alternatives Économiques*, hors-série n° 78.

ANNEXE 5 Un bien public mondial (BPM) en voie d'émergence : la stabilité financière

Avec la mondialisation, les externalités prennent une dimension globale : c'est le cas des crises financières internationales qui affectent les structures économiques et sociales des pays touchés par la crise et ont des effets en chaîne sur la croissance et les finances publiques des nombreux autres pays affectés par les mécanismes de contagion. La préservation de la stabilité financière internationale peut être, dans ce cadre, assimilée à un bien public mondial dont la production implique des interventions globales hors marché, menées dans le cadre de politiques publiques coordonnées entre pays ou par des organisations internationales, mettant en œuvre des instruments tels que les contrôles de capitaux.

• • •

Suite

[...] Une première conception des BPM consiste à étendre à l'échelle internationale [...] la notion d'externalité ou d'échec du marché. Mais cette première conception des BPM, qui correspond à l'approche standard, peut être élargie. Tout d'abord, en reprenant la distinction de Musgrave[1] (1959), il est souhaitable de ne pas se limiter à la notion de « biens publics purs » fondée sur les externalités, et d'inclure également les « biens publics sous tutelle[2] », fondés sur la notion plus large d'intérêt général. [...]
Cette approche est d'autant plus nécessaire que, si la stabilité financière peut être considérée comme un bien public, elle n'est pas un « bien commun » au sens où tous les acteurs n'ont pas le même intérêt dans la lutte contre l'instabilité financière. En effet, une partie importante des opérateurs tire directement partie de la volatilité des marchés financiers. Des politiques publiques coercitives et coordonnées sont alors nécessaires pour agir contre ces sources d'instabilité.

1. Richard Musgrave est un économiste américain, spécialiste en économie publique.
2. Les biens tutélaires sont des biens pour lesquels les individus ne sont pas disposés à affecter de leur propre chef suffisamment de ressources. S'ils ne présentent pas le caractère d'indivisibilité des biens collectifs, leur nature particulière fait toutefois qu'il apparaît inapproprié de laisser le marché décider seul de leur affectation.

R. Boyer, M. Dehove, D. Plihon, *Les Crises financières*, La Documentation française.

Annexe 6 *Le G20 Finances appelle à une meilleure coopération*

Les grands argentiers du G20 ont exprimé [...] leur déception sur la croissance mondiale, sur fond d'inquiétudes autour d'un ralentissement économique de la Chine, mais se sont promis d'accorder leurs violons sur les changes et la politique monétaire. [...]
Usant du vocabulaire millimétré propre à ces documents, les grands argentiers du G20 se sont par ailleurs engagés à s'abstenir de « *toute dévaluation compétitive* » et à résister « *à toute forme de protectionnisme* ».
Cette promesse intervient près d'un mois après une **dévaluation brutale du yuan chinois** qui avait pris de court les marchés, boursiers comme des matières premières.

© G20 Turkish Presidency 2015

De nombreux pays émer-gents laissent, eux, filer leurs devises, entretenant la crainte d'une « **guerre des changes** », où chaque pays tente de rafler des marchés aux autres en manipulant sa devise.
Les États-Unis, qui ont beaucoup œuvré pour que le terme de « *dévaluation compétitive* » figure dans le texte final, ont eux aussi été rappelés à leur responsabilité par le G20, même si toujours à mots couverts.

La Fed sous surveillance

Les pays du G20 s'engagent à « *calibrer et communiquer soigneusement [leurs] actions, en particulier dans le contexte de décisions majeures de politique monétaire et autres, pour* ***réduire les risques de contagion*** » ou « *spillover* », selon le terme consacré par les analystes. [...]
Le texte est le produit d'un arbitrage subtil entre le camp des optimistes, **les États-Unis** et dans une moindre mesure les Européens, et celui des plus prudents, comme le Fonds monétaire international (FMI) et les pays émergents. [...]
Par ailleurs, le projet de communiqué final promet de faire plus de place aux pays pauvres dans les grandes manœuvres, pilotées par l'OCDE (Organisation de coopération et de développement économiques) pour le compte du G20, pour empêcher les multinationales de fuir l'impôt (optimisation fiscale).

Directmatin.fr, dépêche AFP, 5 septembre 2015.

Méthodologie de l'épreuve

Présentation de l'épreuve

L'épreuve écrite U3.1 d'« Économie et Droit » se compose de deux parties indépendantes. La partie économique de cette épreuve est une épreuve d'analyse et de réflexion qui consiste à rédiger une note structurée à partir de l'exploitation d'une série de documents (3 à 6 documents) en mobilisant vos connaissances.

La partie économique porte sur un ou plusieurs thèmes du **programme de BTS** et vise à évaluer votre capacité à mobiliser vos connaissances et à mettre en œuvre les compétences acquises tout au long de votre cursus.

L'épreuve écrite d'économie doit vous permettre de faire la preuve de votre capacité à comprendre et analyser des situations ou des problème économiques contemporains.

Le **sujet** qui vous sera remis se présente sous la forme d'un **dossier documentaire** décrivant une situation économique et comportant des textes, des graphiques et des tableaux statistiques à caractère économique. L'épreuve exige d'une part un travail de regroupement et d'organisation des informations du dossier documentaire, et d'autre part un travail d'argumentation, pour montrer votre capacité à comprendre divers types d'enjeux et de situations économiques concrètes. Le correcteur attend de vous un travail qui ne se limite pas à la paraphrase ou à des catalogues de données brutes, de faits ou d'exemples.

La durée totale de l'épreuve d'Économie/Droit est de 4 heures. Il est conseillé de consacrer au maximum 2 heures à la partie économique. Il est donc nécessaire de bien gérer votre temps pour lire, comprendre les consignes et les documents puis rédiger la note.

Exemple : le sujet métropole 2015

Externalités et intervention de l'État

Créée en 1946, l'Union nationale de l'apiculture française (UNAF) est un syndicat qui a pour mission de défendre les intérêts de ses 22 000 membres, des apiculteurs amateurs, pluriactifs et professionnels. Menant des actions régulières en faveur de la protection des abeilles auprès des pouvoirs publics, l'UNAF contribue aussi, à travers ses syndicats départementaux, à former de futurs apiculteurs dans des ruchers-écoles.

Depuis plusieurs années, l'UNAF s'inquiète d'une situation qui menace l'activité des apiculteurs : les abeilles disparaissent par millions. En conséquence, en France, les récoltes de miel sont en forte baisse et les importations en hausse.

Les membres de l'UNAF s'interrogent sur les raisons de cette baisse de l'activité apicole et craignent de ne pouvoir maintenir leur position sur le marché dans la mesure où les besoins des consommateurs français sont de plus en plus satisfaits par des produits d'origine étrangère.

M. Moulin, secrétaire de l'UNAF, décide de publier une étude dans le prochain bulletin trimestriel du syndicat. Ce bulletin d'information comportera un état des lieux et devra envisager les recours possibles auprès des pouvoirs publics.

Producteur(-trice) apicole dans le Limousin et adhérent(e) du syndicat, vous participez à la rédaction du prochain bulletin d'information.

À l'aide de vos connaissances et du dossier ci-joint, **en veillant à préciser les principaux concepts utilisés** et à exploiter les sources statistiques mises à votre disposition, vous devez concevoir une note structurée et argumentée dans laquelle :

1) vous analyserez le déclin de l'activité apicole en France et préciserez ses conséquences économiques sur la situation du marché du miel ;

2) vous montrerez en quoi l'apiculture (en particulier à travers la pollinisation) génère et subit des externalités ;

3) vous présenterez, en prenant appui sur la notion de bien public mondial, les actions possibles de l'État pour favoriser l'activité pollinisatrice des insectes.

Documents :

Document 1 : La récolte de miel 2014 catastrophique en France et en Europe

Document 2 : Le miel, un produit de luxe ?

Document 3 : Les abeilles, maillon essentiel de la biodiversité

Document 4 : La préservation de la biodiversité

Dossier documentaire

DOCUMENT 1 La récolte de miel 2014 catastrophique en France et en Europe

L'Union nationale de l'apiculture française (UNAF) dresse un bilan catastrophique et alarmant des récoltes de miel pour 2014, après une large consultation parmi les 20 000 apiculteurs adhérents répartis sur l'ensemble du territoire national. L'UNAF appelle le gouvernement à soutenir d'urgence les producteurs et contrer le déclin des abeilles. […]

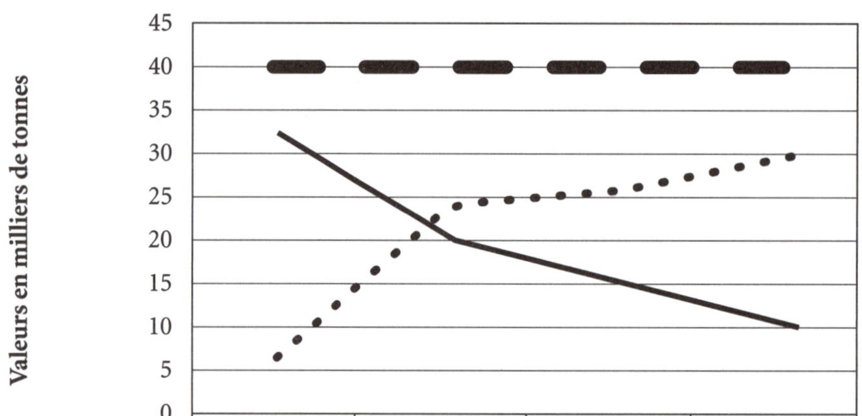

	1995	2011	2013	2014
Production nationale de miel	32	20	15	10
Importations de miel	6	24	26	30
Consommation nationale de miel	40	40	40	40

Le nombre de ruches en France est quasi constant depuis 1995 : entre 1 250 000 et 1 300 000.

Source : Les auteurs, d'après www.unaf-apiculture.info

DOCUMENT 2 Le miel, un produit de luxe ?

La production de miel français a chuté de 25 % en deux ans, les prix explosent et des variétés de miel bas de gamme font leur apparition. Sans oublier les abeilles, victimes de la pollution…

[…] Le grand public a pris conscience du rôle essentiel joué par les abeilles dans le maintien de la biodiversité. En passant d'une fleur à l'autre pour récolter de quoi fabriquer du miel, les butineuses assurent la pollinisation* des arbres fruitiers, des légumes, des oléagineux…

Si l'on en croit les Compagnons du miel, association militant pour la protection de l'abeille, de la biodiversité et pour le développement de l'apiculture : « La reproduction de plus de 80 % des espèces végétales dépend des pollinisateurs et principalement des abeilles. » […]

Or, depuis une quinzaine d'années, la population d'abeilles est en très nette diminution. Une disparition progressive attribuée aux changements climatiques, à la pollution, à l'utilisation massive de pesticides dans les campagnes et aux monocultures agricoles qui ne fournissent pas de nourriture suffisamment variée aux butineuses.

« Selon les régions, on constate la perte de 15 à 30 % des colonies », déplore-t-on à l'Union nationale de l'apiculture française (UNAF). Si le nombre de ruches est resté à peu près stable, la production hexagonale a été quasiment divisée par plus de deux entre 1995 et 2013. « Elle n'atteint même pas les 15 000 tonnes aujourd'hui, contre 33 000 tonnes en 1995. »

[…] Si la production hexagonale s'effondre, la consommation est restée forte. Selon le ministère de l'Agriculture, nous dégustons environ 40 000 tonnes de miel par an, soit 600 g par personne. La France est actuellement obligée d'importer environ 26 000 tonnes de miel par an. […]

* La pollinisation désigne la fécondation indispensable à la reproduction des plantes à fleurs. Elle correspond au transport des grains de pollen par certains oiseaux, certains petits rongeurs mais surtout des insectes. Le peuple des pollinisateurs est avant tout constitué des insectes, parmi lesquels les abeilles sauvages ou domestiques.

Source : Publication du 28/07/2014 sur http://www.lexpress.fr

DOCUMENT 3 Les abeilles, maillon essentiel de la biodiversité

Les abeilles sont des acteurs de la biodiversité. Leur présence est non seulement indispensable à la production nationale de miel et d'autres produits de l'apiculture mais aussi à la pollinisation et donc à l'agriculture. […]

Les abeilles sont un maillon essentiel de la biodiversité : elles permettent la pollinisation de très nombreuses cultures et arbres fruitiers. La pollinisation est le transport de grains de pollen permettant de féconder les plantes. En 2005, l'apport des insectes pollinisateurs, dont l'abeille, aux principales cultures mondiales est évalué à 153 milliards d'euros, soit 9,5 % de la production alimentaire mondiale. […]

Source : Article publié le 2 juin 2012 sur le site http://agriculture.gouv.fr

DOCUMENT 4 La préservation de la biodiversité

La biodiversité, c'est tout le vivant […], plus précisément l'ensemble des milieux naturels et des formes de vie (plantes, animaux, êtres humains, champignons, bactéries, virus…) ainsi que toutes les relations et les interactions qui existent, d'une part, entre les organismes vivants eux-mêmes, et, d'autre part, entre ces organismes et leurs milieux de vie. […]

La biodiversité est le produit de plus de 3 milliards d'années d'évolution et constitue un patrimoine naturel, une ressource vitale dont l'humanité dépend de multiples façons.

Les premières politiques de protection de la nature, apparues dès le début des années 1930 (loi sur les monuments et les sites), puis en 1960 (création des premiers parcs nationaux…), visaient à protéger les espaces et les espèces « remarquables » (emblématiques d'une culture ou d'une région, exceptionnels…).

À partir des années 1980, on a découvert que la diversité biologique était à la fois bien plus immense, complexe et fragile que ce que l'on avait pensé, et qu'elle était le patrimoine commun mondial.

Les observations scientifiques ont notamment montré que les espèces jusqu'alors considérées comme « communes » remplissaient des fonctions précises au sein des écosystèmes (et qu'elles étaient notamment nécessaires à la survie d'autres espèces), mais aussi que l'activité humaine les menaçait d'une manière souvent irréversible. [...]

Une nouvelle approche de la protection de la nature est alors apparue : protéger le vivant dans son ensemble et, pour cela, organiser la conservation de tous les milieux, de toutes les espèces et de leur diversité génétique. [...]

Source : www.developpement-durable.gouv.fr

Analyse du sujet

Compétences du référentiel mobilisées par le sujet

Thème 1. La coordination des décisions économiques par l'échange **1.1 L'échange sur les marchés**	
Le prix et les décisions des agents économiques Expliquer les variations de l'offre et de la demande sur un marché.	**L'État et le fonctionnement du marché** Identifier et analyser les défaillances de marchés.
Thème 6. La gouvernance de l'économie mondiale **6.2 La coopération internationale, une offre de biens publics mondiaux**	
La notion de bien public mondial Caractériser un bien public mondial.	**La gestion d'un bien public mondial** Analyser les modes de gestion associés à ces biens et leurs impacts sur l'activité économique.

Démarche

Étape 1 Analyser les questions

La réponse au sujet, qui se présente sous la forme d'un questionnement (trois questions en général), constitue naturellement le premier critère de notation. D'une manière générale, vous devez définir les concepts qui apparaissent dans chacune des questions.

Le sujet s'impose au dossier documentaire. Il ne vous est pas demandé une synthèse du dossier, mais une réponse au sujet, c'est-à-dire aux questions, à l'aide du dossier. En conséquence, toutes les informations du dossier documentaire ne sont pas nécessaires. Dans certains cas, la question peut être traitée à partir d'un seul document. Dans d'autres cas, l'utilisation de plusieurs, voire de tous les documents, est nécessaire. Il arrive également qu'une question vous conduise à une réflexion personnelle à partir de vos connaissances.

Pour bien analyser le sujet, vous pouvez compléter un tableau comme ci-dessous. Effectuez une lecture approfondie des questions pour identifier les verbes directeurs et leur sens, les concepts utilisés et le(s) document(s) à mobiliser pour répondre à chacune des questions.

Tableau d'analyse du sujet

Verbes directeurs	Identification et définition des concepts	Document(s) à utiliser
Question 1. Vous analyserez le déclin de l'activité apicole en France et préciserez ses conséquences économiques sur la situation du marché du miel.		
Analyser : l'analyse est une méthode par laquelle, en partant des effets, on remonte aux causes. Analyser le déclin de l'activité agricole implique de constater ce déclin puis de rechercher les raisons, les causes, les motifs qui ont entraîné cette situation. **Préciser :** apporter des précisions. Il faut identifier et expliquer les conséquences économiques du déclin de l'activité apicole.	**Définition d'un marché :** le marché d'un bien est le lieu de rencontre de l'offre et de la demande de ce bien.	**Document 1** **Document 2** **Document 3**
Question 2. Vous montrerez en quoi l'apiculture (en particulier à travers la pollinisation) génère et subit des externalités.		
Montrer : il s'agit d'éclairer le lecteur sur un point particulier, avec l'idée de faire découvrir ce qui n'est pas apparent. Il s'agit de mettre en valeur quelque chose : apporter des explications complémentaires ou supplémentaires à une situation observée.	– Une **externalité** est le fait que l'activité de production ou de consommation d'un agent affecte le bien-être d'un autre sans qu'aucun des deux reçoive ou paie une compensation pour cet effet. Une externalité présente ainsi deux traits caractéristiques. D'une part, elle concerne un effet secondaire, une retombée extérieure d'une activité principale de production ou de consommation. D'autre part, l'interaction entre l'émetteur et le récepteur de cet effet ne s'accompagne d'aucune contrepartie marchande. – Les externalités peuvent être positives ou négatives. On parle d'**externalité positive** dans le cas où l'interaction aboutit à une augmentation de bien-être. À l'inverse, une **externalité négative** correspond à un effet secondaire qui aboutit à une diminution du bien-être.	**Document 2** **Document 3**
Question 3. Vous présenterez, en prenant appui sur la notion de bien public mondial, les actions possibles de l'État pour favoriser l'activité pollinisatrice des insectes.		
Présenter : exposer, montrer les différents éléments qui composent une situation.	Un **bien public** est un bien que chaque individu peut consommer. Un bien est dit « public » lorsqu'il répond à deux critères : la non-rivalité et la non-exclusion. La **non-rivalité** d'un bien signifie que sa consommation par un individu ne prive pas un autre individu de le consommer de la même manière. La **non-exclusion** désigne le fait qu'une personne ne peut en aucun cas être privée de consommer ce bien. La consommation d'un bien public ne peut pas être individualisée, il est impossible d'en tarifer l'usage.	**Document 4**

ÉTAPE 2 Retenir les idées essentielles pour chacune des questions

Vous allez procéder à une lecture approfondie des documents qui composent le dossier documentaire. Vous aurez à l'esprit les questions étudiées lors de l'étape précédente. La réussite de cette deuxième étape est conditionnée par la compréhension des informations du dossier et par vos connaissances (les mécanismes et théories économiques qui s'appliquent à la situation analysée).

Questions	Éléments de réponse
Question 1	**Document 1** – La production de miel en France diminue fortement entre 1995 et 2014, de 32 000 à 10 000 tonnes. – La consommation française de miel est constante sur la période (40 000 tonnes). – Les importations sont en forte hausse sur la période (de 6 000 à 30 000 tonnes). – La production a été divisée par 3 alors que le nombre de ruches est stable et les importations ont été multipliées par 5. **Document 2** – Diminution de la population d'abeilles due aux changements climatiques, à la pollution, aux pesticides et aux monocultures agricoles. – Perte de biodiversité résultant de la diminution de l'activité pollinisatrice. – Augmentation du prix du miel et apparition de variétés de miel bas de gamme. **Document 3** La production alimentaire mondiale dépend pour 9,5 % de la pollinisation.
Question 2	**Document 2** – L'apiculture génère des externalités positives : la pollinisation est indispensable à la production de miel mais aussi aux activités agricoles. L'apiculture contribue au maintien de la biodiversité. – L'apiculture subit des externalités négatives : pollution due aux pesticides, perte de biodiversité. **Document 3** Externalités positives : les abeilles sont des acteurs essentiels de la biodiversité, leur présence est indispensable à l'agriculture (transport de pollens et de graines).
Question 3	**Document 4** La biodiversité constitue un bien public mondial : c'est l'ensemble des milieux naturels et des formes de vie (plantes, animaux, êtres humains, champignons, bactéries, virus…) ainsi que toutes les relations et les interactions qui existent, d'une part, entre les organismes vivants eux-mêmes et, d'autre part, entre ces organismes et leurs milieux de vie. La biodiversité est le produit de plus de 3 milliards d'années d'évolution et constitue un patrimoine naturel, une ressource vitale dont l'humanité dépend de multiples façons. L'État agit par le biais de politiques de protection de la nature et de l'environnement pour maintenir la biodiversité.

ÉTAPE 3 Rédiger la note et la présenter

Comme vous devez rédiger une note structurée et argumentée, vous allez organiser les arguments que vous avez notés lors des étapes précédentes. Chaque partie doit correspondre à une des questions posées, être organisée et comporter une introduction rapide se limitant à présenter le problème et une petite conclusion sous forme de bilan.

La reformulation constitue une étape importante de votre travail. Rédiger, ce n'est pas juxtaposer des extraits du dossier documentaire. Vous devez reprendre des éléments du dossier en les insérant dans votre réponse à la question posée.

La structuration de la rédaction de chacune des réponses aux questions est importante. Faites apparaître éventuellement des sous-parties. N'hésitez pas à aérer votre présentation en allant à la ligne lorsque vous exposez une nouvelle idée.

La rédaction d'une note suppose que les règles de l'orthographe et de la syntaxe soient respectées. Conservez un temps en fin d'épreuve pour relire votre copie et corriger les fautes éventuelles.

La note doit éviter la partialité. Vous exclurez les idées toutes faites en nuançant votre approche des problèmes. Votre rédaction va traduire un souci d'objectivité.

Il est important qu'apparaisse l'intitulé, ou une reformulation, de chaque question en titre de partie. Cette présentation accroît la lisibilité de votre copie et facilite le travail du correcteur.

La conclusion n'est pas exigée.

Attention, certains éléments de réponse ne se trouvent pas directement dans les documents :
- pour la question 1 : la dégradation de l'environnement consécutive aux activités humaines provient non seulement de l'effet néfaste des pesticides mais aussi de celui des engrais agricoles, de l'urbanisation grandissante et de l'assèchement des zones humides. La destruction des écosystèmes est l'une des conséquences de cette dégradation de l'environnement;
- la question 3 est une question de réflexion : après avoir montré que la biodiversité est un bien public mondial (caractère mondial, critères de non-rivalité et de non-exclusivité), il faudra réfléchir pour envisager comment l'État peut favoriser les activités pollinisatrices et le maintien de la biodiversité.

Exemple de rédaction de note argumentée

Introduction

Le déclin d'une activité économique s'observe à travers les variations de l'offre et de la demande sur un marché donné. Sur le marché particulier de l'activité apicole, l'analyse du déclin montre les conséquences néfastes de l'évolution de l'environnement. Face à l'atteinte d'un marché par des externalités négatives, les pouvoirs publics se doivent de réagir. La perte de biodiversité qui dégrade certaines activités agricoles comme l'apiculture doit conduire à une gestion de la ressource par l'État, garant de ce bien public que constitue la diversité des êtres vivants et des écosystèmes.

1. Le déclin de l'activité apicole en France et ses conséquences économiques sur la situation du marché du miel

Le marché du miel est le lieu de rencontre entre l'offre et la demande de miel et des produits issus de l'apiculture.

Après avoir constaté le déclin de ce marché, nous en rechercherons les causes et les conséquences.

Le constat

La production de miel en France a fortement chuté entre 1995 et 2014 (de 32 000 à 10 000 tonnes, soit une diminution de 68,75 %).

Toutefois, la consommation française de miel est constante sur toute la période (40 000 tonnes). Les importations sont donc en forte hausse sur la période (de 6 000 à 30 000 tonnes, soit une augmentation de 400 %).

La production a été divisée par 3 (alors que le nombre de ruches est stable) et les importations ont été multipliées par 5. Elles sont désormais trois fois plus importantes que la production nationale.

Les **causes** de ce déclin sont diverses. Il s'agit en particulier :
- de la dégradation de l'environnement consécutive aux activités humaines, qu'il s'agisse de l'utilisation de pesticides dans le secteur agricole, de l'urbanisation grandissante qui entraîne le recul des surfaces plantées, de l'assèchement des zones humides;
- des monocultures agricoles qui n'apportent pas aux abeilles la diversité de nourriture nécessaire à leur développement et à la production de miel;
- des changements climatiques;
- de la destruction des écosystèmes qui est l'une des conséquences de cette dégradation de l'environnement.

Les **conséquences** de ce déclin sont nombreuses. On peut citer :
- la baisse de la productivité des ruches (à moyens constants en capital, la production diminue significativement);
- la perte de biodiversité résultant de la diminution de l'activité pollinisatrice;
- une diminution de la production agricole mondiale (en effet, la production alimentaire mondiale dépend, à hauteur de 9,5 %, de la pollinisation);
- la dépendance croissante de l'économie nationale aux productions étrangères;
- l'augmentation du prix du miel;
- la baisse de la qualité liée au miel importé et l'apparition de variétés bas de gamme.

Bilan

La demande française de miel est stable. L'offre française diminue et le déficit croissant de l'offre par rapport à la demande risque d'entraîner une hausse des prix sur le marché du miel. Le recours aux importations (offre étrangère) augmente. La demande française est de plus en plus satisfaite par des produits d'importation.

2. L'apiculture (en particulier à travers la pollinisation) génère et subit des externalités

On désigne par le terme « externalité » le fait que l'activité de production ou de consommation d'un agent affecte le bien-être d'un autre sans qu'aucun des deux reçoive ou paie une compensation pour cet effet.

Une externalité présente ainsi deux traits caractéristiques. D'une part, elle concerne un effet secondaire, une retombée extérieure d'une activité principale de production ou de consommation. D'autre part, l'interaction entre l'émetteur et le récepteur de cet effet ne s'accompagne d'aucune contrepartie marchande.

Les externalités peuvent être positives ou négatives. Une externalité est positive quand l'interaction aboutit à une augmentation de bien-être ; inversement, une externalité est négative quand l'interaction aboutit à une diminution du bien-être.

L'apiculture est à l'origine d'externalités positives.
Elle contribue à la pollinisation, indispensable à la production de miel mais également aux activités agricoles, de plus, elle contribue aussi au maintien de la biodiversité.

L'apiculture subit des externalités négatives.
Elle souffre de la pollution résultant de l'utilisation généralisée de pesticides et d'engrais agricoles, du réchauffement climatique induit par les activités humaines et de la perte de biodiversité. Les monocultures agricoles sont la cause du manque de diversité de nourriture des abeilles.

Bilan

On constate une altération de la productivité des ruches, une diminution des populations d'abeilles – et, plus généralement, d'insectes butineurs –, une perturbation des activités pollinisatrices et donc du cycle naturel de développement des végétaux sauvages et cultivés.

3. Les actions possibles de l'État pour favoriser l'activité pollinisatrice des insectes

Les actions de l'État en faveur de l'activité pollinisatrice des insectes ont pour objectif le maintien de la biodiversité, bien public mondial.

Un bien public est un bien que chaque individu peut consommer. Un bien est dit « public » lorsqu'il répond à deux critères : la non-rivalité et la non-exclusion.

La non-rivalité d'un bien signifie que sa consommation par un individu n'empêche pas un autre individu de le consommer de la même manière.

La non-exclusion désigne le fait qu'une personne ne peut en aucun cas être privée de consommer ce bien. La consommation d'un bien public ne peut pas être individualisée, il est impossible d'en tarifer l'usage.

La biodiversité constitue un bien public mondial.

Le terme « biodiversité » désigne la diversité et la richesse en espèces vivantes présentes sur Terre (plantes, animaux, micro-organismes, etc.). La biodiversité prend en compte également la diversité des écosystèmes dans lesquels ils vivent (milieu dans lequel les êtres vivants se nourrissent et se reproduisent).

La biodiversité constitue un bien public mondial si trois critères sont réunis :
- un caractère mondial : la biodiversité est le produit de plus de 3 milliards d'années d'évolution et constitue un patrimoine naturel et une ressource vitale dont l'humanité dépend de multiples façons. Son maintien concerne la population mondiale ;
- le critère de non-rivalité : le maintien de la biodiversité permet à chacun de consommer des éléments de la nature sans priver autrui de pouvoir le faire ;
- le critère de non-exclusivité : le maintien de la biodiversité ne peut donner lieu à un usage individualisé.

L'État peut agir pour favoriser les activités pollinisatrices et le maintien de la biodiversité, bien public mondial.

L'État, qui agit depuis de nombreuses années pour maintenir la biodiversité par le biais de politiques de protection de la nature et de l'environnement, doit aussi prendre des mesures incitatives et des mesures contraignantes pour favoriser les activités pollinisatrices :

– des **mesures incitatives** : la subvention des activités favorables au maintien des abeilles (telles que l'agriculture biologique), la subvention des zones de jachère, des campagnes d'information et de sensibilisation des agriculteurs mais aussi des jardiniers amateurs, quant au rôle des abeilles dans la biodiversité, à la réglementation en vigueur et aux mesures de précaution indispensables, ainsi que l'encouragement à l'apiculture en milieu urbain (par exemple, aide à l'installation de ruches sur les bâtiments publics : écoles…) ;
– des **mesures contraignantes** : la réglementation des pratiques agricoles en matière d'utilisation des pesticides et engrais de synthèse (interdiction de tout emploi d'insecticides en période de floraison…), la taxation des activités ou des pratiques à l'origine du déclin des abeilles (taxer l'utilisation de pesticides…).

Les réglementations prises au niveau d'un État seront d'autant plus efficaces qu'elles feront l'objet de directives supranationales, par exemple au niveau de l'UE.

préparation à l'épreuve

Fiche méthode

Rédiger une note structurée

Le sujet qui vous est remis lors de l'épreuve d'économie du BTS se présente sous la forme d'un dossier documentaire, décrivant une ou plusieurs situations économiques, qui comporte un certain nombre de textes à caractère économique. Il est important que vous sachiez repérer les informations essentielles de ce type de document pour répondre correctement aux questions qui vous sont posées. La démarche nécessite une bonne méthode.

Démarche

ÉTAPE 1 Répondre au sujet

La réponse au sujet, qui se présente sous la forme d'un questionnement (trois ou quatre questions), constitue naturellement le premier et principal critère de notation.

Il ne vous est pas demandé une synthèse du dossier documentaire, mais de répondre au sujet (aux questions) à l'aide du dossier. En conséquence, toutes les informations contenues dans le dossier documentaire ne sont pas nécessairement utiles. Certains documents peuvent ne comporter que quelques lignes utiles pour répondre aux questions alors que d'autres peuvent contenir de nombreux éléments de réponse. Dans certains cas, la question peut être traitée à partir d'un seul document. Dans d'autres cas, l'utilisation de plusieurs, voire de tous les documents, est nécessaire.

ÉTAPE 2 Effectuer une première lecture rapide

Cette phase, essentielle, doit respecter l'ordre des documents proposés dans le dossier documentaire. Elle consiste à visualiser les informations mises en évidence par les rédacteurs des documents (mise en situation, titres des textes, intitulés des paragraphes, passages en italique ou en gras).

Elle permet d'avoir une vision globale du dossier documentaire :

– en distinguant les documents de base et les documents complémentaires (première analyse du dossier) ;

– en sélectionnant les informations qui permettront de répondre aux questions posées (avec prise de notes rapide).

ÉTAPE 3 Effectuer une seconde lecture approfondie

Au cours de cette seconde lecture, vous procéderez à une prise de notes plus approfondie et active.

Il s'agit de reformuler les idées en évitant la paraphrase. Le surlignage doit se limiter aux passages essentiels et aux exemples particulièrement significatifs. La réussite de cette prise de notes est conditionnée par la compréhension rapide des informations du dossier et par vos connaissances (mécanismes et théories économiques qui s'appliquent à la situation analysée). Vous devez distinguer l'essentiel de l'accessoire. Quelques idées essentielles sont retenues par document (trois ou quatre en général).

La prise de notes doit allier approche linéaire et approche thématique. Dans l'approche linéaire, chaque document fait l'objet d'une analyse destinée à identifier les trois ou quatre idées essentielles. Elle sera utilisée pour répondre aux questions. Dans l'approche thématique, chaque information est classée, hiérarchisée en fonction du thème abordé dans la question concernée. Le surlignage peut constituer une aide importante, à condition de rester limité en volume.

ÉTAPE 4 Rédiger la note et la présenter

Comme vous devez rédiger une note structurée et argumentée, vous allez organiser les arguments que vous avez notés lors des étapes précédentes. Chaque partie doit correspondre à une des questions posées, être organisée et comporter une introduction rapide se limitant à présenter le problème.

Il est important qu'apparaisse l'intitulé, ou une reformulation, de chaque question en titre de partie. Cette présentation accroît la lisibilité de votre copie et facilite le travail du correcteur.

Chacune des réponses aux questions doit être structurée. Faites apparaître éventuellement des sous-parties. N'hésitez pas à aérer votre présentation en allant à la ligne lorsque vous exposez une nouvelle idée.

La reformulation constitue une étape importante de votre travail. Rédiger, ce n'est pas juxtaposer des extraits du dossier documentaire. Vous devez reprendre des éléments du dossier en les insérant dans votre réponse à la question posée.

La rédaction d'une note suppose que les règles de l'orthographe et de la syntaxe soient respectées. Conservez un temps en fin d'épreuve pour relire votre copie et corriger les fautes éventuelles.

Les arguments exposés doivent faire preuve d'impartialité. Pour prouver votre propos, vous exclurez les idées toutes faites en nuançant votre approche des problèmes. Votre rédaction devra s'attacher à traduire un souci d'objectivité.

La note doit comporter un titre, mais aucune introduction générale ni conclusion ne sont exigées.

préparation à l'épreuve

Fiche méthode

Exploiter un texte à caractère économique

Le sujet d'économie du BTS se présente sous la forme d'un dossier documentaire qui peut comporter un certain nombre de textes à caractère économique. Il est important que vous sachiez repérer les informations essentielles de ce type de document pour répondre correctement aux questions qui vous sont posées. La démarche nécessite une bonne méthode.

Démarche

ÉTAPE 1 Repérer les éléments environnant le texte

Le titre et la source du texte permettent d'orienter votre réflexion. L'objet du texte est très souvent indiqué ou suggéré dans le titre. La source fournit des repères pour cerner le genre du texte (journalistique, universitaire, théorique…).

La date détermine l'ancienneté de l'article ou de l'extrait proposé. Il permet de mieux appréhender le contexte dans lequel le document a été écrit. Cette information constitue un élément indispensable à sa compréhension.

ÉTAPE 2 Lire et comprendre le texte

Relevez dès la première lecture les mots et expressions clés. Cherchez la définition de ces mots et la signification des expressions relevées. Pendant votre préparation à l'examen, n'hésitez pas à utiliser un dictionnaire général et/ou d'économie.

Analysez le texte en relevant les idées principales : recherchez et résumez l'idée principale de chaque paragraphe.

ÉTAPE 3 Comprendre les questions

Un élément central de la question est constitué par les **mots supports** ou **verbes directeurs.** Ils vous permettent de comprendre ce qui est demandé et le type de réponse attendu. Il vous faut donc les repérer et en trouver le sens. Le tableau ci-dessous mentionne les verbes qui sont le plus souvent utilisés.

Mot support ou verbe directeur	Sens du mot support ou du verbe directeur	Exemple
Analyse *ou* analyser	Décomposer, étudier, examiner	Analyse des différentes fonctions des marchés financiers
Identification *ou* identifier	Reconnaître comme appartenant à un certain groupe	Identification des divers modes de financement
Caractère *ou* caractériser	Séparer, faire apparaître la différence, individualiser	Caractères des facteurs de développement économique
Explication *ou* expliquer Description *ou* décrire Justification *ou* justifier	Mettre en évidence, préciser l'intérêt, les avantages et les inconvénients	Explication de la relation de l'action de l'État avec une politique keynésienne
Interprétation *ou* interpréter	Donner une signification claire	Interprétation des soldes du compte des transactions courantes
Appréciation *ou* apprécier	Déterminer, estimer, évaluer	Appréciation d'un pays ou d'une région en termes de développement

ÉTAPE 4 Rédiger les réponses

Vous devez porter votre attention sur la forme de la réponse exigée, éviter les paraphrases, les mots et expressions familiers, construire des phrases structurées avec des virgules, des points, des majuscules… Dans tous les cas, une écriture lisible mettra vos idées en valeur et facilitera le travail du correcteur.

Application

Les firmes du Sud à l'assaut des marchés

Longtemps, les pays émergents ont été vus comme de vastes ateliers où les multinationales du Nord délocalisaient ou sous-traitaient leurs activités à faible valeur ajoutée. Mais aujourd'hui, les noms des champions de ces pays, comme Tata, Lenovo ou Emirates, commencent à résonner dans l'imaginaire public. Ces entreprises n'ont plus rien à envier à celles des pays développés et leur font une concurrence redoutable, dans des domaines de plus en plus variés.

Particulièrement bien représentés dans les ressources naturelles et l'industrie lourde, où ils se sont imposés tôt, les pays émergents comptent maintenant des leaders dans les télécoms (comme les chinois Huawei et ZTE), l'aéronautique (le brésilien Embraer) ou les ordinateurs (le chinois Lenovo). Ces entreprises tirent avantage d'une main-d'œuvre bon marché, mais c'est loin d'être leur seul atout. Les plus performantes augmentent leur productivité à grande vitesse et innovent pour répondre à la demande spécifique des pays en développement.

Ces firmes ne se contentent pas de leur marché domestique. Elles se développent souvent dans d'autres pays du Sud grâce à un savoir-faire acquis auprès de consommateurs aux besoins similaires. Ainsi, l'Afrique est un terrain privilégié pour les entreprises chinoises de construction ou pour l'opérateur indien de télécoms Bharti. Elles s'aventurent aussi dans les pays du Nord, pour y vendre leurs produits, mais également pour ouvrir des centres de recherche (comme l'équipementier chinois de télécoms Huawei) ou racheter des entreprises pour leur savoir-faire et leurs brevets (le constructeur chinois Geely a repris le suédois Volvo en 2010). Pour les groupes des pays développés, elles sont aussi des clients, des fournisseurs et également des partenaires au sein de nombreuses coentreprises.

Depuis quelques années, l'ambition mondiale des groupes des pays émergents s'est affirmée. Ils s'imposent désormais comme des géants, au même titre que les multinationales des pays riches.

G. Hassan, *Alternatives économiques*, hors-série n° 98, 4e trimestre 2013.

Questions

1. Montrez que les firmes multinationales des pays émergents s'imposent dans tous les secteurs.
2. Identifiez les raisons pour lesquelles ces entreprises constituent de dangereux concurrents pour les firmes occidentales.

Corrigé

1. Montrez que les firmes multinationales des pays émergents s'imposent dans tous les secteurs.

Jusqu'à une période récente, la firme multinationale était associée aux pays développés, aux pays du Nord. Une firme multinationale est une entreprise, le plus souvent de grande taille, qui, à partir d'une base nationale, implante une ou plusieurs unités de production à l'étranger en fonction d'une stratégie conçue par une maison-mère. Avec l'arrivée des pays émergents sur la scène internationale, le phénomène de multinationalisation évolue.

De plus en plus de firmes multinationales de ces pays, comme la Chine, l'Inde ou le Brésil, au PIB par habitant inférieur à celui des pays développés mais dont le taux de croissance a été ces dernières années très élevé, se sont lancées à la conquête de tous les marchés dans le monde. Tous les secteurs sont concernés : les télécoms avec les chinois Huawei et ZTE, les ordinateurs avec le chinois Lenovo, l'aéronautique avec le brésilien Embraer, l'automobile avec l'indien Tata ou encore le transport aérien avec la compagnie des Émirats Arabes Unis, Emirates.

2. Identifiez les raisons pour lesquelles ces entreprises constituent de dangereux concurrents pour les firmes occidentales.

Les firmes multinationales des pays émergents ne se contentent pas de leur marché domestique, elles s'aventurent dans les pays du Nord. Ces entreprises, leaders mondiaux sur leur marché, s'appuient sur une main-d'œuvre bon marché, sur de rapides gains de productivité ainsi que sur l'innovation pour répondre à la demande des pays en développement et à celle des pays du Nord. Ils constituent de dangereux concurrents pour les firmes occidentales car ils ouvrent des centres de recherche dans les pays développés, rachètent des entreprises pour leurs savoir-faire et leurs brevets et créent de nombreuses coentreprises avec des sociétés du Nord.

préparation à l'épreuve

Fiche méthode

Analyser un graphique économique

Le sujet d'économie du BTS se présente sous la forme d'un dossier documentaire qui peut comporter un ou plusieurs graphiques économiques.
Les deux objectifs de l'analyse d'un graphique sont les suivants :
- exploiter le graphique afin d'identifier des informations ;
- utiliser ces informations pour traiter les questions posées.

Démarche

ÉTAPE 1 Identifier le contexte du graphique

Le contexte d'un graphique comprend quatre éléments, qu'il convient d'identifier :
- le titre et la légende renseignent sur la ou les variables étudiées dans le graphique ;
- la date et la source situent l'origine des données ;
- les intitulés de l'axe des abscisses (horizontal) et de l'axe des ordonnées (vertical) déterminent les unités de mesure retenues mais aussi les valeurs en relation les unes avec les autres ;
- les unités de mesure (%, milliers, milliards, euro, K€...) et les échelles (valeur d'une unité) doivent être correctement prises en compte, sous peine de fausser l'analyse ultérieure. S'il s'agit de chiffres, on est en valeur absolue ; s'il s'agit de pourcentages, on est en valeur relative.

ÉTAPE 2 Reconnaître le principe de construction du graphique

La reconnaissance du principe de construction du graphique est déterminante pour l'analyse. Les questions à vous poser dépendent du type de graphique :
- les graphiques de répartition (camembert, à barres, en bâtons...) témoignent d'une situation à un moment donné. La question principale porte sur la part de chaque composante dans la répartition ;
- les graphiques chronologiques (courbes, lignes brisées...) étudient l'évolution d'une ou de plusieurs séries statistiques dans le temps. La question principale porte sur l'existence de tendance(s) ;
- les graphiques d'évolution structurelle (histogramme accolé...) montrent la répartition d'un phénomène sur plusieurs années. La question principale porte sur l'existence d'une évolution de la répartition entre la date de début et la date de fin du graphique.

ÉTAPE 3 Exploiter le graphique

L'exploitation du graphique comporte :
- le repérage du phénomène ou de la variable étudiée en ordonnées et en abscisses ;
- l'identification des différentes périodes ou des différents secteurs du graphique (en utilisant la légende);
- le relevé de la tendance générale du graphique, des points de rupture et des valeurs extrêmes;
- la sélection d'une quantité limitée de données à exploiter (les plus pertinentes);
- la hiérarchisation des informations sélectionnées ;
- la compréhension des données retenues qui serviront de base à l'étape 4.

ÉTAPE 4 Utiliser les informations du graphique

L'analyse des informations retenues à l'issue de l'étape 3 doit suivre une démarche structurée.
Vous devez être capable de présenter l'évolution ou la répartition des données, de mettre en évidence les valeurs extrêmes, d'expliquer l'évolution ou la répartition de ces données. Cette démarche constitue la véritable valeur ajoutée de votre travail. Vous allez ainsi apporter des informations complémentaires et une meilleure compréhension des informations initiales.
La mise en forme des informations pour répondre aux questions doit suivre la logique suivante :
- présenter les données en commençant par le général et en approfondissant au besoin par le particulier ;
- faire suivre la présentation des données observées par les explications issues de votre analyse ou/et de vos connaissances.

Application

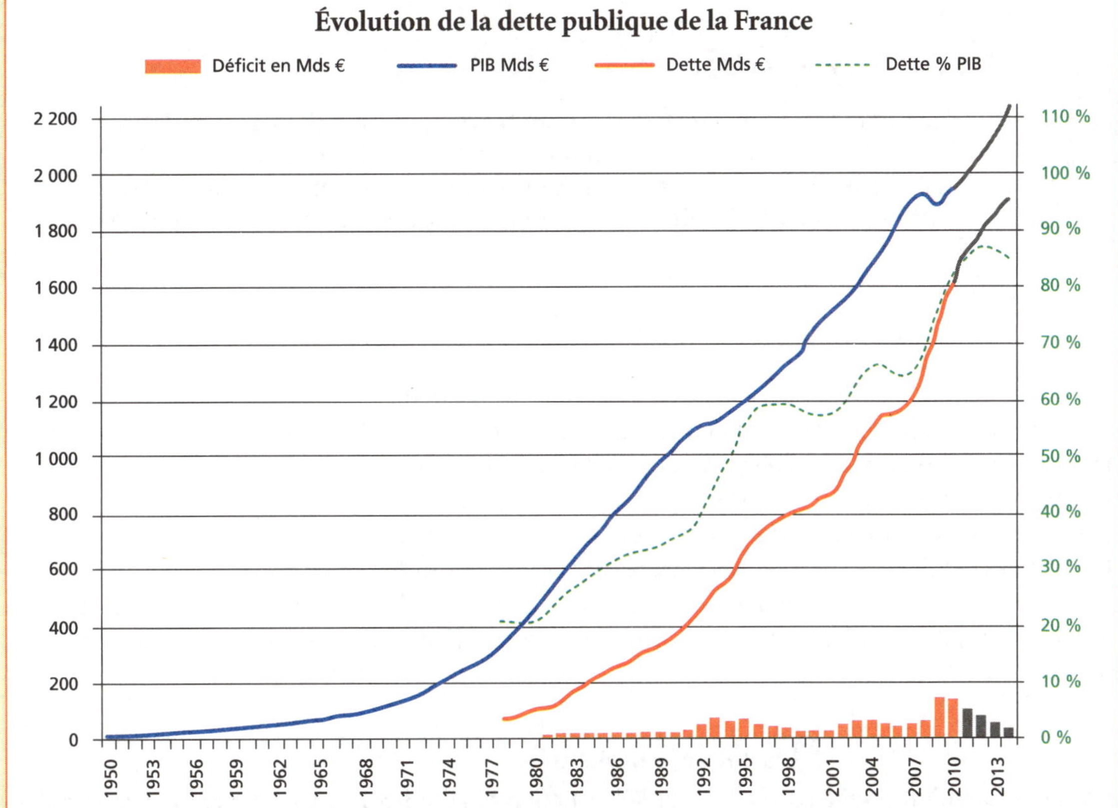

Sources : france-inflation.com et INSEE.

Question Analysez le graphique.

Corrigé

1. Préparation de l'analyse

Le contexte du graphique. Le graphique retrace l'évolution annuelle du PIB, de la dette et des déficits de la France depuis 1950.

Principe de construction du graphique. Le graphique propose deux lectures : l'une en valeur (milliards d'euros) à partir de l'ordonnée à gauche du graphique, l'autre en pourcentage à partir de l'ordonnée à droite du graphique.

Exploitation du graphique. Le graphique permet d'analyser :
– l'évolution des valeurs sur la période (PIB, dette, déficit) ;
– l'existence de différentes périodes avec ou sans déficit, avec une progression plus ou moins rapide des courbes ;
– le poids de la dette par rapport au PIB, indiqué par la lecture des pourcentages.

2. Analyse du graphique

La dette de la France augmente plus vite que son PIB. La dette qui apparaît à partir des années 1980 ne cesse de progresser, en passant de 20 % du PIB en 1980 à plus de 90 % actuellement.

Les déficits qui apparaissent dans le bas du graphique se sont accumulés pour former la dette. Ces déficits ont obligé l'État à emprunter avec un taux d'intérêt qui accroît la charge de la dette[1].

Les prévisions montrent que la dette pourrait prochainement dépasser les 2 000 milliards d'euros et représenter presque 100 % du PIB. Ce constat fait prendre conscience de la nécessité de maîtriser les déficits pour l'État. La charge de la dette (le remboursement des intérêts) constitue le premier budget de la nation.

On doit relever que le PIB de la France a été multiplié par 5 depuis le début des années 1980, ce qui témoigne de l'enrichissement du pays sur la période.

1 La dette publique est l'accumulation des déficits et des intérêts des emprunts contractés.

préparation à l'épreuve

Fiche méthode

Analyser un tableau économique

Le sujet d'économie du BTS se présente sous la forme d'un dossier documentaire qui peut comporter un ou plusieurs tableaux économiques.
Les deux objectifs de l'analyse sont d'exploiter le tableau afin de repérer des informations et d'utiliser ces informations pour traiter les questions posées.

Démarche

ÉTAPE 1 Identifier le contexte du tableau

Le contexte d'un tableau comprend quatre éléments, qu'il convient d'identifier :
– le titre renseigne sur le sujet du tableau. Il informe en particulier sur le cadre spatial (ex. : un pays) et temporel (ex. : sur 5 ans) ; il informe aussi sur les variables ;
– la date et la source situent l'origine des données ;
– les intitulés des lignes et des colonnes précisent le cadre spatio-temporel ;
– les unités de mesure (%, milliers, milliards, euro, K€...) doivent être correctement prises en compte. S'il s'agit de chiffres, on est en valeur absolue ; s'il s'agit de pourcentages, on est en valeur relative.

ÉTAPE 2 Exploiter le tableau

Certaines précautions sont à respecter pour l'élimination des données inexploitables ou inexplicables par vous et l'exploitation des données pertinentes du tableau en fonction du thème et des questions posées.
L'exploitation d'un tableau comporte :
– le relevé des données essentielles du tableau : tendance générale des valeurs observées, totaux, valeurs extrêmes et moyennes, écarts, valeurs atypiques ;
– la sélection d'une quantité limitée de données à exploiter (les plus pertinentes) ;
– la hiérarchisation des informations sélectionnées.

ÉTAPE 3 Utiliser les informations du tableau

L'analyse doit suivre une démarche structurée. Pour répondre aux questions, la mise en forme des informations doit suivre la logique suivante :
– présenter les données en commençant par le général et en approfondissant au besoin par le particulier ;
– faire suivre la présentation des données observées par les explications issues de votre analyse ou/et de vos connaissances.
Cette démarche constitue la véritable valeur ajoutée de votre travail. Vous allez ainsi apporter des informations complémentaires (le retraitement des données est le plus souvent indispensable) et une meilleure compréhension des informations initiales.

Application

Champ : France. (En milliards d'euros courants)

	2000	2005	2009	2010	2011	2012
Soins hospitaliers	54,1	68,5	79,2	81,3	83,1	85,1
Soins de ville	28,6	37,4	43,3	44,1	45,8	47,3
Médecins	13,2	16,5	18,6	18,5	19,3	19,7
Auxiliaires médicaux	5,8	8,1	10,4	11,0	11,5	12,4
Dentistes	6,7	8,7	9,7	10,0	10,3	10,5
Analyses de laboratoires	2,6	3,8	4,2	4,3	4,4	4,3
Cures thermales	0,3	0,3	0,3	0,3	0,3	0,4
Transport de malades	1,9	2,8	3,6	3,8	3,9	4,1
Médicaments	24,0	30,7	34,1	34,5	34,6	34,3
Autres biens médicaux[1]	6,0	8,8	11,0	11,6	12,2	12,8
Ensemble	**114,6**	**148,1**	**171,1**	**175,2**	**179,6**	**183,6**

1. Optique, prothèses, véhicules pour handicapés physiques, petits matériels et pansements.

Source : Drees, comptes de la santé (base 2005). Fiches thématiques : *Conditions de vie : France, portrait social*, Insee Références, 2013.

Question

À partir de ce tableau, analysez la consommation de soins et biens médicaux en France.

Corrigé

1. Préparation de l'analyse

Le contexte du tableau. Ce tableau présente les données françaises concernant les dépenses de santé des ménages entre 2000 et 2012. Il s'agit de la consommation en euros courants (c'est-à-dire sans correction de l'impact de l'inflation) de soins médicaux à l'hôpital ou « en ville », de services de transport des malades (ex. : ambulance) et de biens médicaux (médicaments, lunettes, prothèses, fauteuils roulants, etc.).

Exploitation du tableau. Ce tableau ne fournit que des valeurs absolues, il faudra calculer la part des différentes catégories de dépenses dans le total de la consommation de soins et de biens médicaux. Il n'est pas utile de faire tous les calculs ; il suffit de les faire pour la première année et la dernière année.

Part relative des différents postes de dépenses de santé

Année	Soins hospitaliers	Soins de ville	Transport des malades	Médicaments	Autres biens médicaux	Total CSBM*
2000	54,1/114,6 = 47,2 %	28,6/114,6 = 25 %	1,7 %	20,9 %	5,2 %	100 %
2012	85,1/183,6 = 46,4 %	47,3/183,6 = 25,7 %	2,2 %	18,7 %	7 %	100 %

* Consommation de soins et de biens médicaux.

Remarque : l'augmentation de la part relative s'exprime en points et non en pourcentages (ex. : le transport des malades a gagné : 2,2 – 1,7 = 0,5 point).

Il faudra aussi calculer l'évolution des dépenses totales. Attention : le taux de croissance concerne d'abord 5 années (2000-2005), puis 4 années (2005-2009), puis il devient annuel. Il ne s'agit pas d'indiquer tous les taux de croissance mais au moins le point de départ, le point d'arrivée et le moment ou la tendance se modifie.

Il convient donc de sélectionner les années à retenir. Pour cela, on effectue les calculs au brouillon :

Taux de croissance de la consommation de soins et de biens médicaux

	2000-2005	2005-2009	2009-2010	2010-2011	2011-2012	2000-2012
Taux de croissance de la période	(148,1 – 114,6) / 114,6 = 0,292 = 29,2 %	(171,1 – 148,1) / 148,1 = 0,156 = 15,6 %	(175,2 – 171,1) / 171,1 = 0,024 = 2,4 %	2,5 %	2,2 %	60,2 %
Taux de croissance annuel moyen	$(148,1 / 114,6)^{1/5} - 1 = 5,3\,\%$	$(171,1 - 148,1)^{1/4} - 1 = 3,7\,\%$	2,4 %	2,5 %	2,2 %	3,7 %

Remarque : le taux de croissance annuel moyen est la moyenne géométrique des taux de croissance et non leur moyenne arithmétique.

Le taux de croissance annuel moyen T est obtenu par la formule : $T = \left(\sqrt[n]{\frac{\text{valeur finale}}{\text{valeur initiale}}} - 1\right) \times 100$

ou $T = [(\text{valeur finale} - \text{valeur initiale})^{1/n} - 1] \times 100$.

Le jour de l'examen, si vous ne disposez pas d'une calculatrice permettant de calculer la racine carrée n-ième d'un nombre ou d'élever à la puissance $1/n$, vous pouvez donner la moyenne arithmétique en précisant qu'il s'agit d'une approximation de la moyenne géométrique. Ainsi, pour la période 2000-2005, le calcul de la moyenne arithmétique (29,2 % / 5 = 5,8 %) donne un taux de croissance annuel moyen peu différent de celui obtenu en calculant la moyenne géométrique (5,3 %), mais inexact mathématiquement.

De même, pour la période 2005-2009, la moyenne arithmétique est (15,6 / 4 = 3,9 %), ce qui est peu différent de la moyenne géométrique 3,7 %.

Taux de croissance des différents postes de santé entre 2000 et 2012

Soins hospitaliers	Soins de ville	Transport des malades	Médicaments	Autres biens médicaux	Total CSBM
+ 57,3 %	+ 65,4 %	+ 115,8 %	+ 42,9 %	+ 113,3 %	+ 60,2 %

Taux de croissance des composantes des soins en ville entre 2000 et 2012

Total soins en ville	Médecins	Auxiliaires médicaux	Dentistes	Analyses des laboratoires	Cures thermales
+ 65,4 %	+ 49,2 %	+ 113,8 %	+ 56,7 %	+ 65,4 %	+ 33,3 %

2. Analyse du tableau

Seule cette partie constitue l'analyse demandée (les deux parties précédentes servent de préparation).

L'évolution des dépenses de santé des ménages

La consommation de soins et biens médicaux atteint 165,6 milliards d'euros en 2012.Ces dépenses ont augmenté de 60,2 % depuis 2000, soit un taux de croissance annuel moyen sur 12 ans de 3,7 %. En fait, il y a eu un net ralentissement de la hausse des dépenses depuis 2009 pour atteindre + 2,2 % en 2012 contre + 5,5 % en moyenne par an au début des années 2000.

La hausse des dépenses de santé n'a pas été uniforme : les dépenses de médicaments et de soins hospitaliers ont progressé moins rapidement (respectivement de + 42,9 % et 57,3 %), celles de transport des malades, d'autres biens médicaux et de soins en ville ont augmenté beaucoup plus rapidement (elles ont plus que doublé pour le transport des malades et pour les autres biens médicaux, et ont augmenté de 65,4 % pour les soins en ville). Parmi les composantes des soins en ville, les dépenses liées aux auxiliaires médicaux ont plus que doublé (+ 113,8 %), alors que celles des soins médicaux ont augmenté de moins de 50 %.

L'importance relative des différents postes de dépenses de santé

En 2012, les dépenses hospitalières représentent 46,4 % de la consommation de soins et biens médicaux (CSBM) : soins en ville 25,7 %, médicaments 18,7 %, autres biens médicaux (lunettes, prothèses, fauteuils roulants, etc.) 7 %, et transport des malades 2,2 %.

Les disparités de croissance des différents postes de dépenses se répercutent sur l'évolution de leur importance dans le total de la CSBM. Ainsi depuis 2000, ce classement n'a pas changé, mais la part relative des médicaments a diminué de 2,2 points (20,9 % en 2000 et 18,7 % en 2012) en relation – sans doute – avec le développement des médicaments génériques. Celle des soins hospitaliers a régressé de 0,8 points (46,4 – 47,2) alors que la part des soins en ville a légèrement progressé (+ 0,7 point, passant de 25 % du total des dépenses à 25,7 %). Ce sont les dépenses d'autres biens médicaux et le transport des malades qui ont le plus progressé (respectivement de 1,8 point et 0,5 point).

Lexique

A

Abus de position dominante
Situation d'une entreprise ou d'un pays utilisant sa puissance pour imposer des conditions jugées excessives dans des négociations internationales.

Accord bilatéral
Accord entre deux pays.

Accord multilatéral
Accord entre plusieurs pays qui engage toutes les parties contractantes.

Accord régional
Accord entre pays d'une même zone géographique.

Action
Titre de propriété négociable d'une partie du capital d'une société. En tant que propriétaire, l'actionnaire reçoit une participation aux bénéfices (lorsque la société décide d'en verser), appelée « dividende », et un droit de vote aux assemblées générales. Les actions des sociétés les plus importantes sont cotées en Bourse.

Action contracyclique
Phénomène dont le rôle sur la demande est opposé à l'effet négatif de la conjoncture en atténuant l'amplitude du cycle économique.

Analyse conjoncturelle
Analyse s'intéressant au court terme et visant à connaître l'évolution récente de l'économie, sa situation présente et à anticiper la situation prochaine.

Analyse structurelle
Analyse s'intéressant au moyen et au long terme et appréhendant les grandes évolutions des structures de l'économie.

Anticipation rationnelle
Hypothèse relative à l'avenir (prévision), faite par un agent économique pour fonder ses décisions en utilisant les informations dont il dispose.

Asymétrie d'information
Situation dans laquelle deux agents économiques, dans le cadre d'un rapport d'échange, disposent d'une inégalité d'information. Une des parties prenantes est mieux informée que l'autre.

Autofinancement (ou financement interne)
Moyen de financement généré par l'activité de l'entreprise. Il se compose des bénéfices non distribués aux associés, des provisions et des amortissements.

Autorité des marchés financiers (AMF)
Organisme public indépendant de régulation des marchés financiers qui veille à la protection de l'épargne, à l'information des investisseurs et au bon fonctionnement des marchés financiers en France.

B

Banque centrale européenne (BCE)
Banque centrale de la zone euro créée en 1998. Son siège est situé à Francfort (Allemagne). Elle gère la monnaie unique de l'UE (l'euro), détermine et met en œuvre la politique monétaire au sein de la zone euro et conduit la politique de change de l'euro. Elle est également chargée de définir et de mettre en œuvre la politique économique et monétaire de l'UE.

Barrière non tarifaire
Obstacles au commerce international (quotas, normes techniques ou sanitaires, régime de licence d'importation…) qui ont pour but de limiter les entrées de produits étrangers sur le territoire national.

Barrière tarifaire
Droits de douane, taxes… prélevés sur les produits importés.

Besoin de financement
Situation des agents économiques qui ont une épargne inférieure aux investissements qu'ils souhaitent réaliser. Par conséquent, ils doivent, pour financer leurs investissements, se procurer un financement externe. En comptabilité nationale : insuffisance de revenu d'un secteur institutionnel par rapport à ses dépenses, l'écart devant être comblé par des apports d'épargne d'autres secteurs institutionnels qui présentent une capacité de financement.

Bien commun
Bien public « impur » qui respecte le critère de non-exclusion, mais pas celui de non-rivalité : sa quantité est limitée et il s'épuise au fur et à mesure de sa consommation.

Bien de club
Bien public « impur » qui respecte le critère de non-rivalité, mais pas celui de non-exclusion : son accès est limité par le prix à payer.

Bien public
Bien, service ou ressource qui bénéficie à tous. Il se caractérise par les critères de non-rivalité (sa consommation par un agent ne le rend pas indisponible pour les autres) et de non-exclusion (il profite même à ceux qui ne le paient pas).

Bien public mondial
Bien accessible à tous les États qui n'ont pas nécessairement un intérêt individuel à les produire. Au sens strict, il respecte non seulement les critères de non-rivalité et de non-exclusion des biens publics, mais il a également deux dimensions : une dimension internationale et une dimension intertemporelle.

Bourse (des valeurs)
Lieu où s'échangent, par l'intermédiaire des sociétés de Bourse, des valeurs mobilières (actions et obligations). La Bourse correspond au marché secondaire des titres des sociétés admises à faire publiquement appel à l'épargne. La Bourse est le lieu où se fixe le cours des valeurs par la confrontation de l'offre et de la demande.

Budget de l'État
Ensemble des documents, votés par le Parlement, qui prévoient et autorisent les ressources et les charges de l'État pour chaque année. C'est donc un acte de prévision et d'autorisation de perception des impôts et de dépense des deniers publics.

C

Capacité de financement
Situation des agents économiques qui ont une épargne supérieure aux investissements qu'ils souhaitent réaliser ; cette épargne est disponible pour d'autres agents. En comptabilité nationale : situation d'un secteur institutionnel qui a un revenu supérieur à ses dépenses. Ce secteur peut prêter le solde, ou l'apporter en capital, à d'autres agents économiques qui connaissent des besoins de financement.

Capitalisation boursière
➔ Valeur d'une société, à un moment donné, calculée à partir de son cours de Bourse. La capitalisation boursière d'une entreprise s'obtient en multipliant le cours boursier d'une action par le nombre d'actions qui compose son capital.

Carré magique de N. Kaldor
➔ Représentation graphique des quatre principaux objectifs de la politique économique : taux de croissance du PIB, taux d'inflation, solde des échanges extérieurs, taux de chômage.

Clause de la nation la plus favorisée
➔ Principe de commerce international qui oblige tout membre de l'OMC à étendre aux autres pays tout avantage accordé à un pays.

Compétitivité
➔ Aptitude d'une entreprise ou d'une économie à faire face à la concurrence.

Comportement de mimétisme
➔ Comportement irrationnel d'un agent économique consistant à imiter le comportement des autres agents, à suivre la tendance générale, faute d'information suffisante sur le marché.

Conjoncture
➔ Ensemble des éléments qui constituent la situation économique d'un secteur, d'une région ou d'un pays à un moment donné.

Consensus
➔ Processus dans lequel aucune décision ne peut être prise tant que tous les participants ne l'acceptent pas.

Consolidation des engagements
➔ Chaque pays membre de l'OMC s'engage à ne pas revenir sur les concessions qu'il accorde aux autres pour que l'évolution aille toujours dans le sens d'une plus grande libéralisation.

Convergence des rémunérations
➔ Selon le théorème HOS (voir ce terme), la rémunération des facteurs de production tend à s'égaliser dans les différents pays.

Coûts de transaction
➔ Ensemble des coûts supplémentaires nécessaires à la réalisation d'une transaction sur un marché, qu'il s'agisse d'argent, de temps ou de désagrément (coût de recherche d'informations, coût du temps passé à négocier, coût de rédaction des contrats…). Ces coûts expliquent qu'il puisse être plus avantageux de « faire faire » un bien par une organisation, une entreprise, que de l'acheter sur le marché.

Cycle de Doha
➔ Cycle de négociations commerciales multilatérales de l'OMC lancé en novembre 2001, appelé « programme de Doha pour le développement ». Il vise à mettre en place un commerce mondial prenant en compte le développement des pays pauvres, notamment dans le domaine du commerce agricole.

Cycle (ou *Round*) de négociations
➔ Négociations du GATT puis de l'OMC qui se déroulent sous forme de longues périodes de plusieurs années.

➔D

Déficit budgétaire
➔ Solde budgétaire négatif, les dépenses publiques de l'État étant supérieures aux recettes publiques.

Dépenses publiques
➔ Dépenses de l'État qui figurent dans son budget voté chaque année par le Parlement.

Dumping
➔ Pratique qui consiste à exporter une marchandise à un prix inférieur à celui auquel elle est vendue sur le marché intérieur ou sur les marchés de produits tiers.

➔E

Effet « boule de neige » de la dette
➔ Cercle vicieux : les intérêts versés aux épargnants, créanciers de l'État, constituent une nouvelle dépense au budget de l'État, ce qui aggrave son déficit et conduit à un nouvel endettement public qui, à son tour, engendrera des intérêts plus importants, etc.

Effet d'éviction
➔ Diminution de l'investissement privé provoqué par la hausse du taux d'intérêt consécutive à l'augmentation du déficit budgétaire.

Eurosystème
➔ Ensemble constitué par la Banque centrale européenne et les Banques centrales nationales, qui a pour mission de maintenir la stabilité des prix au sein de la zone euro et de préserver le pouvoir d'achat de l'euro.

➔F

Financement externe
➔ Recours au crédit des institutions bancaires et non bancaires (financement indirect ou intermédié) et/ou au marché financier (financement direct) pour financer l'investissement.

Financement externe direct ou finance directe
➔ Mode de financement qui met en relation directe des agents à capacité de financement (prêteurs) et des agents à besoin de financement (emprunteurs). L'épargnant et l'emprunteur font directement affaire grâce à l'existence d'un marché financier.

Financement externe indirect ou finance indirecte
➔ Mode de financement dans lequel un intermédiaire, institution financière bancaire ou non bancaire, collecte de l'épargne qu'il prête ensuite.

Financement monétaire
➔ Financement des agents économiques par la création monétaire opérée par les banques, lorsqu'elles accordent des crédits qui ne sont pas basés sur une épargne préalable.

Financement non monétaire
➔ Utilisation de l'épargne de certains agents, à capacité de financement, pour accorder des financements à d'autres agents, à besoin de financement.

Fonds monétaire international (FMI)
➔ Institution internationale, créée par les accords de Bretton Woods en 1944, dont le siège se situe à Washington ; elle comprend 188 États membres. Le FMI fournit une aide financière aux États membres qui ont des difficultés temporaires de paiement en devises étrangères. Les prêts accordés aux pays pour financer leur déséquilibre extérieur sont conditionnés par l'adoption de mesures de politiques économiques.

➔G

G20
➔ Forum de coordination économique, créé en septembre 1999, composé des ministres des Finances et des gouverneurs des Banques centrales des 19 pays suivants : Afrique du Sud, Allemagne, Arabie Saoudite, Argentine, Australie, Brésil, Canada, Chine, États-Unis, France, Inde, Indonésie, Italie, Japon, Mexique, République de Corée, Royaume-Uni, Russie, Turquie. L'Union européenne, représentée par la présidence tournante du Conseil et de la Banque centrale européenne, est le 20e membre du G20.

GATT (*General Agreement on Tariffs and Trade*)
➜ Accord général sur les tarifs douaniers et le commerce (1948-1995).

Globalisation financière
➜ Processus caractérisant l'intégration des marchés de capitaux internationaux, sous le double impact de la libéralisation financière et de l'ouverture des économies nationales aux transactions internationales, aboutissant à la formation d'un unique marché mondial de capitaux.

Gouvernance mondiale
➜ Mode de régulation supranationale édictant des règles d'organisation à l'échelle mondiale, fruit le plus souvent de la coopération internationale.

Grandes orientations de politique économique (GOPE)
➜ Recommandations adoptées chaque année par les chefs de gouvernement de l'UE sur proposition de la Commission, puis déclinées pays par pays.

➜ I

Indicateur conjoncturel
➜ Grandeur calculée à date régulière permettant d'apprécier l'évolution économique et sociale à court terme (ex. : indice des prix, nombre de demandeurs d'emploi).

Indicateur structurel
➜ Grandeur calculée à date régulière permettant d'apprécier l'évolution économique et sociale à long terme (ex. : pyramide des âges de la population active).

Institut national de la statistique et des études économiques (INSEE)
➜ Organisme public dépendant du ministère de l'Économie. L'INSEE collecte, produit, analyse et diffuse des informations sur l'économie et la société française. C'est le fournisseur des statistiques officielles en France.

Institution financière
➜ Entreprise qui produit et vend des services financiers : banques, sociétés financières, institutions financières spécialisées soumises à la tutelle de l'État, organismes de placements collectifs en valeurs mobilières (OPCVM).

Intégration régionale
➜ Espace économique entre pays d'une même région (voir « Union régionale »).

Intermédiation financière
➜ Fonction des institutions financières qui établissent un lien entre les capacités de financement de certains agents et les besoins de financement d'autres agents.

Investissement direct à l'étranger (IDE)
➜ Investissement qu'une entreprise d'un pays effectue dans un autre pays pour acquérir un intérêt durable dans une entreprise (10 % au moins du capital) ou pour construire une unité de production ou de distribution.

➜ L

Libre-échange
➜ Doctrine du commerce international qui repose sur la suppression de toutes les entraves aux échanges internationaux.

Liquidité d'un titre
➜ Capacité d'un titre (action ou obligation) à être transformé en monnaie sans délai.

➜ M

Marché de capitaux
➜ Lieu de rencontre fictif entre l'offre des agents économiques ayant un excédent de financement et la demande des agents ayant un besoin de financement. Il regroupe le marché monétaire, le marché financier, le marché des changes et le marché des produits dérivés.

Marché des changes
➜ Lieu de rencontre fictif entre l'offre et la demande de devises, qui aboutit à la formation des taux de change.

Marché des produits dérivés
➜ Lieu de rencontre fictif entre l'offre et la demande de produits dérivés. Il regroupe les marchés à terme et les marchés d'options négociables.

Marché financier
➜ Marché des capitaux à long terme dont l'échéance est généralement supérieure à sept ans. Il se compose de deux compartiments : le marché primaire et le marché secondaire.

Marché primaire
➜ Marché des émissions de valeurs mobilières (actions et obligations). Il assure la rencontre entre les demandeurs de capitaux (entreprises, État), qui émettent des valeurs mobilières, et les offreurs de capitaux (épargnants) qui souhaitent placer leur épargne et qui achètent les nouvelles actions et obligations.

Marché secondaire
➜ Marché sur lequel sont échangées les valeurs mobilières (ou titres) déjà émises. Il met en rapport les investisseurs qui souhaitent céder leurs titres (ou valeurs mobilières) et ceux qui souhaitent les acquérir. La Bourse est, d'abord et avant tout, le marché secondaire des sociétés admises à faire publiquement appel à l'épargne.

Multiplicateur keynésien
➜ Relation entre l'augmentation des dépenses publiques et le revenu.

➜ N

Négociations multilatérales
➜ Négociations menées par un ensemble de pays dans le cadre d'une organisation internationale telle que l'OMC.

Non-discrimination commerciale
➜ Fait de ne pas différencier les biens selon leur origine géographique.

Norme
➜ Ensemble de spécifications auxquelles un produit doit être conforme. Elles peuvent avoir un but protectionniste en créant des barrières à l'entrée pour les produits étrangers.

➜ O

Obligation
➜ Titre de créance à long terme émis par une entreprise, une institution publique ou l'État lorsqu'ils empruntent des fonds auprès des épargnants. Une obligation est rémunérée par un intérêt fixé au moment de l'émission.

Open market
➜ Technique d'intervention de la Banque centrale qui consiste à acheter ou à vendre des titres sur le marché interbancaire. La vente de titres diminue la masse monétaire et le taux du marché monétaire augmente.

Organe de règlement des différends (ORD)
➜ Organe chargé d'arbitrer les conflits entre les membres de l'OMC.

Organisation de coopération et de développement économiques (OCDE)
➜ Organisation regroupant 34 pays développés, ayant en commun un système de gouvernement démocratique et une économie de marché. Cet organisme de concertation et d'analyse publie de nombreux rapports sur la situation économique des pays membres.

Organisation mondiale du commerce (OMC)

→ Organisation internationale fondée le 1er janvier 1995 [elle succède au GATT (voir ce terme)]. Elle organise la négociation d'accords commerciaux internationaux et veille à leur application.

→ P

Pacte de stabilité et de croissance (PSC)

→ Signé à Amsterdam en juin 1997, le PSC complète le traité de Maastricht. Ce contrat, passé entre les pays membres de la zone euro, assure le respect de la discipline budgétaire et la limitation des déficits publics (déficit public < 3 % du PIB).

« Passager clandestin » (*free rider*)

→ Désigne le comportement de celui qui bénéficie d'un avantage sans en supporter le coût.

Pays émergent

→ Pays en développement ayant déjà rattrapé en partie les pays développés grâce à une forte croissance et une forte intégration dans le commerce international.

Pays en développement

→ Pays en situation intermédiaire entre les pays les moins avancés (PMA), pour qui le terme « sous-développé » est plus exact, et les pays développés, et qui appartient au groupe des pays à développement humain moyen : indice de développement humain (IDH) compris entre 0,500 et 0,799.

Politique agricole commune (PAC)

→ Politique européenne visant à moderniser l'agriculture, à assurer des prix raisonnables pour les consommateurs européens et une rémunération équitable aux agriculteurs.

Politique budgétaire

→ Volet de la politique économique qui consiste à utiliser le budget de l'État pour réguler l'activité économique.

Politique conjoncturelle

→ Politique économique à horizon court qui vise à réguler la croissance.

Politique de cohésion européenne

→ Politique régionale de l'Union européenne qui cherche à réduire les écarts de développement entre les régions de l'UE.

Politique de la concurrence

→ Ensemble des interventions publiques visant à éliminer tout comportement privé ou public de nature à limiter la concurrence.

Politique de relance

→ Politique conjoncturelle visant à soutenir ou à favoriser l'activité économique.

Politique de rigueur

→ Politique conjoncturelle visant à lutter contre le creusement des déficits publics (par la hausse de la fiscalité ou la baisse des dépenses publiques) ou contre l'inflation (par la hausse du taux directeur de la Banque centrale).

Politique économique

→ Ensemble de décisions prises par les pouvoirs publics pour réguler l'économie d'un pays, se traduisant par la définition d'objectifs économiques et sociaux, et la mise en œuvre des moyens nécessaires pour les atteindre.

Politique industrielle

→ Ensemble des interventions publiques sur les structures productives et sur les comportements des entreprises en vue d'améliorer les performances globales et sectorielles de l'industrie.

Politique monétaire

→ Volet de la politique économique visant à agir sur l'évolution de la masse monétaire et sur les taux d'intérêt pour assurer la stabilité de la valeur de la monnaie ou pour relancer l'activité économique.

Politique sociale

→ Ensemble des mesures prises dans le domaine des revenus, de la protection sociale et de l'emploi.

Politique structurelle

→ Politique économique à horizon long qui vise à augmenter le rythme potentiel de croissance en modifiant en profondeur le fonctionnement de l'économie.

Principe de transparence

→ Mesure dans laquelle les politiques et pratiques commerciales, ainsi que le processus qui conduit à leur mise en place, sont ouverts et prévisibles.

Produit dérivé

→ Titre financier dont la valeur fluctue en fonction de celle d'un autre actif, appelé « sous-jacent », qui ne requiert aucun investissement initial et dont le règlement s'effectue à une date future. Il est utilisé pour se couvrir des risques existant sur diverses opérations économiques (risque de change sur une transaction internationale, risque de taux sur un crédit ou un placement, risque de variation du cours des matières premières pour les approvisionnements, etc.).

Protectionnisme

→ Doctrine qui vise à protéger le marché intérieur d'un pays de la concurrence extérieure par différentes mesures décourageant les importations (droits de douane, contingentement et autres obstacles non tarifaires).

Protocole de Kyoto

→ Accord international signé en 1997 pour la réduction des gaz à effet de serre.

→ R

Réserves obligatoires

→ Instrument de la politique monétaire déterminant un montant de dépôt non rémunéré que chaque banque doit effectuer sur un compte à la Banque centrale.

Revenu de solidarité active (RSA)

→ Allocation qui remplace le revenu minimum d'insertion (RMI) et l'allocation de parent isolé (API) depuis le 1er juin 2009. Le RSA constitue un revenu minimum pour les personnes ne travaillant pas, mais également un complément de revenu pour ceux qui tirent de leur travail des revenus limités.

Risque de contrepartie

→ Risque pour tout créditeur (qui accorde un prêt, par exemple) que son débiteur ne rembourse pas sa dette à l'échéance.

Risque de marché

→ Risque financier dû à l'incertitude quant à la valeur future d'une action ou d'un portefeuille d'actions, engendrée par les fluctuations sur les marchés.

→ S

Sauvegarde (clause de)

→ Mesure prise par un membre de l'OMC qui consiste à restreindre temporairement les importations d'un produit pour protéger une branche de production nationale donnée contre un accroissement des importations d'un produit qui cause ou menace de causer un dommage grave à cette branche de production.

Lexique

Situation économique
➜ Situation caractérisée par l'état des grandes variables économiques et sociales qui, à un moment donné, révèle la situation d'une branche, d'une région ou de l'ensemble de l'économie nationale.

Soutenabilité budgétaire
➜ Capacité de l'État à honorer ultérieurement ses engagements sans réduire excessivement ses moyens financiers futurs.

Spéculation
➜ Opération financière consistant à profiter des fluctuations du marché en anticipant l'évolution des prix de manière à réaliser, assez rapidement, une plus-value.

Stabilisateur budgétaire automatique
➜ Mécanisme économique qui intervient lorsque le budget est déséquilibré (déficit ou excédent) en rétablissant automatiquement un retour à l'équilibre.

Stratégie de Lisbonne
➜ Stratégie lancée en mars 2000 dans le but de faire de l'Union européenne l'économie la plus compétitive au monde. Elle repose sur trois piliers :
– le pilier économique doit préparer la transition vers une économie compétitive, dynamique et fondée sur la connaissance ;
– le pilier social doit permettre de moderniser le modèle social européen grâce à l'investissement dans les ressources humaines et à la lutte contre l'exclusion sociale ;
– le pilier environnemental, ajouté lors du Conseil européen de Göteborg en juin 2001, attire l'attention sur le fait que la croissance économique doit être dissociée de l'utilisation des ressources naturelles.

➜T/U

Taux d'autofinancement
➜ Mesure la part des investissements qu'un agent économique finance avec sa propre épargne. En comptabilité nationale, le taux d'autofinancement est le rapport entre l'épargne brute et la formation brute de capital fixe.

Taux de change
➜ Prix relatif d'une monnaie par rapport à une autre.

Théorème HOS
➜ Selon Hecksher, Ohlin et Samuelson, les nations se spécialisent dans les productions qui incorporent une forte quantité des facteurs de production qu'elles détiennent en abondance, et qui sont donc les moins coûteux. Il en résulte une tendance à l'égalisation des prix des facteurs de production dans les différents pays.

Traitement national
➜ Principe qui fait obligation à un pays d'accorder aux autres le même traitement qu'à ses propres ressortissants. Ainsi, les importations ne doivent pas être soumises à un traitement moins favorable que celui qui est accordé aux produits d'origine nationale similaires ou semblables une fois qu'elles ont passé la douane.

Traitement spécial différencié (TSD)
➜ Ensemble de dispositions visant les pays en développement prévues dans plusieurs accords de l'OMC.

Union régionale
➜ Constitution d'un espace économique unique à partir d'économies nationales cloisonnées sous forme de zone de libre-échange, d'union douanière, de marché commun, d'union économique ou d'union économique et monétaire.

Crédits photographiques

pp. 5 : Brioches Pasquier ; p. 6 (g) : Crédit Foncier ; p. 6 (d) : Crédit Agricole ; p. 6 (b) : Crédit Foncier ; p. 7 : DURIS Guillaume/Fotolia ; p. 9 : Thomas Lohnes/AFP ; p. 10 : matteogirelli/Fotolia ; p. 11 : Sentavio/Fotolia ; p. 13 : PHOTO-MORPHIC PTE. LTD/Fotolia ; p. 14 : Age Fotostock/Vario Images/Rainer Unkel ; p. 16 : Xiongmao/Fotolia ; p. 18 : Erwin Wodicka/Fotolia ; p. 20 : Myst/Fotolia ; p. 23 : karelnoppe/Fotolia ; p. 24 : Pictures news/Fotolia ; p. 25 (h) : pathdoc/Fotolia ; p. 25 (b) : WavebreakmediaMicro/Fotolia ; p. 26 : Africa Studio/Fotolia ; p. 28 : Burlingham ; p. 29 : apops/Fotolia ; p. 30 : Matej Kastelic/Fotolia ; p. 34 : AG/Fotolia ; p. 36 : Matej Kastelic/Fotolia ; p. 39 : Andrey Popov/Fotolia ; p. 40 : Richard Villalon/Fotolia ; p. 42 : Danielle Bonardelle/Fotolia ; p. 47 : Stefan Kunert/Fotolia ; p. 51 (g) : REA/Stéphane Audras ; p. 51 (d) : lev dolgachov/Fotolia ; p. 53 : Danilo Rizzuti/Fotolia ; p. 54 : www.coface.fr ; p. 55 (g) : Viacheslav Lopatin/Fotolia ; p. 55 (m) : Noppasinw/Fotolia ; p. 55 (d) : AG/Fotolia ; p. 56 : Andrey Popov/Fotolia ; p. 57 (h) : Sergey Nivens/Fotolia ; p. 57 (b) : Comugnero Silvana/Fotolia ; p. 59 : alain wacquier /Fotolia ; p. 61 : © William Perry 2015/Fotolia ; p. 62 : Jip/Fotolia ; p. 63 : Jrg Hackemann/Fotolia ; p. 64 : HandmadePictures /Fotolia ; p. 68 : Africa Studio/Fotolia ; p. 71 : Christopher Mick/Fotolia ; p. 73 : panomacc/Fotolia ; p. 75 : Maren Winter/Fotolia ; p. 76 : AFP/Franck Berry ; p. 77 : lightpoet/ Fotolia ; p. 78 : Matej Kastelic/Fotolia ; p. 81 : n3d-artphoto.com/Fotolia ; p. 83 : Figurniy Sergey/Fotolia ; p. 84 : Leonid Andronov/Fotolia ; p. 86 : scabrn/Fotolia ; p. 87 : goodstock/Fotolia ; p. 95 : supapornss/Fotolia ; p. 97 : Reuters/Carlos Barria ; p. 100 : LOÏC/Photononstop ; p. 101 : Imaginechina/ZUMA/REA ; p. 102 (h) : Shutterstock/FloridaStock ; p. 102 (b) : nmann77/Fotolia ; p. 106 : Sipa Press/AP/Ibrahim Achmad ; p. 107 : tashatuvango/Fotolia ; p. 110 : aldorado/Fotolia ; p. 113 : Vladimir Melnik/Fotolia ; p. 114 : Miguel Medina/AFP ; p. 115 : REA/Panos/Jeremy Horner ; p. 116 : franck MAZEAS /Fotolia ; p. 117 : UNFCCC ; p. 118 : Pictures news/Fotolia ; p. 119 (h) : Reuters/Fadi Al-Assad ; p. 119 (b) : kriss75/Fotolia ; p. 121 : http://www.cop21.gouv.fr ; p. 123 (g) : OMS ; p. 123 (d) : leungchopan/Fotolia ; p. 124 : Gino Santa Maria/Fotolia ; p. 125 : AFP/Boris Horvat ; p. 126 : TTstudio/Fotolia; p. 127 : kazy /Fotolia ; p. 128 : Serge Baydarkin/Fotolia ; p. 134 : G20 Turkish Presidency 2015.

Infographies (sauf infographie p. 124 : Élodie Guerreiro) : Laurent Blondel.